# 初中数学命题
# 实践和导向教学

远勋平 / 著

北京燕山出版社
BEIJING YANSHAN PRESS

**图书在版编目（CIP）数据**

初中数学命题实践和导向教学 / 远勋平著. — 北京：
北京燕山出版社，2021.12
ISBN 978-7-5402-6162-7

Ⅰ.①初… Ⅱ.①远… Ⅲ.①中学数学课—教学研究
—初中 Ⅳ.①G633.602

中国版本图书馆CIP数据核字（2021）第169040号

## 初中数学命题实践和导向教学

| | | |
|---|---|---|
| 著　　者 | 远勋平 | |
| 责任编辑 | 李　涛 | |
| 出版发行 | 北京燕山出版社 | |
| 地　　址 | 北京市丰台区东铁匠营苇子坑138号C座 | |
| 电　　话 | 010-65240430 | |
| 邮　　编 | 100079 | |
| 印　　刷 | 北京政采印刷服务有限公司 | |
| 经　　销 | 新华书店 | |
| 开　　本 | 170mm×240mm　16 开 | |
| 字　　数 | 306千字 | |
| 印　　张 | 17 | |
| 版　　次 | 2021年12月第1版 | |
| 印　　次 | 2021年12月第1次印刷 | |
| 定　　价 | 45.00元 | |

教学质量是教育的生命线。有高质量的老师，才会有高质量的教育；有高质量的试题，就会引领老师做高质量的教研。高质量的试题要引领教学、推动教改、导向素养。

教学质量检测试题的命制须基于对课程、课标、教材、学情等方面的研究，为反馈和改进、优化和引领课堂教学提供有力的指引。因此，全面解读和研究试题，能增强教师专业的厚度和深度，是教师教研水平自我提升和学校改进课堂教学质量的重要抓手。

"刷题已经不灵，研题才会高效，注重知识载体，强化思维训练。"以"题型教学"为主流的备考方式在近两年的中考题前屡屡碰壁，究其原因是"题型教学多了些直接应用知识，少了些变式迁移思维，或许我们教师的变式迁移教学也少了些技术"。因此，与其没完没了地刷题，不如抽出时间研究考题。粗制滥造的题目可能不得要领，也可能产生误导。加强命题的研究、反思、实践，通过多做事后诸葛亮，学会做事前诸葛亮；如果说命题有密码，那本书就是打开密码的钥匙。

秉持"贴在地面行走，不在云端跳舞"的理念，我们精心编写了《初中数学命题实践和导向教学》，详细阐述了如何科学命题与试题创新，如何改变教学方式和培养学生的思维品质，如何着眼核心素养根植课堂发展学生的数学能力和培养数学兴趣等。独到的命题观点、鲜活的命题案例、可学易用的命题技术、考情反馈的命题反思、关联考题的命题资源，让老师们从翔实的案例中，看到试题背后蕴藏着的课改理念和数学本质，指导老师解读课程标准、研究中考试题、改进教学设计、提升试题命制水平、增强复习教学技能、优化分层教学，是打造高质量的数学课堂、实现数学学科精准教学、深度教学的宝典；详尽展示命题的历程和变式拓展正是使学生学会解题举一反三、触类旁通的示范，期待达成"变式指向本质、方法悟于过程"之深度学习的目的。研读本书，必将会在"理解课标、用好课标、活用课标"和"理解教材、用好教材、活用教材"中更进一步。

　　本书共计四章，第一章命题概况是概述，包括背景、现状、做法、分析；第二章命题技术是实操，解析常用命题技术；第三章命题实践是案例，详尽研析九个命题方向和导向教学；第四章命题引领是效果，彰显了基于命题引领下的教师专业的自我成长和团队研修的共同进步。

　　老师每天都很忙，但很少忙教学；老师每天都讲题，但很少讲解题策略；老师每天都做题，但很少做题目设计。本书的命题案例和命题技术就是要引领教师做教学问题的设计。

　　命题的解说平而不俗，淡中见奇；命题里也不只有考试，还有诗意人生。

　　由于时间仓促，书中难免存在瑕疵，敬请各方面专家与同道不吝赐教，欢迎广大读者批评指正。

2021 年 6 月

第一章　顺德区初中数学质量检测命题概况

第二章　顺德区初中数学质量检测命题技术

第三章　顺德区初中数学质量检测命题实践

## 第四章　顺德区初中数学质量检测命题引领

# 顺德区初中数学质量检测命题概况

## 一、命题背景

2016 年，教育部全面部署推进中考改革，推行初中学业水平考试和学生综合素质评价制度，明确提出取消中考考试大纲，坚持以《义务教育数学课程标准（2011 年版）》（以下简称"课程标准"）为命题依据，引导教师依标教学，促进教考有效衔接，扭转"考什么就教什么，怎么考就怎么教"的倾向。

2019 年，《国务院办公厅关于新时代推进普通高中育人方式改革的指导意见》明确指出："深化考试命题改革。优化考试内容，突出立德树人导向，重点考查学生运用所学知识分析问题和解决问题的能力；创新试题形式，加强情境设计，注重联系社会生活实际，增加综合性、开放性、应用性、探究性试题。"教育部印发的《关于加强初中学业水平考试命题工作的意见》中提出，要"坚持正确导向""提高命题质量""加强队伍建设""完善保障机制"。

2020 年，中共中央、国务院印发的《深化新时代教育评价改革总体方案》要求"创新评价工具，利用人工智能、大数据等现代信息技术，探索开展学生各年级学习情况全过程纵向评价、德智体美劳全要素横向评价"。此方案为学生的评价改革明确了方向——立体评价，即纵向全过程和横向全要素的综合评价。在考试评价上，要坚持依据国家课程标准命题，加快取消中高考考试大纲。

有什么样的评价指挥棒，就有什么样的办学导向。

我区已经连续两次参加了国家义务教育质量监测，从数学监测分析报告可以看出，我区八年级学生的"数学学业成绩"平均分较高，但是学生"数学学习兴趣"和"数学学习自信心"的比例低、学生"数学学习焦虑"的比例高，这说明我们在提升数学教学质量的同时要同步优化我们的教学行为，而所谓的"考试寻向教学"必然取决于命题。

在中国教育飞速变革的大背景下，从实施"新课程改革"到培育"核心素养"成为基础教育的热点话题；从取消"考试大纲"到"新中考命题依据课程标准"成为广东教育的关注头条；对学生的学业成绩及综合能力从低年级到高年级实行全链条跟踪，通过大数据分析发现学生的学业不足并实行"量身定制"的个性化教育势在必行。我们敏锐地意识到，评价方向和评价标准的改革，势必会引起命题的变革：仅仅作为检测的单一命题目的必将调整为检测过去和指导未来的双重命题目的；陈旧的命题方式必将被更先进的命题方式所取代；模式化的命题形式必将更新为多样多变的命题形式；个人喜好的命题偏好必将让位于依标靠本的命题取向；少数人参与的命题过程必将成为所有人参与的命题过程。

教学质量检测命题必将会成为推进教学质量提升的"牛鼻子"。

## 二、命题现状

为了更好地适应教育变革的大潮流，推动我区数学教育水平的进一步提升，自 2016 年起，我们分三个阶段推动了初中数学的"命题改革"。

### 1. 第一阶段：深度调研，探索方向（2016—2017 年）

自 2016 年教育部明确了取消中考考纲的大方向，我们开始将每年对中考试题的分析从"考点分析"转向对应"课程标准"的分析，从而领悟课程标准的"简单内容"是"如何鲜活丰满地通过考题呈现"的；将考题分析的重点从对"题"的分析转向对"源"的分析，从而明确由"过去考什么"的分析转向"如今怎么考"的分析；将考题分析的重点从对"考"的分析转向对"教"的分析，从而厘清由"过去怎么考"转向"如今怎么教的探究"。有了新形势下对中考试题的深刻认识，我们才真正明确了初中数学质量检测命题改革的方向。

与此同时，我们将每一学期的质量检测作为难得的"分享、互动、共研、共识"的教研机会，在教师和学生群体中进行调研，了解他们对"试题"的认识与需求。我们发现，一线教师和学生对"命题"有这样一些比较普遍的误区："命题"是教研员的事情，与我无关；只评价试题，并不关心"命题"；研究"命题"是考前的事情，上一次的统测试卷仅仅是预测下一次考试的素材；"命题"具有明显的主观性和人为性，体现出命题者的个人偏好；"命题"神秘而高深，不是一线教师可以窥视的领域。掌握了师生对"命题"的真实认知，我们才有了改进的切入点和途径。

每一次教学质量检测，我们会及时地将阅卷分析报告通过"顺德数学人"公众号发布，引导教师及时关注检测信息，并将此信息用于指导即将到来的教学，而不仅仅只是将质量检测作为来年预测考题的依据，也会将每一次考试中引起争论的热点话题形成主题教研，以小论文的形式在公众号进行发布，让教师有发表意见的平台和交流互动的机会，肯定或否定，赞赏或质疑，都成了下一次命题的重要素材被收集和保留了下来；在每学期的学科教研工作会议上开展"基于考题和学生答题分析"的主题讲座，引领新学期的考题研究。

2017 年，我们将广东省中考试题和核心团队命制的"初三教学质量检测试题"进行对比分析，以中考做校标，明确了关于"质量检测命题"的四个改革方向：从"经验命题"向"专业命题"转向；从"精英参与"向"全员参与"迈进；从"评价型命题"向"指导评价型命题"转型；从"教考分离"向"引领教研考一致性评价"发展。

**2. 第二阶段：顶层设计，培养团队（2018—2019 年）**

2018 年开始，初中数学质量检测的命题作为每个学期重要的教研活动之一，需要一个自上而下的发展规划和一个具有一定辐射能力的核心团队来支撑，从自觉发展向自主发展转变，制定了实现四大目标的具体规划（见图 1－1）。

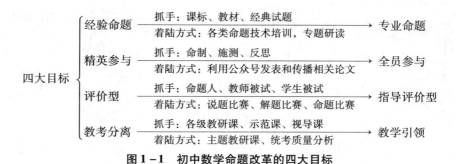

**图 1－1　初中数学命题改革的四大目标**

各镇街的中心教研组和区兼职教研员作为核心的团队，成为首先进行专业培训的对象。"理论先行—实践碰撞—反馈研讨—理论提升—命题实操—评议改进"是命题核心团队的成长路径。通过集中培训课程标准、《关于进一步推进高中学校考试招生制度改革的指导意见》等纲领性文件明确学习的意义和方向；

通过自我阅读《山西：中考命题改革从根本上推动素质教育落地》《考试命题体现核心素养引领教学落实育人目标》等通讯报道和专业论文汲取成功的经验；通过深入研讨《教育测量与评价》《新课程命题技术与试题研究·初中数学》等考试学、测量学专业书籍初步掌握命题的基本理论；通过专家指导和实操增强命题的规范化和技能化；通过共赏阅读《中学数学教学参考》中的"命题研究"和命题分享会增强命题自我反思能力；从"能命制一道看起来不错的好题"的小目标出发，经过学习、操作、反思、改进、成长，逐渐实现了"能命制一套有理论支撑、有思想建构、有数据验证的好卷"的大目标，基本上实现了从"经验命题"向"专业命题"的改革目标。

**3. 第三阶段：优化成型，全员参与（2020 年至今）**

2020 年伊始，突如其来的疫情使得很多原本可以线下进行的工作陷入僵局，教师的教、考的方向和方式都在一段时间内变得不那么清晰，命题的"破与立"的矛盾激化至峰值。

危时，机矣。线上的工作平台反而成了核心团队宣传普及命题科学，分享命题思路，收集试题反思，扩大命题影响力的绝佳机遇。2020 年上半年，"顺德数学人"发表了 22 篇与命题有关的推文，分别从命题人视角、答题人视角、阅卷人视角、执教人视角等不同角度去解读试题，围绕着初中数学质量检测这一核心在已有的理论基础上优化形成了一套成熟的操作范式（见图 1－2）。

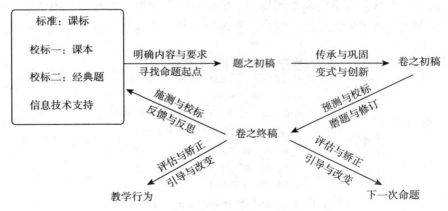

图 1－2　初中数学质量检测命题操作范式

在命题操作范式逐渐优化和成熟的情况下，越来越多的老师被其专业性和指导性所吸引，开始自觉自愿地参与到考后的"做、评、品、议、写"的环节中来，涌现出大量围绕质量检测试题的优秀论文，也有越来越多的命题爱好者和业务能手参与到命题工作中来。

与此同时，我们还适时调整区内的教师赛事，将"基本功能力大赛""说课比赛""教学设计比赛"等传统赛事与"解题大赛""说题大赛""命题大赛"等针对性更强的新型赛事相结合，以增设全员参与的预赛、将质量检测中的优秀试题纳入比赛内容、让参赛选手深度品评试题等方式，让全区所有的初中数学教师能够分梯队、有层次地参与这场关乎顺德初中数学教学质量的盛大变革，基本实现了从"精英参与"向"全员参与"转变的改革目标。

当一线教师看到了命题者命题的专业性，感受到了自己也能参与命题的可能性，体会到了研究命题与自己教学效果良莠不齐的相关性，认识到了考与教均要植根于课标的一致性，老师们的教学行为自然会发生持久且深刻的改变。至此，我区初中数学质量检测的命题价值也基本实现了从"评价型命题"向"指导评价型命题"转型、从"教考分离"向"教学引领"发展。

## 三、命题做法

命题是极具专业性的工作，稳定又与时俱进的命题依据，实用又高效的命题技术，科学又普及的命题量规，是我区初中数学质量检测命题的三大法宝。

### 1. 命题依据：课标、教材、考题

命题要理解课标、教材、考题，要用好课标、教材、考题，要活用课标、教材、考题。

结合课程标准对数学学科的书面测验的要求（详见课程标准），我们认为"命题要锁定课程内容，锚定课程目标，聚焦课程核心概念"，拒绝做基于个人主观的随意命题。

教材是课程标准最忠实、最深刻的解读，我们认为"命题要源于教材，又要高于教材"。为了更好地理解课程标准，我们要求命题团队的成员至少要对"人教版"初中数学教材和"北师大版"初中数学教材这两个版本进行对比阅读，深度挖掘教材中的典型例题和习题，提炼出能贯穿始终的兼具知识与能力的核心模块，成为命题的起点要素。

经典中考题是我们改编的素材和效仿的对象。

有了课标、教材、考题作为数学命题的依据，命题者就仿佛拥有了一个顶级的专家团队、一个取之不尽的素材仓库和一把刻度精准的校标卡尺，是命题走向专业的前提条件和重要保障。

**2. 命题技术：遴选、改编、整合、创新**

试题的三要素是立意、情境、设问，这也是命题的校标，遴选、改编、整合和创新是初中数学命题常用的四种技术。（本书的第三章会结合具体试题对四种命题技术进行阐述）

**3. 命题量规：四表一图**

在命题过程的前、中、后，我们运用多维细目表、成卷流程图和阅卷分析模板来统一不同命题人的命题行为，力求将命题过程中的主观因素的影响降到最低，使试题的整体风格保持相对的稳定性。

（1）初中数学教学质量检测试题命题多维细目表

表 1–1　初中数学教学质量检测试题命题多维细目表

| 题号 | 题型 | 分值 | 考点 | 知识板块 | 课标要求 | | | | | | | 素材来源 | 数学思想方法 | 难度预估 |
| --- | --- | --- | --- | --- | --- | --- | --- | --- | --- | --- | --- | --- | --- | --- |
| | | | | | 了解 | 理解 | 掌握 | 运用 | 经历 | 体验 | 探索 | | | |
| 1 | 选择题 | 3 | | | | | | | | | | | | |
| 2 | 选择题 | 3 | | | | | | | | | | | | |
| … | … | … | | | | | | | | | | | | |
| 11 | 填空题 | 4 | | | | | | | | | | | | |
| … | … | … | | | | | | | | | | | | |
| 18 | 解答题 | 6 | | | | | | | | | | | | |
| 知识板块 | | | 教材课时数（占比） | | | | | | 命题分数（占比） | | | | | |
| 数与代数 | | | | | | | | | | | | | | |
| 图形与几何 | | | | | | | | | | | | | | |
| 统计与概率 | | | | | | | | | | | | | | |
| 综合与实践 | | | | | | | | | | | | | | |

（2）初中数学教学质量检测试题预测表

表 1-2　初中数学教学质量检测试题预测表

| 试题名称： | | 使用年级： | | 填表人： | | 填写日期： |
|---|---|---|---|---|---|---|
| 命题人 | 姓名 | 单位 | 职称 | 任教年级 | | 联系方式 |
| | | | | | | |
| | | | | | | |
| | | | | | | |
| | 平均分 | | 难度系数 | | | |
| | | | 选择题 | 填空题 | | 解答题 |
| 预测值 | | | | | | |
| 实际值 | | | | | | |
| 成功经验 | | | | | | |
| 问题反思 | | | | | | |

（3）初中数学教学质量检测试题试做和修改表

表 1-3　初中数学教学质量检测试题试做和修改表

| 试题名称： | | 使用年级： | 填表人： | 填写日期： |
|---|---|---|---|---|
| 序号 | | 检查内容 | | 修改建议 |
| 1 | 情境 | 政治思想有问题吗？ | | |
| | | 科学性有问题吗？ | | |
| | | 逻辑性有问题吗？ | | |
| | | 表述有问题吗？ | | |
| | | 信息完备性有问题吗？ | | |
| 2 | 设问 | 符合课标要求吗？ | | |
| | | 考查目的明确吗？ | | |
| | | 语言准确吗？ | | |
| | | 答题要求明确吗？ | | |
| 3 | 立意 | 考查哪些知识？ | | |
| | | 考查哪些主要的数学能力？ | | |

续 表

| 试题名称： | | 使用年级： | 填表人： | 填写日期： |
|---|---|---|---|---|
| 序号 | | 检查内容 | | 修改建议 |
| 3 | 立意 | 考查哪些主要的数学思想方法？ | | |
| | | 考查的解题思维方式是什么？ | | |
| 4 | 答案 | 科学性有问题吗？ | | |
| | | 准确性有问题吗？ | | |
| | | 严谨性有问题吗？ | | |
| | | 还有哪些解法？ | | |
| 5 | 评分标准 | 分步给分是否合理？ | | |
| 6 | 难度估计 | 难度设计是否合理？ | | |
| | | 哪些题是难题？ | | |

（4）初中数学教学质量检测试题审核表

表1-4　初中数学教学质量检测试题审核表

| 试题名称： | | 使用年级： | 填表人： | 填写日期： |
|---|---|---|---|---|
| 序号 | | 审核内容（试题和答题卡） | | 审核意见 |
| 1 | 题头 | 名称是否正确？ | | |
| | | 使用年级是否明确？ | | |
| 2 | 注意事项 | 指令性语言明确、清晰吗？ | | |
| | | 考试时间和分值是否准确？ | | |
| 3 | 序号 | 大题序号排列是否准确？ | | |
| | | 小题序号排列是否准确？ | | |
| | | 选择题的选项序号是否准确？ | | |
| 4 | 分值 | 各小题分值是否正确？ | | |
| | | 各小题给分分布是否合理？ | | |
| | | 各大题分值是否正确？ | | |
| | | 合计试卷总分是否正确？ | | |
| 5 | 表述 | 试题的表述是否规范？ | | |

| 试题名称： | | 使用年级： | 填表人： | 填写日期： |
|---|---|---|---|---|
| 序号 | | 审核内容（试题和答题卡） | | 审核意见 |
| 5 | 表述 | 图表与考题是否一致？ | | |
| | | 答案的表述是否合理？ | | |
| 6 | 脚标注 | 试题及答题卡的脚标注准确吗？ | | |
| 7 | 原创题 | 哪些是原创题？ | | |
| | | 原创性表现在哪些方面？ | | |

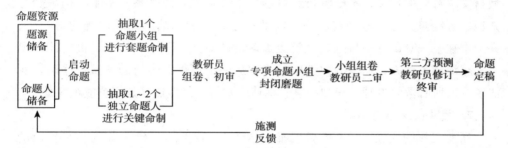

**图 1-3 初中数学命题流程图**

## 四、命题改革效果

2016 年至今，在我的引领和规划下，教师从关注到参与，从尝试到坚持，从摸索到笃定，走出了一条专业化的成长道路，达成了改革之初设想的"专业命题""全员参与""评价指导""教学引领"的四大目标，取得了令人满意的效果。

**1. 专业：规范与深刻**

命题工作的专业性是它的难点所在，也是它的魅力所在。

四年多的时间里，由于我区初中数学质量检测的专业性逐步提升，坚持依标靠本，坚持命题对信度、效度、区分度的基本要求，坚持命题的核心功能不变，所以命题保持了相对的稳定性。规范的命题向全区的数学老师传递出三个重要的信息：我们的命题可以研究、必须研究、值得研究。依标靠本，所以并不神秘，质量检测命题和我们教学的依据完全统一，对每一位初中数学教师来说，几乎都可以零门槛踏入，此谓"可以研究"；基本要求不变，研究质量检测命题就是不断理解甚至掌握评价标准的过程，数学教师都知道评价标准的重要性，此谓"必须研究"；核心功能不变，当每一份命题承担起评价与指导的双重责任时，早一日研究命题，就能早一日在自己的教学中开展实践，也能早一日看到更好的教学效果，此谓"值得研究"。时至今日，每一次的教学质量检测之后，无论哪一个年级的老师，都会主动把三个年级的试卷拿来做一做、想一想，研究质量检测的试题，已经成了我们教学工作中必不可少的一个环节。

如果命题的专业性只谈规范，就难言魅力，也不会吸引如此多的老师投入其中。深刻，是专业的迷人之处。有人说，命题是"戴着镣铐舞蹈"，镣铐是约束是规范，舞蹈则是内核是变化。在命题改革的过程中，我们不断挖掘课标、教材文本背后的意义，不断解析经典题、中考题之间的联系，不断建构考题与知识、考题与方法、考题与思想之间的体系，不断总结已完成命题的得与失，并力求在下一套试题中将这些理解更加深刻的意义、联系、体系、得失体现出来。越深刻越迷人，如今的数学质量检测从一个不得不参与的考试，逐渐转变成了一次所有数学老师的思想盛宴，期待、赏析、品鉴成了这场盛宴的主旋律。

**2. 团队：核心与辐射**

所有工作的完成，核心的要素都是"人"。若把"评价"作为质量检测的唯一功能，则限定了参与检测命题的人越少越好。命题改革确定了质量检测从"评价"转型为"评价指导"，那必然意味着参与检测命题（包含但不限于命题工作的直接参与者）的人越多越好。

核心团队从"任务型"转变为"学习型"，以前长期从事命题工作的"老命题人"不断学习进行新方向的掌控，此为立；因为业务能力突出而被吸纳进来的"新命题人"靠新的理念和学习拓宽视野大胆创新，此为破；因为共同的追求而聚集起来的"命题团队"学而后立，立而后破，破而再学，长此往复，一群人变成了一队人，一件工作变成了一个信念，一场改革变成了一种建设。

当核心团队的命题人回归到日常的工作状态，他们开始影响身边的人，有的复制命题团队的工作流程组建自己学校的命题小组，有的撰文写稿袒露自己的命题心声，有的初心在自己的课堂被点化、改变，有的慧眼识珠将有志于此的年轻人进行培养。每一个命题人，都是因为理解所以热爱，因为热爱所以坚持，因为坚持所以被看见。而他们的每一次被看见，都必然影响更多的老师，成为下一个真正"理解"命题的人。

**3. 评价：其然与其所以然**

俗话说，数据从不说谎，而数据也最会说谎。考试的成绩牵动万千学子的心，也拨动着所有教育者和教育管理者的敏感神经。当试题的命制越来越专业，参与的人越来越多，老师们自然不再满足于过往检测后"比比平均分，看看第一名"这种简单而且没有作用的评价方式。

每一次的质量检测阅卷前，各个阅卷组长已经对所要批改的题目进行了细致入微的分析，阅卷小组内部也会展开充分的讨论，老师们不但关心学生完成得怎么样，学生会怎样完成，同时也会关心为什么会这样命制，命题的意图是否能够达成。这种思维习惯的转变势必引导老师们从关注"分数"转向关注"分数所反映的问题"，继而更深层次地去思考产生问题的原因。

曾经，我们习惯用一个冰冷的分数将背后无数个体鲜活而生动的付出高度同质化，这是对教师工作价值的否定，也是对命题工作专业性的否定。现在，每一次质量检测阅卷结束后，组长都会用一份专业的阅卷报告来反馈答题情况、得分情况、分数背后的问题以及命题目的的达成情况。分数得到或者得不到，只是其然；同样分数背后不同的问题，不同分数背后相同的启发，答题的结果不仅关系答题的过程，也密切关系命题的初衷，此为所以然。

评价与指导评价，其然与其所以然，从表面上看，跳动的是数据，细究起来，撑起的是每一个数学教育者火热的心。

### 4. 引领：远航与回归

从"教考分离"到"引领教研考的一致性评价"，是命题者的思想转变，最终要演变为教育者的行为自觉。考试是学校教育的一个必要环节；课堂教学是学校教育的核心环节。所以，无论我们在命题的道路上攀得多高、行得多远，最终都要回归课堂教学，回归育人初心。

随着命题研究的深入，首先是激发了老师们对于"数学解题深度教学"的研究兴趣。老师们从做题初体验、解题后反思、反思后运用的时序展开研究：从追求"一题多解、多解归一"的解题，到"总结解法、分析立意、提炼情境、推敲设问、追溯来源、明确导向、探究变式"的解题分析，再到"审题教学、解题教学、总结教学、变式教学、拓展教学、模型教学"的教学反思等。一时间，原本不太受重视的"试卷评讲课"成了各级教研课的热门选题。其次，老师们对题的研究和评价，必然要回归课标、教材、中考这三大校标，为了让自己的评价能够有理有据，细读深研成了必经之路。最后，由于试题命制的思路具有结构性和连贯性，所以研究试题并在课堂中做出改变的老师，一定会在下一次的教学质量检测中受益，"有效"是刺激人们做出改变的最直接方法。

在初中数学命题改革实践中，我们逐渐认识到，做正确的事情才有效果，正确地做事情才有效率。不遗余力地推动数学教育教学的改革，使之更好地适应飞速发展的时代和不断变化的学生群体，关注每一个学生的成长，是我们做教育的初心；关注教师们的教学水平的提高和命题研究能力的提升可永葆教育的活力，也是我们这份职业应该做的最为正确的事情；以命题研究为抓手、以命题改革为策略，引领课堂回归数学教育的这份初心被实践证明是值得坚持的正确的方式。

5. 愿景：境界与未来

2021 年，在"顺德区中小学数学大会"中讲到，教师唯有教出数学境界，学生才会有可期未来。只有把"命题"工作视为我们教育教学工作中不可缺少的一个重要环节，把"命题"能力当作我们专业成长中必须具备的一种基本素养，把"命题"研究作为我们提升教学效果的一种有效抓手，我们才能以"命题"之养分，反哺"教学"之需求；才能以"命题"之视角，窥见"教学"之全貌；才能以"命题"之格局，实现"教学"之境界。

愿我们关于命题的每一次思考，都能幻化我们教的境界，更能成就孩子们可期的未来。

命题之路，哪怕有点风雨，也应兼程而行。

# 第二章

# 顺德区初中数学质量检测命题技术

由于区域内百姓对初中教学质量优质的高度关注、对初中教学质量提升的热切期盼，由于在教学视导中发现教师研读教材越来越少、教学脱离教材依赖教辅越来越多、出现了"教材匆匆过，教辅逐题过"的"轻教材，重教辅"现象，由于新授课重结果轻过程、重应用轻反思造成认知的肤浅和解题教学的简单、涌现了知识学习题目化的学案教学典型；由于复习课变为习题化训练的现象越来越多、追求深度学习的教学办法不多、形成"重视扎入题海研套路，忽略启迪思维促生长"的"轻教材，重真题"局面，如何引领老师"理解教材和用好教材、整合教材和活用教材"已迫在眉睫！遵循"考查内容依据课程标准、不超出课标范围、不拔高课标要求，考题源于教材又高于教材、拒绝往年真题，答题少一点识记和套路、多一些思维和创新"的命题理念，对教材的例题和习题、情境和问题进行遴选、改编、整合、创新，不断实践，形成命题技术，践行"教研考的一致性评价而非教研考脱节，试题导向教研、引领教研回归学科本质，试题导向教学、引领教学减少题海训练，试题提供优质资源、实现以教材为核心的教学能就地取材"。

如果说文科占内存，理科烧 CPU，命题更是两者兼具！因为试题"多元化的创新容不下肉身，模式化的稳定容不下灵魂"。

低头是命题，抬头是未来！

# 第一节　遴　选

一道考题的命制，最简单的办法——遴选，即遴选教材原题为考题。

**题1**：某路口南北方向红绿灯的设置时间为：红灯40s、绿灯60s、黄灯3s. 司机A随机地由南往北开车到达该路口，问：

（1）他遇到红灯的概率大还是遇到绿灯的概率大？

（2）他遇到绿灯的概率是多少？

（顺德区2018—2019学年度第二学期期末教学质量检测七年级数学试卷第20题，出自"北师版"数学七年级下册154页的例题3）

**选题意图**：本题是"连续性的随机变量的概率"问题转化为"离散型的随机变量的概率"问题，既是考查"概率"的知识，更是考查"化归"的思想方法。

**题2**：如图2-1-1所示，长方体的长为15，宽为10，高为20，点B离点C的距离为5. 一只蚂蚁如果要沿着长方体的表面从点A爬到点B，需要爬行的最短路程是多少？

（顺德区2018—2019学年度第一学期期末教学质量检测八年级数学试卷第22题，出自"北师版"数学八年级上册第19页的第12题）

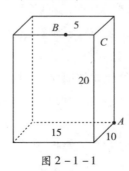

图2-1-1

**选题意图**：一是考查长方体的展开图和勾股定理等知识，二是考查问题解决时需要将长方体的展开图分三种情形分别研究的分类讨论思想，以及空间问题平面化解决的化归思想；三是考题引领教研：为什么以长方体为情境的问题要分类讨论求解，而以圆柱体为情境的问题却没有分类讨论求解呢？例如，北师大版教材八年级上册"勾股定理的应用"的第 13 页引入部分：

如图 2-1-2 所示有一圆柱，它的高等于 12cm，底面圆的周长等于 18cm。在圆柱下底面的点 $A$ 有一只蚂蚁，它想吃到底面上与点 $A$ 相对的点 $B$ 处的食物，沿圆柱侧面爬行的最短路程是多少？

（1）自己做一个圆柱，尝试从点 $A$ 到点 $B$ 沿圆柱侧面画出几条路线，你觉得哪条线路最短呢？

（2）如图 2-1-3 所示，将圆柱侧面剪开展成一个长方形，从点 $A$ 到点 $B$ 的最短路线是什么？你画对了吗？

（3）蚂蚁从点 $A$ 出发，想吃到点 $B$ 处的食物，它沿圆柱侧面爬行的最短路程是多少？

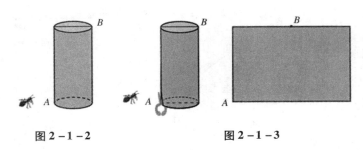

图 2-1-2　　　　　　图 2-1-3

关注到"问题中的蚂蚁是沿着圆柱的侧面爬行"才会有上述的解答。如果把"侧面"一词去掉，猜想一下我们的学生能否会分情况分类讨论求解呢？老师们解决以上两个问题时如果"缺少了归类研究的意识"，教学就会"缺少了均需分类讨论才是通法通解的认识一致性的探究行为"。由此，"强化了刷题，潦草了过程，隐去了思维的严谨性的即时培养"的教学形态比比皆是。

**题3：**已知不等式组 $\begin{cases} 2x-a<1 \\ x-2b>3 \end{cases}$ 的解集为 $-1<x<1$，则 $(a+1)(b-1)$ 的值是_____.

（顺德区 2018—2019 学年度第二学期期末教学质量检测八年级数学试卷第 16 题，出自"北师版"数学八年级下册第 60 页的第 4 题）

**选题意图：**考查不等式解集的概念的理解，更是要领悟不等式与方程的关系。

**题4：**某长途汽车客运站规定，乘客可以免费携带一定质量的行李，但超过该质量则需购买行李票，且行李费 $y$（元）是行李质量 $x$（kg）的一次函数.
已知甲带了 60kg 的行李，交了行李费 5 元；乙带了 90kg 的行李，交了行李费
10 元。

（1）求出 $y$ 与 $x$ 之间的函数表达式；

（2）旅客最多可免费携带多少千克的行李？

（顺德区 2019—2020 学年度第一学期期末教学质量检测八年级数学试卷第
21 题，出自"北师版"数学八年级上册第 127 页的例题）

**选题意图**：考查数学建模和应用意识。本题若把函数有关的表述删除，则
更有数学建模的味道。

**题 5**：如图 2－1－4 所示，在直角三角形 $ABC$ 中，$\angle C = 90°$，$AC = 40$，$BC = 30$，作 $\triangle ABC$ 的内接矩形 $CDEF$. 设 $DE = x$，求 $x$ 取何值时矩形的面积最大？

（顺德区 2020—2021 学年度第二学期九年级第一次教学质量检测数学第 22
题，出自"北师版"数学九年级下册第 46 页的引入部分）

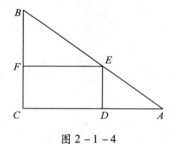

图 2－1－4

**选题意图**：一是考查二次函数解决几何应用题和最值问题，虽能体现二次
函数的重要应用，但是过去考查频率低；二是希望学生掌握配方法解决二次函
数问题，而不仅仅是识记最值公式；三是期待老师能在讲评时补充"直角三角
形的内接矩形的另一种图形模型及对应的问题解决"（见图 2－1－5），体现解
决问题时的分类讨论的思想，只是出于试题难度的原因选择其一来考查。

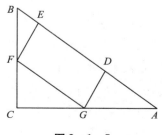

图 2－1－5

**题 6**：一个小球以 10m/s 的速度向前滚动并均匀减速，8s 后小球停止了滚动。

（1）小球的滚动速度平均每秒减少多少？

（2）小球滚动 10m 用了多少时间？

[2020—2021 学年度联盟学校九年级教学质量检测（一）数学试卷第 21 题，出自人教版数学九年级上册第 26 页的第 13 题]

**选题意图**：本题的情境是"物体的运动"，目的是跨学科整合；再者，问题的解决不能直接使用初中物理的物体运动公式，只想考查阅读理解解题能力。

当我要遴选教材的原题为考题时，常遵循以下几点：考题涉及的知识为本章的主干内容，并具有适度的综合性；考题能很好地凸显数学思想方法，并具有初中数学思想方法的典型性；考题能体现教学过程的学习思考，并能展示数学活动经验的积累程度。

# 第二节　改　编

一道考题的命制，最常用的办法——改编，即改编教材原题为考题。

## 一、立足原题的条件不变，改编设问的内容更直白更层次化

**题1**：如图 $2-2-1$ 所示是一块直角三角形木板，其中 $\angle C = 90°$，$AC = 1.5\mathrm{m}$，面积为 $1.5\mathrm{m}^2$. 一位木匠想把它加工成一个面积最大且无拼接的正方形桌面，$\angle C$ 是这个正方形的一个内角.

（1）请你用尺规为这位木匠在图中作出符合要求的正方形；

（2）求加工出的这个正方形桌面的边长。

（顺德区 2019—2020 学年度第二学期教学质量检测九年级数学试卷（1）第21题）

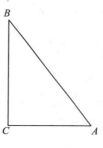

图 $2-2-1$

**改编说明**：本题改编于"北师版"数学九年级上册第122页的第21题。选题的目的，一是由于"几何应用题"在历次的考查中很少出现，要做好查漏补缺的准备；二是将设问改变为"尺规作图"能展现尺规作图在解决实际问题中的应用，丰富"尺规作图"的内容。原题为：

21. 一块直角三角形木板的面积为 $1.5\mathrm{m}^2$，一条直角边 $AB$ 为 $1.5\mathrm{m}$，怎样才能把它加工成一个无拼接的面积最大的正方形桌面？甲、乙两位木匠的加工方法如图 $2-2-2$ 所示，请你用学过的知识说明哪位木匠的方法符合要求（加工

损耗忽略不计，计算结果中的分数可保留）。

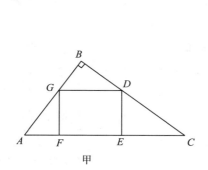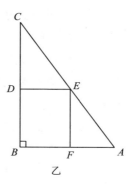

图 2 - 2 - 2

**题2**：如图 2 - 2 - 3 所示是某公共汽车线路收支差额 $y$（票价总收入减去运营成本）与乘客量 $x$ 的函数图像。目前这条线路亏损，为了扭亏，有关部门举行提高票价的听证会。乘客代表认为：公交公司应降低运营成本，实现扭亏。公交公司认为：运营成本难以下降，提高票价才能扭亏. 根据这两种意见，把图 2 - 2 - 3 分别改画成图 2 - 2 - 4 和图 2 - 2 - 5。则下列判断不合理的是（　　）

A. 图 2 - 2 - 3 中点 $A$ 的实际意义是公交公司运营后亏损 1 万元

B. 图 2 - 2 - 3 中点 $B$ 的实际意义是乘客量为 1.5 万时公交公司收支平衡

C. 图 2 - 2 - 4 能反映公交公司意见

D. 图 2 - 2 - 5 能反映乘客意见

（顺德区 2018—2019 学年度第一学期期末教学质量检测八年级数学试卷第 10 题）

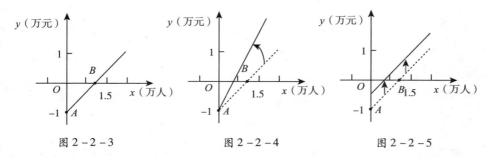

图 2 - 2 - 3　　　　　图 2 - 2 - 4　　　　　图 2 - 2 - 5

**改编说明**：本题改编于"北师版"数学八年级上册第 100 页的第 14 题。"纯数学情境"的一次函数问题通常考查基础知识的学习是否扎实，而"生活化情境"的一次函数问题突出考查学生应用数学解决问题的意识,增加设问的内容,更适合承担试题的区分度的功能的定位,所以成为选择题的最后一题。原题如下:

14. 图 2-2-6 的 (a) 是某公共汽车站收支差额 $y$(票价总收入减去运营成本)与乘客量 $x$ 的函数图像。目前这条线亏损,为了扭亏,有关部门举行提高票价的听证会。

乘客代表认为:公交公司应节约能源,改善管理,降低运营成本,从而实现扭亏。

公交公司认为:运营成本难以下降,公司已尽力,提高票价才能扭亏。

根据这两种意见,可以把图 2-2-6 中的 (a) 分别画成 (b) 和 (c)。

(1) 说明图 2-2-6 (a) 中点 A 和点 B 的实际意义。

(2) 你认为图 2-2-6 的 (b) 和 (c) 两个图像中,反映乘客意见的是_____,反映公交公司意见的是_____。

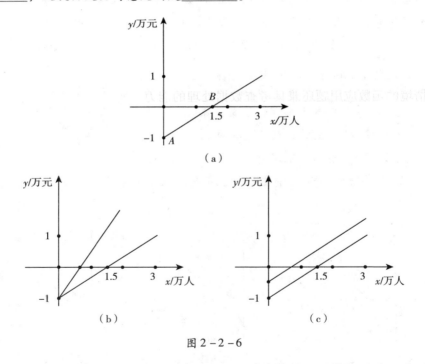

图 2-2-6

题3:某地区在2020年开展脱贫攻坚的工作中大力种植有机蔬菜. 某种蔬菜的销售单价与销售月份之间的关系如图 2-2-7 所示,每千克成本与销售月份之间的关系如图 2-2-8 所示(其中图 2-2-7 的图像是直线,图 2-2-8 的图像是抛物线）。

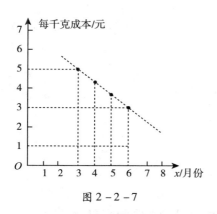

图 2-2-7

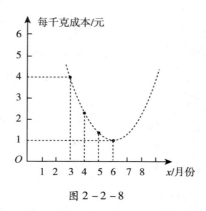

图 2-2-8

（1）求每千克蔬菜销售单价 $y$ 与销售月份 $x$ 之间的关系式；

（2）判断哪个月份销售每千克蔬菜的收益最大？并求出最大收益；

（3）求出一年中销售每千克蔬菜的收益大于 1 元的月份有哪些？（选自顺德区 2020—2021 学年度第二学期九年级第二次教学质量检测数学第 24 题）

**改编说明：**本题改编于"北师版"数学九年级下册第 62 页的第 24 题。其一，函数是初中、高中数学的主干内容，这一点尤其要引起重视。其二，以图像为情境的函数应用题还兼具考查数据处理的能力，所以本题是指向数学核心素养的"抽象意识、运算能力、模型思想、数据观念"。其三，在近几年的九年级模拟考试中和中考中还没有出现此类型的试题，略显新颖。原题为：

24. 某种蔬菜的销售单价与销售月份之间的关系如图 2-2-9 所示，成本与销售月份之间的关系如图 2-2-10 所示（图 2-2-9 的图像是线段，图 2-2-10 的图像是抛物线）。哪个月出售这种蔬菜，每千克的收益最大？（收益 = 售价 - 成本）

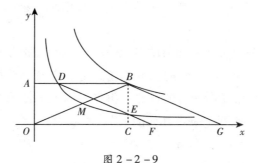

图 2-2-9

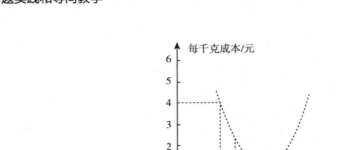

图 2－2－10

## 二、立足原题的条件不变，改编设问方式为开放性

**题 4：** 如图 2－2－11 所示，在 △ABC 中，AC = BC，∠C = 90°，AD 是 ∠BAC 的平分线，折叠 △ACD 使得点 C 落在 AB 边上的 E 处，连接 DE、CE. 下列结论：① ∠CAD = ∠EAD；② △CDE 是等腰三角形；③ AD ⊥ CE；④ AB = AC + CD. 其中正确的结论是_____.（填写序号）

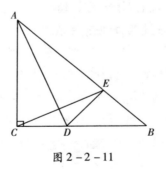

图 2－2－11

（顺德区 2018—2019 学年度第一学期期末教学质量检测七年级数学试卷第 16 题）

**改编说明：** 本题改编于"北师版"数学八年级下册第 31 页的例 3。由于"开放性设问的几何小综合题"的内涵丰富，适合考查学生的几何直观和数学直觉，因此近几年也备受命题者的青睐；再者，本题的图形是"等腰直角三角形融合角平分线"的典型"基本几何图形"。原题为：

**例 1：** 如图 2－2－12 所示，在 △ABC 中，AC = BC，∠C = 90°，AD 是 △ABC 的角平分线，DE ⊥ AB，垂足为 E。

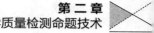
（1）已知 $CD = 4$cm，求 $AC$ 的长；

（2）求证：$AB = AC + CD$。

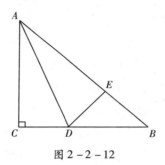

图 $2-2-12$

## 三、立足原题的立意不变，改编情境和题型

**题5**：若 $A$、$B$ 两地的距离是 $120$km，甲和乙沿相同的路线由 $A$ 地到 $B$ 地的行驶路程与时间的关系如图 $2-2-13$ 所示．根据图 $2-2-13$ 判断以下结论正确的个数有（　　　）

① 甲比乙晚两小时出发。

② 甲的速度是 $30$km/h，乙的速度是 $15$km/h。

③ 乙出发后的 4 小时到 6 小时内，甲在乙的前面。

④ 甲行驶的路程 $y$ 与时间 $x$ 的函数关系是 $y = 15x$。

A. 1 个 　　　B. 2 个 　　　C. 3 个 　　　D. 4 个

（顺德区 2019—2020 学年度第一学期期末教学质量检测八年级数学试卷第 10 题）

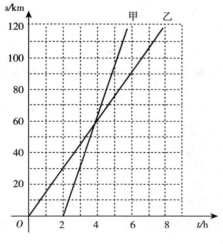

图 $2-2-13$

23

**改编说明**：本题改编于"北师版"数学八年级上册第94页的例3。将原题的填空题改编为多选题更能考查学生对一次函数的综合和深度认识，考查学生解决问题的迁移能力和应用意识。原题为：

**例2**：如图2-2-14所示，$l_1$反映了某公司产品的销售收入与销售量的关系，$l_2$反映了该公司产品的销售成本与销售量的关系，根据图像填空：

（1）当销售量为$2t$时，销售收入=_____元，销售成本=_____元。

（2）当销售量为$6t$时，销售收入=_____元，销售成本=_____元。

（3）当销售量等于_____时，销售收入等于销售成本。

（4）当销售量_____时，该公司盈利；当销售量_____时，该公司亏损。

（5）$l_1$对应的函数表达式是_____，$l_2$对应的函数表达式是_____。

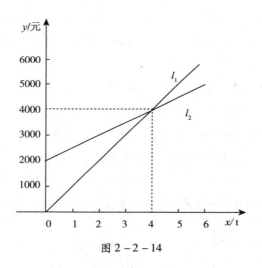

图2-2-14

## 四、立足原题的情境为主情境，改编为拓展性问题

**题6**：如图2-2-15所示，以点$O$为平面直角坐标系的原点，点$A$在$x$轴的正半轴上，正方形$OABC$的边长是3，点$D$在$AB$上，且$AD=1$. 将$\triangle OAD$绕着点$O$逆时针旋转得到$\triangle OCE$.

（1）求证：$OE \perp OD$；

（2）在$x$轴上找一点$P$，使得$PD+PE$的值最小，求出点$P$的坐标. （顺德区2019—2020学年度第一学期期末教学质量检测八年级数学试卷第22题）

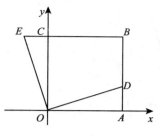

图 2 - 2 - 15

**改编说明：** 本题改编于"北师版"数学八年级下册第 168 页的第 20 题。原题在三角形的全等及旋转变换中内隐了两条直线"$OE$ 和 $OD$ 垂直"，命题时挖掘出两条直线的垂直关系作为设问（1），再融合常考的"将军饮马模型"改编为设问（2），因为几何问题的逻辑推理的高阶思维就是"要熟练地使用几何模型推理与计算"。原题为：

20. 如图 2 - 2 - 16 所示，四边形 $ABCD$ 是正方形，点 $E$ 在 $AB$ 上，点 $F$ 在 $AD$ 的延长线上，$BE = DF$，在此图形中是否存在两个全等的三角形？其中一个三角形能够通过旋转另外一个三角形而得到呢？

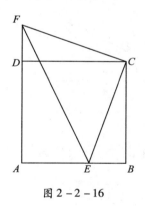

图 2 - 2 - 16

## 五、立足原题的模型不变，改编条件和设问

**题 7：** 如图 2 - 2 - 17 所示，$n$ 个全等的等腰三角形的底边在同一条直线上，底角顶点依次重合．连接第一个三角形的底角顶点 $B_1$ 和第 $n$ 个三角形的顶角顶点 $A_n$ 交 $A_1B_2$ 于点 $P_n$，则 $A_1B_2 : P_nB_2 = $ _____。

（顺德区 2019—2020 学年度第一学期期末教学质量检测九年级数学试卷第 17 题）

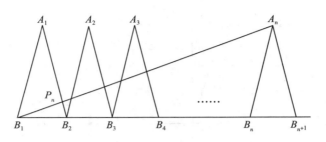

图 2 - 2 - 17

**改编说明：** 本题改编于"北师版"数学九年级上册第122页的第18题。将原题"三个全等的等腰三角形图形"拓展深化为"$n$个全等的等腰三角形"，考查解决问题方法的通性通法。原题为：

18. 如图 2 - 2 - 18 所示，已知△ABC，△DCE，△FEG 是三个全等的等腰三角形，底边 BC，CE，EG 在同一直线上，且 $AB = \sqrt{3}$，$BC = 1$，BF 分别交 AC，DC，DE 于点 P，Q，R。（1）求证：△BFG∽△FEG；（2）求 AP∶PC。

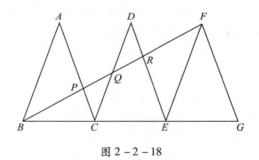

图 2 - 2 - 18

## 六、立足素材核心知识不变，改编呈现方式，考查教学的深度

**题8：** 如图 2 - 2 - 19 所示，一次函数 $y = x + 1$ 的图像与反比例函数的图像交于点 $A(1, n)$.

（1）求反比例函数的表达式；

（2）点 $P(m, 0)$ 在 $x$ 轴上一点，点 $M$ 是反比例函数图像上任意一点，过点 $M$ 作 $MN \perp y$ 轴，求出△MNP 的面积；

（3）在（2）的条件下，当点 $P$ 从左往右运动时，判断△MNP 的面积如何变化，并说明理由。

（顺德区 2020 年九年级适应性训练数学试卷第 22 题）

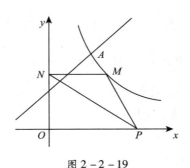

图 2 - 2 - 19

**改编说明：**北师大版教材九年级数学上册第 155 页的"想一想"如下：

在一个反比例函数图像上任取两点 $P$，$Q$. 过点 $P$ 分别作 $x$ 轴、$y$ 轴的平行线，与坐标轴围成的矩形的面积为 $S_1$；过点 $Q$ 分别作 $x$ 轴、$y$ 轴的平行线，与坐标轴围成的矩形的面积为 $S_2$. $S_1$ 与 $S_2$ 有什么关系？为什么？

在多次课堂观察中发现，我们的老师对于这个板块的教学"轻描淡写的多——快速化地把 $k$ 的几何意义教成结果性的知识（$|k| = |xy|$）；真正感悟的少——缺少 $k$ 从特殊到一般，缺少点从定点到动点的深入探究的过程的感悟，缺少动点坐标化的设而不求的代数推理的体会"。由于"教学的简单"丧失深度思考的经历，减少了思维力的原动力。

再者，课程标准中也没有"反比例函数 $k$ 的几何意义"的相关表述，因此将"反比例函数 $k$ 的几何意义知识化"的做法无疑是"跑偏了教材设计的初心"。教材设计"想一想"的"初心"是聚焦思维力的持续化和延伸化：是对反比例函数概念中的 $k$ 的持续认知，是对素材中的"任意两点"的延伸认知；是对数形结合的完美认知。作为结果性知识的考查的命题是低层次的命题，例如，点 $P$ 在反比例函数 $y = \dfrac{2}{x}$ 的图像上，过点 $P$ 作坐标轴的垂线交坐标轴于点 $A$、$B$，则矩形 $AOBP$ 的面积为_____。

（顺德区 2019—2020 学年度第一学期期末教学质量检测九年级数学试卷第 14 题）

而立足于素材学习过程中应该形成的"数学思考"的考查的命题才是高级的命题，正是基于这样的想法，遂有上述的题 8 的面世。追求每节课的数学思考的形成和积淀，这才是数学教学的价值。

改编不易，坚持或遇美好！一个月后的广东省初中学业水平考试的 24 题有几番相似。

如图 2-2-20 所示，点 $B$ 是反比例函数 $y = \dfrac{8}{x}$ $(x>0)$ 图像上一点，过点 $B$ 分别向坐标轴作垂线，垂足为 $A$、$C$. 反比例函数 $y = \dfrac{k}{x}$ $(x>0)$ 的图像经过 $OB$ 的中点 $M$，与 $AB$、$BC$ 分别交于点 $D$、$E$. 连接 $DE$ 并延长交 $x$ 轴于点 $F$，点 $G$ 与点 $O$ 关于点 $C$ 对称，连接 $BF$、$BG$.

（1）填空：$k =$ _____；

（2）求 $\triangle BDF$ 的面积；

（3）求证：四边形 $BDFG$ 为平行四边形.

（2020 年广东省初中学业水平考试数学第 24 题）

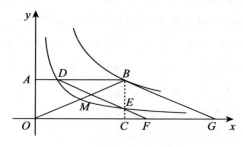

图 2-2-20

改编教材素材成考题，既是理解教材走向内化和反思，也是深度解读教材要义的延伸和拓展，更是教师专业成长的自我救赎。

这几年由于工作的需要，不是在命题，就是在思考命题。所命制的试题更多的是改编，这样既能减少原题再现，不致引导题海战术的教学，又能迅速地完成命题任务。而之所以多选择教材上的素材改编为考题，一是因为想引领老师们"依标靠本真落实，教材研读求深度，变式教学要丰富，解题教学要完善"；二是能体现教与学的公平性。

有时出于某种需要，偶尔也会改编一些中考真题。数学多选题正越来越得到命题人的青睐，一是因为多选题增加了知识点的综合性，可做更全面的考查，增强了知识板块的整合性，可做更新颖的考查，增大了解题思维的强度，更有利于精准的区分度的考查。若再把这种多结论问题改编为填空题，则更加直指考查目的。若改编中考的压轴题（尤其是几何类）为多结论的选填题，取其情境不变，将考题的设问改为开放性，做盘活知识激活思维的设计。

**题9**：如图 2-2-21 所示，在矩形 $ABCD$ 中，将 $\triangle ADC$ 绕点 $D$ 逆时针旋转 $90°$ 得到 $\triangle FDE$，使得 $B$、$F$、$E$ 三点恰好在同一直线上，$AC$ 与 $BE$ 相交于点 $G$，

连接 $DG$. 以下结论正确的是_____。

① $\triangle BCG \backsim \triangle GAD$；

② $AC \perp BE$；

③ 点 $F$ 是线段 $CD$ 的黄金分割点；

④ $CG + \sqrt{2}DG = EG$.

（顺德区 2020—2021 学年度第二学期九年级第二次教学质量检测数学试题第 17 题）

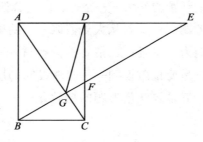

图 2 - 2 - 21

命题取材于教材，就是要做"依标靠本"的教学引领，这才是教学的"正道"，可减少些"沧桑"。

# 第三节　整　合

一道考题的命制，最新颖的办法——整合，即整合教材原题为考题。

将教材原题整合为考题，一是要从大处着眼——明确考题的立意，即考题所考查的知识、方法、能力、思维；二是要熟读教材——明了考题的立意在教材出现的形式和位置；三是要推敲设问——明晰设问的层次性和逻辑性；四是要敲定考题整合的主线；五是要注重考题的精致化——打磨试题的科学性、严谨性和规范性。

## 一、整合素材，取其立意

"代数综合题""几何综合题"的命制往往是板块内的知识整合、方法融合命题。期末的教学质量检测必然要有综合性的考题，检测学生熟练地使用知识和方法解决综合性问题的能力。

"北师大版教材"七年级上册中"数与代数"的所涉内容包括"有理数及其运算、整式及其加减、一元一次方程"等，以"整式的加减"为核心，整合"方程"必将使得题目的"面貌"焕然一新。

题1：已知 $A = 3x^2 + x + 2$，$B = -3x^2 + 9x + 6$.

（1）求 $2A - \dfrac{1}{3}B$。

（2）若 $2A - \dfrac{1}{3}B$ 与 $\dfrac{C-3}{2}$ 互为相反数，求 $C$ 的表达式。

（3）在（2）的条件下，若 $x = 2$ 是 $C = 2x + 7a$ 的解，求 $a$ 的值。

（顺德区2019—2020学年度第一学期期末教学质量检测七年级数学试卷第24题）

素材来源：选自"北师版"数学七年级上册第102页的第9题和第153页的第13题。

9. 已知 $A = a^2 - 2ab + b^2$，$B = a^2 + 2ab + b^2$。

（1）求 $A + B$；

（2）求 $\frac{1}{4}(B - A)$；

（3）如果 $2A - 3B + C = 0$，那么 $C$ 的表达式是什么？

13. 已知 $x = 5$ 是方程 $ax - 8 = 20 + a$ 的解，求 $a$ 的值。

"北师大版教材"八年级上册中"数与代数"的所涉内容包括"实数、一次函数、二元一次方程组"等，以"一次函数"为核心，整合"实数""二元一次方程组"。

**题 2**：已知一次函数 $y_1 = -x + 1$，$y_2 = -3x + 2$.

（1）若方程 $y_1 = a + y_2$ 的解是正数，求 $a$ 的取值范围。

（2）若以 $x$、$y$ 为坐标的点 $(x, y)$ 在已知的两个一次函数图像上，求 $12x^2 + 12xy + 3y^2$ 的值。

（3）若 $\frac{4 - 2x}{(3x - 2)(x - 1)} = \frac{A}{y_1} + \frac{8}{y_2}$，求 $A$ 的值。

（顺德区 2018—2019 学年度第二学期期末教学质量检测八年级数学试卷第 24 题）

**素材来源**：选自"北师版"数学八年级上册第 63 页的第 14 题、第 168 页的第 13 题、第 131 页的第 5（3）题。

14. 已知关于 $x$ 的方程 $3x + a = x - 7$ 的根是正数，求实数 $a$ 的取值范围。

13. 已知 $x + y = 0.2$，$x + 3y = 1$，求 $3x^2 + 12xy + 12y^2$ 的值。

5.（3）已知 $\frac{3x - 4}{(x - 1)(x - 2)} = \frac{A}{x - 1} + \frac{B}{x - 2}$，求实数 $A$，$B$。

## 二、整合素材，取其模型

**题 3**：如图 $2 - 3 - 1$ 所示，一人站在两等高的路灯之间走动，$GB$ 为人 $AB$ 在路灯 $EF$ 照射下的影子，$BH$ 为人 $AB$ 在路灯 $CD$ 照射下的影子. 当人从点 $C$ 走向点 $E$ 时两段影子之和 $GH$ 的变化趋势是（　　　）

A. 先变长后变短　　　　　　B. 先变短后变长

C. 不变　　　　　　　　　　D. 先变短后变长再变短

（顺德区 2019 学年度第一学期期末教学质量检测九年级数学试题第 10 题）

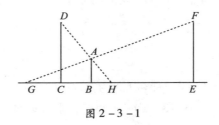

图 2 - 3 - 1

**1. 命题立意**

（1）考题高阶立意：如何通过考题引领老师"理解教材、用好教材，整合教材、用活教材，依托教材、做教材素材的再开发"，在此基础上，走进深度教研已经刻不容缓；如何通过考题由"单一维度考查"转向"多维度考查"，从而引领教师的"解题教学"走向"解题分析和反思"的深度教学已经刻不容缓；如何通过考题"不仅考查数学基础知识和基本技能，更突出考查数学思想方法、数学思考和问题解决"来引领教师重视"教学过程中的预设和生成"的课堂已经刻不容缓。

（2）设计考查要点。

表 2 - 3 - 1

| 课程领域 | | 图形与几何 |
|---|---|---|
| 目标指向 | 基础知识 | ①相似三角形的判定和性质；②三角函数；③矩形的判定和性质 |
| | 基本技能 | ①运算技能；②图形技能；③推理技能 |
| | 解题方法 | ①特殊化求解法；②构造相似模型求解法 |
| | 基本思想 | 数学建模的思想 |
| 素养层级 | 理解 | 几何直观 |
| | 迁移 | 模型思想 |
| | 创新 | |

（3）确定考题位置。

作为选择题的最后一题，我们的命题主旨是"知识要具有综合性、问题要具有整合性、解题方案要多元化、解题思维要高阶化、导向数学应用和实践探究、情境要回归教材和开发教材"。

**2. 精选素材**

选取教材中熟悉的图形组合为背景。几何综合题的命题，通常是先要确定考题的立意，其次是选取一个"几何图形"作为命题的图形构造的"起点图形"，借助几何画板等技术工具进行"图形的演绎生长"；或者将具有"基本结构相同的图形"进行"组合"；或者将有"顺承顺序的图形"进行"关联"；或者将"基本图形"作"图形变换"。而教材中有很多的"起点模型"供我们"描绘"，并且附着了适合的情境。

三角形是几何中最基本的图形，把两个三角形按照图 2 - 3 - 2 放置，组合得到的新图形，学生熟悉这种图形，不会增加其认知负荷，且能增加命题的效度。

**素材选取：** 选自"北师版"数学九年级上册第 122 页的第 20 题、下册第 19 页的想一想。

20. 如图 2 - 3 - 3 所示，$AB$ 和 $CD$ 表示两根直立于地面的柱子，$AD$ 和 $BC$ 表示起固定作用的两根钢筋，$AD$ 与 $BC$ 的交点为 $M$。已知 $AB = 10$m，$CD = 15$m，求点 $M$ 到地面的高度 $MH$。

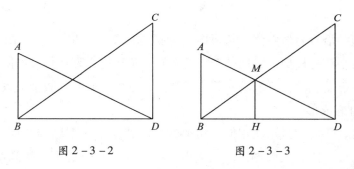

图 2 - 3 - 2          图 2 - 3 - 3

如图 2 - 3 - 4 所示，小明想测量塔 $CD$ 的高度。他在 $A$ 处仰望塔顶，测得仰角为 30°，再往塔的方向前进 50m 至 $B$ 处，测得仰角为 60°，那么该塔有多高？（小明的身高忽略不计，结果精确到 1m）

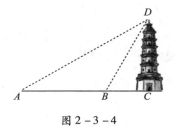

图 2 - 3 - 4

**3. 命制历程**

命题时紧紧抓住相似三角形的图形特征，可多角度切入分析增强思维的广阔性，与生活实际问题相融合凸显情境的自然呈现。

（1）利用运动变化将素材关联

利用运动变化的观点引入动点是实现"基本图形的生长"或者"多个图形的关联"的常用途径。上述两个素材的模型之间是有内在关联的，如图2－3－5所示。

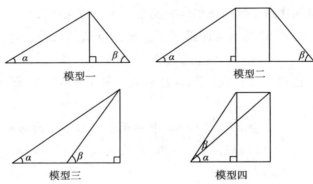

模型一　　　　　　　　模型二

模型三　　　　　　　　模型四

图 2－3－5

把模型一沿着高将右侧三角形向左翻折得模型三，把模型一中的高及右边三角形向右平移得模型二，把模型二的右侧三角形向左翻折得模型四。

研究一条动线段，可以研究其位置特征，也可以研究其数量关系。

（2）打磨成形

命题时，我们紧紧抓住相似三角形的本质特征，注重思维的深刻性，淡化运算的烦琐性，突出图形主体，让学生从特殊条件分析着手，找到突破口，力求初中相似三角形的"数"与"形"的完美融合，使相似三角形的相关考查自然呈现，数据处理与推理论证顺利进行。

（3）初步成形

如图 2－3－6 所示，一人站在两等高的路灯之间走动，$GB$ 为人 $AB$ 在路灯 $EF$ 照射下的影子，$BH$ 为人 $AB$ 在路灯 $CD$ 照射下的影子．当人从点 $C$ 走向点 $E$ 方向时，$GB$ 与 $BH$ 的变化趋势说法正确的是（　　　）

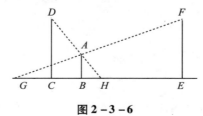

图 2－3－6

A. *GB* 先变长后变短　　　　B. *BH* 先变短后变长

C. 两段影子之和先变长后变短　　D. 两段影子之和始终不变

（4）第 1 稿诊断

亮点分析：①对线段的长度变化较容易判断，能够顺藤摸瓜地找到解决方法，运算量较小；②注重对"四基"的考查，强化建模意识。

不足分析：①由于 *AB* 的运动范围较大，对不同情况的分析的思维量较大，所需时间多；②问题考查的内容较多，要用多种方法才能解决问题。

基于以上诊断分析，我们修改形成压轴题的第 2 稿。

如图 2 − 3 − 7 所示，一人站在两等高的路灯之间走动，*GB* 为人 *AB* 在路灯 *EF* 照射下的影子，*BH* 为人 *AB* 在路灯 *CD* 照射下的影子. 当人从点 *C* 走向点 *E* 时，$\dfrac{CE}{GH}$ 的值是（　　　）

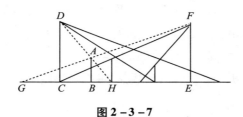

图 2 − 3 − 7

A. $\dfrac{CD}{AB}$　　　　B. $\dfrac{EF}{AB}$　　　　C. $\dfrac{DC-AB}{AB}$　　　　D. $\dfrac{AB}{EF-AB}$

（5）第 2 稿诊断

优化完善：①在图像中将影子的长度更精确地绘制出来，使得构图的随意性得以解决；②通过绘制多种情况，使动态过程中量的变化更加直观；③让问题的解决指向数量关系变化，加强模型意识。

不足分析：①因为构图的存在，使得学生可能采用特殊值法去解决问题，降低了对学生的思维训练；②由于构图的复杂，对问题分析能力和抽象思维能力的要求加大。

基于以上诊断分析，我们修改形成压轴题的第 3 稿。

如图 2 − 3 − 8 所示，一人站在两等高的路灯之间走动，*GB* 为人 *AB* 在路灯 *EF* 照射下的影子，*BH* 为人 *AB* 在路灯 *CD* 照射下的影子. 当人从点 *C* 走向点 *E* 时，$\dfrac{CE}{GH}$ 的值是（　　　）

A. $\dfrac{CD}{AB}$      B. $\dfrac{EF}{AB}$      C. $\dfrac{DC-AB}{AB}$      D. $\dfrac{AB}{EF-AB}$

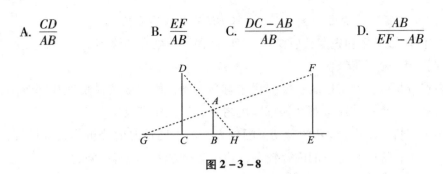

图 2 - 3 - 8

（6）第 3 稿诊断

优化完善：①在图像中更精确地绘制出主体，使得构图复杂化的问题得以解决；②通过选项的设置，在思维上导向对特殊条件的分析，转化思想，降低思维难度；③让问题的解决，指向更明确的比值关系，转化为对定量的分析。

不足分析：①学生通过选项分析问题的过程中，很容易将分比性质与相似三角形的性质混淆运用，从而导致误选失分。②由于问题的设置相对单一，所以解题方法也单一，对学生的思维训练不足。

基于以上诊断分析，我们修改形成压轴题的第 4 稿，即文首呈现的定稿。

（7）第 4 稿诊断

试题亮点：①题中的特殊条件：等高的路灯，便于连接线段 $DF$，构造相似三角形 $\triangle DAF \backsim \triangle HAG$，注重对"四基"的考查，强化建模意识。②对问题进一步解决有针对性 $\dfrac{DF}{GH} = \dfrac{DA}{AH}$，定量 $DF$，未知量 $GH$，此外 $\triangle DCH \backsim \triangle ABH$，$\dfrac{DC}{AB} = \dfrac{DH}{AH}$，利用分比性质得到 $\dfrac{DC-AB}{AB} = \dfrac{DA}{AH}$，即 $\dfrac{DF}{GH} = \dfrac{DC-AB}{AB}$，强化符号意识，简化数的运算，提高数据处理要求。

实现了"考题要多考一些想，少考一些算"的目的。不难看出，直接求 $GH$ 的变化趋势使得问题的解决具有很好的导向，使问题分析自然过渡到对图中隐含相似三角形的构造，培养了数形结合思想及转化思想。但这种方法思维量大，对数的具体运算量小，同时学生容易混淆的分比性质与相似三角形性质定理，本次并未考查到该知识的掌握情况，那么能不能加强对数与式的处理呢？根据 $\dfrac{DF}{GH} = \dfrac{DA}{AH}$，$\dfrac{DC}{AB} = \dfrac{DH}{AH}$，借助算式特征，等量代换，$\dfrac{DF}{GH} = \dfrac{DA}{AH}$，利用相似三角形对应高之比等于相似比得到 $\dfrac{DC-AB}{AB} = \dfrac{DA}{AH}$，即 $\dfrac{DF}{GH} = \dfrac{DC-AB}{AB}$，用整体思想解决问题，使学生的数学运算素养得以提升。

**4. 参考答案**

（1）解法展示

**解法 1**：通法，直接利用两个 $A$ 型相似加上比例性质解题。

由图 $2-3-9$ 易知 $\triangle AGB \backsim \triangle FGE$，$\triangle AHB \backsim \triangle DHC$

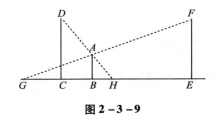

图 $2-3-9$

故 $\dfrac{GB}{GE} = \dfrac{AB}{EF}$，$\dfrac{HB}{HC} = \dfrac{AB}{DC}$

$\because DC = EF$

$\therefore \dfrac{GB}{GE} = \dfrac{HB}{HC} = \dfrac{AB}{DC}$

$\therefore \dfrac{GB + HB}{GE + HC} = \dfrac{AB}{DC}$（等比性质）

$\therefore \dfrac{GH}{GH + CE} = \dfrac{AB}{DC}$

$\because CE$、$AB$、$DC$ 是定值，

$\therefore GH$ 也是定值．

**解法 2**：构造两个相似三角形求 $GH$。

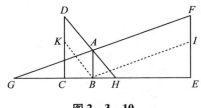

图 $2-3-10$

过点 $B$ 作 $BK /\!/ DH$，$BI /\!/ GF$

由 $\triangle CBK \backsim \triangle BHA$ 得，$\dfrac{AB}{CK} = \dfrac{BH}{CB}$

$\therefore BH = \dfrac{AB}{CK} \cdot CB$

由 $\triangle AGB \backsim \triangle IBE$ 得，$\dfrac{AB}{IE} = \dfrac{GB}{BE}$

$\therefore BG = \dfrac{AB}{IE} \cdot BE$

$\because AB = KD = FI$

$\therefore \dfrac{AB}{CK} = \dfrac{AB}{IE} = $ 定值

$\therefore BH + BG = \dfrac{AB}{CK} \cdot (CB + BE) = \dfrac{AB}{CK} \cdot CE = $ 定值。

**解法3**：构建 $X$ 型相似，利用相似性质解题。

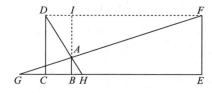

图 2 – 3 – 11

连接 $DF$，延长 $BA$ 交 $DF$ 于点 $I$.

$\therefore AB \perp GH$，$AI \perp DF$

由 $DF \parallel GE$，得到 $\triangle AHG \backsim \triangle ADF$，

设 $AB = a$，$CD = b$，

$\therefore AI = b - a$.

$\therefore \dfrac{GH}{DF} = \dfrac{AB}{AI} = \dfrac{a}{b-a}$

$\therefore \dfrac{AB}{AI} = \dfrac{a}{b-a}$ 保持不变，$DF$ 一定，

$\therefore GH$ 不变.

**解法4**：（分比性质）。

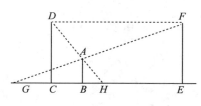

图 2 – 3 – 12

解：连接 $DF$，已知 $CD = EF$，$CD \perp EG$，$EF \perp EG$，

∴ 四边形 $CDFE$ 为矩形，

∴ $DF \parallel GH$，

∴ $\dfrac{DF}{GH} = \dfrac{DA}{AH}$

又 $AB \parallel CD$，

∴ $\angle DCH = \angle ABH$

∵ $\angle DHC = \angle AHB$

∴ $\triangle DHC \backsim \triangle AHB$

∴ $\dfrac{AB}{CD} = \dfrac{AH}{DH}$

由分比性质得到 $\dfrac{DC - AB}{AB} = \dfrac{DA}{AH}$，即 $\dfrac{DF}{GH} = \dfrac{DC - AB}{AB}$

∴ $GH = \dfrac{DF \cdot AB}{DC - AB}$

∴ 当人从点 $C$ 走向点 $E$ 时两段影子之和 $GH$ 不变.

**解法 5**：（三角函数法）。

解：在 $\text{Rt}\triangle ABH$ 中，$BH = \dfrac{AB}{\tan \angle AHB}$，而 $\tan \angle AHB = \dfrac{CD}{CH}$，

∴ $BH = \dfrac{AB \cdot CH}{CD}$，同理，$GB = \dfrac{AB \cdot GE}{EF}$

∵ $CD = EF$，$CH + GE = CE + GH$

∴ $GH = BH + GB = \dfrac{AB \cdot CH}{CD} + \dfrac{AB \cdot GE}{EF} = \dfrac{AB \cdot (CH + GE)}{EF} = \dfrac{AB \cdot (CE + GH)}{EF}$

∴ $GH = \dfrac{AB \cdot CE}{EF - AB}$

**解法 6**：特殊点赋值法（只能针对选择填空题）。

设 $CD = EF = 10$，$CE = 20$，$AB = 2$. 当 $AB$ 与 $CD$ 重合时，如图 $2 - 3 - 13$ 所示。

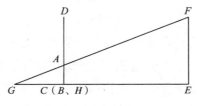

图 2 – 3 – 13

由 $\triangle GBA \backsim \triangle GEF$ 得，$\dfrac{AB}{FE} = \dfrac{GB}{GE}$

$\therefore \dfrac{2}{10} = \dfrac{GB}{GB + 20}$，即 $GB = 5$，

$\therefore GH = 5$

当 $AB$ 在 $CE$ 的中点时，如图 $2-3-14$ 所示。

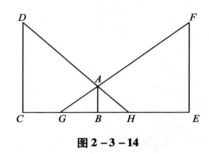

图 $2-3-14$

由 $\triangle GBA \backsim \triangle GEF$ 得，$\dfrac{AB}{FE} = \dfrac{GB}{GE}$

$\therefore \dfrac{2}{10} = \dfrac{GB}{GB + 10}$，即 $GB = 2.5$，

由 $\triangle HBA \backsim \triangle HDC$ 得，$\dfrac{AB}{DC} = \dfrac{HB}{HC}$

$\therefore \dfrac{2}{10} = \dfrac{HB}{HB + 10}$，即 $HB = 2.5$，

$\therefore GH = 5$

综上所述，$GH$ 的长度可能保持不变。

（2）解法分析

解法 1 和解法 2 是直接求解问题的朴素想法。把 $GH$ 分为 $BG$ 和 $BH$ 两个部分，解法 1 直接利用 $A$ 型相似，而解法 2 是利用平行构建了两对相似三角形。这样的方法学生比较容易理解，而且对于大部分学生来说，在临近考试时，也比较容易找到切入口，缺点是过程比较复杂，要利用比例的性质以及强大的运算能力作为支撑。

解法 3 是利用整体的思想解题。构造一个 $X$ 型相似，把 $GH$ 看成一个整体，利用高的比等于相似比直接解决问题，解题方法是比较简便的。

解法 6 是一般问题特殊化的思想，这是一种很重要的解题思维策略，是解决难题的一个重要的探究方法。把所有固定的值进行具体化，把位置特殊化，

这样做就等于把这道题进行简化，这个方法适合一些抽象运算能力不是很强的学生。

事实上，若作解题后的持续思考，聚焦本题"运动变化中的不变量"，还有如下结论：

（1）当人 AB 站在两个等高的路灯同侧运动时，问题变为"两个影子的长度之差 GH 是定值"。

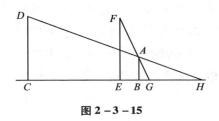

图 2 − 3 − 15

（2）当人 AB 站在两个等高的路灯之间（同侧）运动时，问题变为"$\dfrac{GH}{CE}$（或者$\dfrac{AH}{AD}$、$\dfrac{AG}{AF}$）是定值"。

（3）当人从点 C 走向点 E 时两段影子之和 GH 的变化趋势用图像表示为（    ）

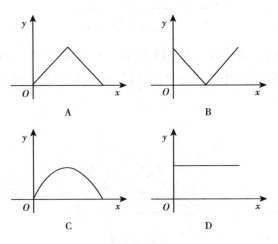

图 2 − 3 − 16

通过比较分析多种解法，明晰试题能对不同层次的数学思维有较好的区分度，命题整合时的难点在于图形的构造和设问。让简单的图形丰满起来，使得思维由最近发展区不断生长；让单一的图形复合起来，使得几何的直观想象有迹可循；让"静态"的图形活动起来，使得知识的鲜活促进思维的灵动。

## 三、相近知识，关联性整合

最值问题在课程标准中并没有明确的要求，散落在教材中处处可循，又由于最值问题具有很强的探究性，解题时需要动态思维、逻辑推理和合情推理相结合、运算和化归相辅助，运用数形结合、函数与方程、特殊与一般等思想，最关键的是要从问题情境中提炼数学概念和模型、几何图形和性质，是考查数学综合素养、区分绩优生的优质素材。作为学期末的教学质量检测试题必然会有新颖的综合题考查学生的关键能力，围绕"距离最值"这一核心概念整合相关情境（距离）、相近概念（两点之间的距离、点到直线的距离）、相似求解的设想便油然而生。

**问题解决：**

（1）问题情境：如图 2-3-17 所示，要在街道旁修建一个奶站 $P$，向居民区 $A$、$B$ 提供牛奶，奶站应建在什么地方，才能使从 $A$、$B$ 到 $P$ 的距离之和最短？请画出点 $P$ 的位置；

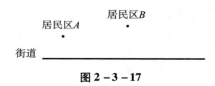

**图 2-3-17**

（2）问题理解：如图 2-3-18 所示，在 $\triangle ABC$ 中，$AB = AC$，$AD$ 平分 $\angle BAC$，点 $E$ 是 $AC$ 边的中点，点 $P$ 是线段 $AD$ 上的动点，画出 $PC + PE$ 取得最小值时点 $P$ 的位置；

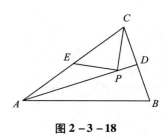

**图 2-3-18**

（3）问题运用：如图 2-3-19 所示，在 $\triangle ABC$ 中，$AB = AC = 13$，$BC = 10$，$AD = 12$，$AD$ 是 $\angle BAC$ 的平分线，当点 $E$、$P$ 分别是 $AC$ 和 $AD$ 上的动点时，求 $PC + PE$ 的最小值。

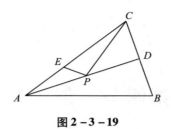

图 2 – 3 – 19

（选自顺德区 2020 学年度第二学期七年级期末教学质量检测数学第 24 题）

知识是思维的碎片，在做命题整合时，平行会很近，交叉却很远。

# 第四节　创　新

　　试题的创新，是命题者殚精竭虑的追求。要实现"教研考的一致性评价"，命题的创新需渐进而行。受制于考试试题的保密性、命题人员的学科专业素养和命题技术水平等因素，命题的创新会难上加难。不要说一套试题的创新，就是其中某个考题的创新往往都沉溺思考、盘桓几日、夜不能寐。

　　命题虽然是"取消考试大纲"，但还是要"依据课程标准"，切不可天马行空般随意。如果试题造成"考道德与法治空白的是草稿纸，考数学空白的是答题卡"的现象，则对今后的数学教学引领可能会有百害而无一利。

　　由于本人的命题水平有限，本文所指的"命题的创新"不是基于"从无到有"的创新，更多的是基于"从没考到考"的创新，既包括考查的内容，也包括解决问题的方法和思维方式；既包括考题的呈现方式，也包括考题的关联方式；既包括考点的命题认识定位，也包括考题的排列顺序定位。

　　既然命题的创新是相对于"从没考到考"的创新，所以本节所举例的创新命题是特指相对于我们往年的"教学质量检测题"和近几年的"广东省初中学业水平考试数学试题"。

## 一、基于解读课程标准将课标内容考题化的命题需要

　　"解读"一词的含义有三：阅读解释、分析研究、理解体会，所以"解读课标"需要关注"解读的方式、解读的结果、结果的示范与应用"，"解读课标的应用效果"的增强离不开对应的题的范例与解析。在今年梳理义务教育教学课程标准的内容时，发现"探索切线与过切点的半径的关系，会用三角尺过圆上一点画圆的切线"的内容在近几年的考试中未曾涉及，这就有必要命制相关的考题引起教学的查漏补缺。

　　**题 1**：如图 2 - 4 - 1 所示，将直角三角板的直角顶点 $B$ 放在 ⊙ $O$ 上，直角边 $AB$ 经过圆心 $O$，则另一直角边 $BC$ 与 ⊙ $O$ 的位置关系为（　　　）

　　A. 相交　　　　B. 相切　　　　C. 相离　　　　D. 无法确定

（顺德区 2020—2021 学年度第二学期九年级第二次教学质量检测第 8 题）

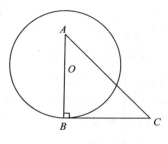

图 2 - 4 - 1

再如，2020 年广东省初中学业水平考试命题"取消考纲，依据课程标准"，可是课程标准中的"综合与实践"未在近几年的试题中出现过，如何引领"综合与实践"的教学备考值得细细推敲，由此命制了相关考题，尤其要关注综合与实践的"文案类设计"考题。（详见第三章第四节综合与实践题）

## 二、基于突破题型立意模式的命题需要

如今，再次回味命制的教学质量检测试题，很欣喜地看到近几年的"突破题型模式"的命题指导思想和实践，如今正契合广东省初中学业水平考试，这还将继续引领和改进数学教学。

连续多年的省学业水平考试的考题对"数与式"的考查，设计成模式化的"先化简，后求值"，尤其是定位成"分式的化简，实数的求值"，造成模仿的考题多如牛毛。当然，"分式的化简"是初中代数式化简的"最高要求"本无可厚非，但是模式化久了，就容易形成"习惯化"的认识和教学，造成解题思维的关联渠道的狭窄。这种缺少了变化的教学又怎能培养学生思维的灵活性呢？

"数与式"主要是培养学生的数学抽象和运算能力，而有此相同功能的还有方程和不等式。再者，学生对基础知识的掌握和基本技能的熟练在"单一的题型"中扎实，在"综合性的问题"中未必扎实。因此，命题的立意是将"代数式的化简求值、解方程"进行融合。

**题 2**：已知 $A = \left( \dfrac{3}{x-2} - \dfrac{1}{x+2} \right) \cdot \dfrac{x^2-4}{x}$.

（1）化简 $A$；

（2）若 $A$ 的值等于 3，求 $x$ 的值。

（顺德区 2020—2021 学年度第二学期九年级第二次教学质量检测第 21 题）

**题3**：先化简，再求值：$\left(\dfrac{x}{x-2}+\dfrac{2\sqrt{2}}{2-x}\right)\div\dfrac{2}{x^2-2x}$，其中 $x$ 满足 $x^2-2\sqrt{2}x+2=0$。

（顺德区 2020—2021 学年度第二学期九年级第一次教学质量检测第 19 题）

几何模型在几何学习中举足轻重。以"将军饮马模型"为情境引入，融合运动变化、特殊和一般化的数学思想，考查初步的几何元素（线段）的数量关系和位置关系。这就是要从七年级开始渗透常见考题（动点问题）的解决的数学思想方法（运动变化、特殊和一般化）。

**题4**：已知点 $A$、$D$ 在直线 $l$ 的同侧。

（1）如图 2-4-2 所示，在直线 $l$ 上找一点 $C$，使得线段 $AC+DC$ 最小（请通过作图指出点 $C$ 的位置）。

（2）如图 2-4-3 所示，在直线 $l$ 上取两点 $B$、$E$，恰好能使 $\triangle ABC$ 和 $\triangle DCE$ 均为等边三角形。$M$、$N$ 分别是线段 $AC$、$BC$ 上的动点，连结 $DN$ 交 $AC$ 于点 $G$，连结 $EM$ 交 $CD$ 于点 $F$。

① 当点 $M$、$N$ 分别是 $AC$、$BC$ 的中点时，判断线段 $EM$ 与 $DN$ 的数量关系，并说明理由。

② 如图 2-4-4 所示，若点 $M$、$N$ 分别从点 $A$ 和 $B$ 开始沿 $AC$ 和 $BC$ 以相同的速度向点 $C$ 匀速运动，当 $M$、$N$ 与点 $C$ 重合时运动停止，判断在运动过程中线段 $GF$ 与直线 $l$ 的位置关系，并说明理由。

（顺德区 2017—2018 学年度第二学期期末教学质量检测七年级数学试卷第 25 题）

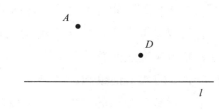

图 2-4-2

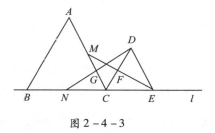

图 2-4-3

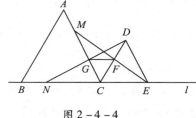

图 2-4-4

## 三、基于考查对知识深度认识的命题需要

经历描点法画二次函数的图像之后，我们会总结出"三个特征点确定抛物线"的学习认识，学生是否能深刻地认识和灵活地应用呢？不妨用考题这个"试金石"检测一下。

首先，描点法画函数图像既是数学知识，也是画图的操作技能，更是今后研究函数的一种方式。"描两点可画一次函数的图像"，"描三点（包括顶点）可画二次函数的图像"，用待定系数法可确定对应的函数表达式，学生人尽皆知。其次，考虑函数图像的变换，由于图像的平移稍易，故考虑图像的对称，将一般意义上的"相关点法"求动点的轨迹强化为"特征点"确定曲线的形状、待定系数法求曲线的表达式，故设计为抛物线的"特征点（顶点、与坐标轴交点）"关于原点的对称问题。再者，学生熟悉了"遇到顶点就用配方式求二次函数的表达式"，就会习惯性地选择 $y = a(x-k)^2 + h$，缺少了"算前多想、优化计算"的意识，会陷入相对复杂的计算中。而事实上只要确定"三个点"选用"$y = ax^2 + bx + c$"会减少计算量。数学命题和解题，不仅要多考一点计算，还要考虑如何优化计算。

**题 5**：已知抛物线 $C_1$：$y = -\dfrac{1}{3}x^2 - \dfrac{1}{3}x + 4$ 交 $x$ 轴于点 $A$、$B$，顶点为 $M$，$A$、$B$、$M$ 关于原点的对称点分别是 $E$、$F$、$N$.

（1）求点 $A$、$B$ 的坐标。

（2）求经过 $E$、且以 $N$ 为顶点的抛物线 $C_2$ 的表达式。

（3）抛物线 $C_2$ 与 $y$ 轴交点为 $D$，点 $P$ 是抛物线 $C_2$ 在第四象限部分上一动点，点 $Q$ 是 $y$ 轴上一动点，求出一组 $P$、$Q$ 的值，使得以点 $D$、$P$、$Q$ 为顶点的三角形与 $\triangle EFD$ 相似。

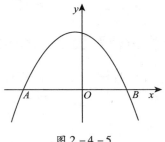

图 2 - 4 - 5

（顺德区 2020—2021 学年度第二学期九年级第一次教学质量检测第 24 题）

抛物线背景下特殊三角形的存在性问题很多，学生刷题也很多，若靠"刷题百遍，其义自见"是学不好数学的，尤其是在教学视导中发现"缺少了思维的延伸性的教学"，即"只讲特殊三角形的存在性问题的解决方案"，缺少"还有哪些问题可以转化为特殊三角形的存在性"的追问。须知"教师的追问前进一小步，学生的思维会前进一大步"，同时也要为解决"学生怕生不怕难的问题"指明教学的方式。遂有下题：

**题 6：**已知抛物线 $y = x^2 - 2x - 3$ 交 $x$ 轴于点 $A$、$B$，交 $y$ 轴于点 $C$，顶点为 $D$，对称轴与 $x$ 轴相交于点 $E$。

（1）直接写出 $\tan\angle ABC$ 的值。

（2）点 $P$ 在射线 $ED$ 上，以点 $P$ 为圆心的圆经过 $A$、$B$ 两点，且与直线 $CD$ 相切，求点 $P$ 的坐标。

（3）点 $M$ 在线段 $BC$ 下方的抛物线上，当 $\triangle MBC$ 为锐角三角形时，求点 $M$ 横坐标的取值范围。

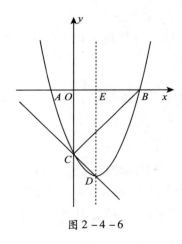

图 2 - 4 - 6

（顺德区 2020—2021 学年度第二学期九年级第二次教学质量检测第 25 题）

## 四、基于考查数学学习过程反思的命题需要

课程标准的教学目标包含"数学思考"，课程标准的书面检测的建议提出"积极探索可以考查学生学习过程的试题，了解学生的学习过程"，如何命制符合这些"要求"的试题一直萦绕心头。我认为，要"弱化指向具体知识点的考查"，转向"初中三年学习某个板块知识（数与代数、图形与几何、统计与概率、综合与实践）的整体反思和结构化思维认识"。由此，命制如下考题。

**题 7**：如图 $2-4-7$ 所示，$AN \perp OB$，$BM \perp OA$，垂足分别为 $N$、$M$，$OM = ON$，$BM$ 与 $AN$ 交于点 $P$. 写出由上述条件得到的两个不同类的结论_____。

（顺德区 2019—2020 学年度第二学期期末教学质量检测八年级数学试卷第 17 题）

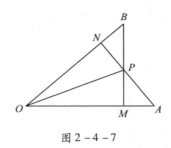

图 $2-4-7$

## 五、基于考查数学探究性学习能力的命题需要

新课程提出要培养学生的探究性学习方式，课堂上的以小组合作学习为主要形式的"合作探究"学习开展得轰轰烈烈，而"自主探究"的能力又如何呢？我认为，有必要引领这方面的检测，从而引领教师在教学改进中优化数学的探究性教学。遂命制了"动点路径（轨迹）"的考题。巧合的是与一个月后的中考题（2020 年的第 17 题"猫捉老鼠"）"神遇"。（详见第四章第三节案例 3 基于深化提升的路径问题专题）

## 六、基于改变考题呈现方式（结构）的命题需要

初中数学试题，都是一些结构良好（条件、结论清晰且确定）的试题居多，这样的考题由于其结构的严谨性会减少"问题探究"的深度，也弱化了学生发现问题和提出问题的能力的考查，而从培养创新意识的角度来讲，"提出问题比解决问题更重要"。出于既要丰富考题形式，又要深入地考查学生的数学发现问题、提出问题、分析问题和解决问题能力的需要，引入了"数学结构不良"考题。这也是学生考试的新挑战！（详见结构不良题）

"数形结合法解题"习惯的是"数与形的一一对应解题"，基于考查发散思维和创新意识的需要，让考生根据已知的"数"描绘合适的"形"，打开创意思维的闸门。

**题 8**：在数学习题课中，同学们为了求 $\dfrac{1}{2} + \dfrac{1}{2^2} + \dfrac{1}{2^3} + \dfrac{1}{2^4} + \dfrac{1}{2^5} + \cdots + \dfrac{1}{2^n}$ 的值，

进行了如下探索：

（1）某同学设计如图 2-4-8 所示的几何图形，将一个面积为 1 的长方形纸片对折。

A. 部分④的面积是_____；

B. 请你利用图形求 $\frac{1}{2}+\frac{1}{2^2}+\frac{1}{2^3}+\frac{1}{2^4}+\frac{1}{2^5}$ 的值；

C. 受此启发，请求出 $\frac{1}{2}+\frac{1}{2^2}+\frac{1}{2^3}+\frac{1}{2^4}+\cdots+\frac{1}{2^n}$ 的值；

（2）请你利用图 2-4-8，再设计一个能求 $\frac{1}{2}+\frac{1}{2^2}+\frac{1}{2^3}+\frac{1}{2^4}+\frac{1}{2^5}$ 的值的几何图形。

（顺德区 2020 学年度第一学期七年级期中调研测试第 25 题）

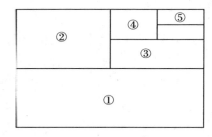
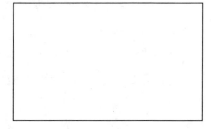

图 2-4-8　　　　　　　　　　图 2-4-9

## 七、基于考查学生数学理解和迁移能力的命题需要

阅读理解能力是解题的敲门砖，解决问题的迁移能力是核心素养教学的必须，所以利用"新定义"考题的方式通过"陌生的情境"考查两种能力是命题技术的上佳选择。（详见第三章第九节新定义题）

## 八、基于中考备考可能的初高衔接的命题需要

初高衔接，不可下沉高中知识，直接做知识体系的扩充，这不符合初中数学的教学要求，也不符合"义务教育数学超标超前培训负面清单（试行）"，增加学生的课业负担，也不利于中考这一阶段性目标的达成。比较合适的方式是，我们可以就某一问题或者某一些问题，对解法进行多样性处理，追求认知水平的深化。函数的思想性远高于函数的工具性，初中的代数与几何可在这里借助函数形成一种结构化的思维，而不是明合暗裂的生硬组合。初中的数学问题相

较于高中的数学问题从知识上看虽然简单，但因为工具相对较少，思维的难度并不低，初中教师在思维层面的深耕才是最现实的初高衔接。函数的应用从数形结合、化归、模型、分类等数学思想上进行引导，教师长期坚持思维层面而非知识层面的适度拓展，对培养学生思维的张力将大有裨益。

**题9：**如图 $2-4-10$ 所示，菱形 $ABCD$ 的顶点 $A$、$D$ 的坐标分别是 $(-4, 0)$、$(-1, 4)$，顶点 $B$ 在 $x$ 轴上，反比例函数 $y = \dfrac{k}{x}$ 的图像恰好经过点 $C$.

（1）求反比例函数的表达式；

（2）若点 $P_1 (m, y_1)$、$P_2 (m+1, y_2)$、$P_3 (m+2, y_3)$ 都在反比例函数的图像上（其中 $m > 0$），判断 $y_1 + y_3$ 与 $2y_2$ 的大小关系。

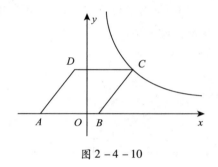

图 $2-4-10$

（顺德区 2020—2021 学年度第二学期九年级第二次教学质量检测第 23 题）

解法 1 是希望老师们教学需要强化的方法，其他解法在教材中有或多或少的影子出现，是初高数学思维衔接的契机。

**解法1：**如图 $2-4-11$ 所示，分别过 $P_1$，$P_2$，$P_3$ 作 $x$ 轴的垂线，分别交 $x$ 轴于 $E_1$，$E_2$，$E_3$，连接 $P_1P_3$，并延长 $E_2P_2$ 交 $P_1P_3$ 于点 $H$，过点 $P_3$ 作 $x$ 轴的平行线分别交 $HP_2$、$P_1E_1$ 于点 $H_1$、$H_2$，由题可知 $HH_1$ 是 $\triangle P_1H_2P_3$ 的中位线，

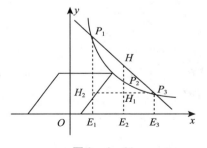

图 $2-4-11$

$$y_1 - y_3 = 2（HE_2 - y_3）$$

$$y_1 + y_3 = 2HE_2$$

$$\because HE_2 > y_2$$

$$\therefore y_1 + y_3 > 2y_2$$

解法中利用坐标构造几何图形，利用中位线的性质得到线段的大小关系，从而判断 $y_1 + y_3$ 和 $2y_2$ 的大小关系。设计很巧妙，以"形"解"数"，避免了繁杂的计算，体现了数学的简洁之美。

像这样，以"形"解"数"的问题，初中数学中还有很多。比如，通过函数的图像来解某些方程、不等式；用线段图来分析应用题等。

数形结合除了以形解数外，还有"以数助形"的，如 2020 年广东省中考题 24 题（3），求证：四边形 $BDFG$ 为平行四边形；需要通过坐标计算出边长，通过对边平行且相等来判断平行四边形。

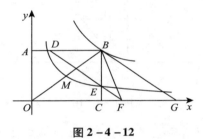

图 2－4－12

由此可见，"数"和"形"是一对孪生兄弟，正如华罗庚先生所讲"数缺形时少直观，形缺数时难入微，数形结合百般好，隔离分家万事休"。

题目要求是判断 $y_1 + y_3$ 和 $2y_2$ 的大小关系，从学生角度更容易想到用代数法计算：

**解法 2**：直接比较：（思路：分子化为相同，比较分式的大小）。

由于 $y_1 = \dfrac{16}{m}$，$y_2 = \dfrac{16}{m+1}$，$y_3 = \dfrac{16}{m+2}$，

则 $y_1 + y_3 = \dfrac{16}{m} + \dfrac{16}{m+2} = \dfrac{32m+32}{m^2+2m}$，$2y_2 = \dfrac{32}{m+1} = \dfrac{32m+32}{m^2+2m+1}$

因为分子相同，分母大的反而小；

所以 $y_1 + y_3 > 2y_2$

**解法 3**：作商比较：$\left(\text{思路：正数}\dfrac{a}{b} > 1，\text{则}\ a > b\right)$。

同上，$y_1 + y_3 = \dfrac{16}{m} + \dfrac{16}{m+2} = \dfrac{32m+32}{m^2+2m}$，$2y_2 = \dfrac{32}{m+1}$

所以 $\dfrac{y_1+y_3}{2y_2} = \dfrac{32(m+1)}{m^2+2m} \cdot \dfrac{m+1}{32} = \dfrac{m^2+2m+1}{m^2+2m} > 1$

即 $y_1 + y_3 > 2y_2$

**解法 4**：作差比较：（思路：把 $2y_2$ 拆成两个 $y_2$，分别与 $y_1$、$y_3$ 作差）。

$y_1 - y_2 = \dfrac{16}{m} - \dfrac{16}{m+1} = \dfrac{16}{m(m+1)}$，$y_2 - y_3 = \dfrac{16}{m+1} - \dfrac{16}{m+2} = \dfrac{16}{(m+1)(m+2)}$

由于 $m(m+1) < (m+1)(m+2)$

所以 $y_1 - y_2 > y_2 - y_3$，即 $y_1 + y_3 > 2y_2$

事实上，本题的解答恰恰与 2021 年广东省初中学业水平考试数学试题 24 题的解答巧妙关联——都指向构造梯形的中位线。如下：

24. 如图 2-4-13 所示，在四边形 $ABCD$ 中，$AB \parallel CD$，$AB \neq CD$，$\angle ABC = 90°$，点 $E$、$F$ 分别在线段 $BC$、$AD$ 上，且 $EF \parallel CD$，$AB = AF$，$CD = DF$。

（1）求证：$CF \perp FB$；

（2）求证：以 $AD$ 为直径的圆与 $BC$ 相切；

（3）若 $EF = 2$，$\angle DFE = 120°$，求 $\triangle ADE$ 的面积。

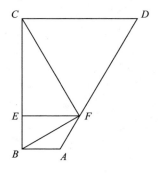

图 2-4-13

这就如同"好看的皮囊（试题）千篇一律，有趣的灵魂（解法）万里挑一"，命题之所以疼并快乐着，就是因为我们走进了考题的世界。

数学是思维的体操，数学教育就是要培养学生的思维。拘泥于"过去"或者拘泥于"模式"都对思维的培养有其局限性。在追求深度学习的当下，适当的创新质量检测考题，也正在改变着老师的例题教学由"就题论题"转向"借题发挥"的变式教学，改变着学生的解题过程由"结果导向"转向"过程导向"的思维探究。

　　素养的教学理念已深入人心，可素养的考查有待创新。就数学学科而言，探索"立足思维力考查解决问题的能力，尤其是先发现和提出问题、再分析和解决问题的能力"的命题迫在眉睫，呼唤着命题技术的创新！

# 第三章

# 顺德区初中数学质量检测
# 命题实践

为了更好地落实数学课程标准的要义，积极探索命题经验，用试题引领教学，发挥试题的导向作用，已成为当前命题实践之迫切的追求。

明确数学学科教学质量检测的命题指导方向，确保教学的理念要先行，方向不偏离，克服传统教学的认识惯性。

## 一、研究《教育部关于加强初中学业水平考试命题工作的意见》对初中学业水平考试命题的要求

### 1. 明确导向

试题要引领教学、推动教改、素养导向。试题要引领教学是指引导教师积极探索基于情境、问题导向、深度思维、高度参与的教学模式，引导学生养成自主、合作、探究的学习方式。试题要推动教改是指要充分发挥考试对推动教育教学改革、提高学生综合素质、促进学生全面健康成长的重要导向作用。试题素养导向是指由"解题"转向"解决问题"。

### 2. 依据课标

试题命制依据是取消考试大纲，依据课程标准，内容要求不超过范围，难度要求不拔高，减少教材版本痕迹。命题取消考纲，旨在摒弃考什么就教什么；命题依据课标，旨在倡导所学皆可考。

### 3. 基于情境

试题要增强情境创设的真实性、典型性和适切性，提高试题情境设计水平，以生考熟。试题坚持情境包装内容，坚持"信息切入、能力考查"的原则。

### 4. 注重科学

试题注重考查基础知识、基本技能、基本思想、思维过程、创新意识和提出问题、分析问题、解决问题的能力。试题会"减少机械记忆试题和客观性试题比例"，会"增大探究性，扩大开放性，增强综合性、体现创新性的试题比例"。

### 5. 难度合适

试题应具有较高的信度、效度、必要的区分度和适当的难度，难易比例应配置合理。试题会层层设卡、环环相扣、拦住学力不同的考生，只有最优秀的才能走到底。试题会让考生感觉入题一般较易，之后会发现解题的方法很多、路子很宽，但越走越窄，越来越难。试题要多考一点算，更要多考一点想（"想"就是思维），进而体现考生的关键能力和学科素养。

### 6. 合理覆盖

试题考查的学科核心内容和主干知识应具有合理的覆盖和比例，体现教学课时与考查分数的比例对应。

### 7. 源于教材

教学质量检测考查内容与教材吻合，命题的素材源于教材又高于教材。

### 8. 减少原题

减少往年考试的真题，减少教辅资料和网络资源的原题。

## 二、研读《中国高考评价体系》和《中国高考评价体系说明》，借鉴高考命题

高考是中考的风向标。教学质量检测命题会突出数学学科关键能力的考查，包括知识获取能力群、实践操作能力群、思维认知能力群。其中，知识获取能力群主要包括语言解码能力、符号理解能力、阅读理解能力、信息搜索能力、信息整理能力，实践操作能力群主要包括实验设计能力、数据处理能力、信息转化能力、动手操作能力、应用写作能力、语言表达能力，思维认知能力群主要包括形象思维能力、抽象思维能力、归纳概括能力、演绎推理能力、合情推理能力、批判推理能力、辩证思维能力。

## 三、研析《深化新时代教育评价改革总体方案》，善于从国家政策寻觅考试命题的风向标

教育评价事关教育发展方向，有什么样的评价指挥棒，就有什么样的办学导向。

## 四、研习课程标准的评价建议，在质量检测反馈中优化改进命题技术

根据课程标准的"评价建议"对"合理设计与实施书面测验"提出的指导建议，把课程标准具体内容与考试要求细目列表，方便教研考评的一体化操作。（见附1）

命题引领数学教学，要"去题型模式、走变式教学、拓数学思维、树素养教学"之路，力争改变"教考脱节"。命题通过"主导变化、去模式化"更灵活地考查，追求素养教育理念；命题通过方案设计类试题的考查，追求课堂教学，让学习真实发生；命题通过减少原题，增多整合改编题的考查，追求数学变式教学；命题通过开放性题型更综合地考查，追求数学思维品质培养；命题通过结构不良试题的考查，追求提出问题和解决问题；命题通过设问的不确定性的考查，追求课堂创意对话和让课堂流淌生命的意义。

实践中，"中考是初中课堂教学的指挥棒"，发挥"考试指挥棒"的导向作用，必然会刺痛教学中的不严谨现象。但是我认为，有些阵痛、有些事是必须要面对的！

如果说，审题是开启梦想之门，解题是铺设梦想之径，答题是孕育梦想之果，那么命题则是构筑梦想之始。本章将以案例的形式娓娓道来：再现质量检测的典型考题，还原命题的心路历程，整理答题的阅卷分析，提出契合的教学建议，助力您的教学研究。

附

**课程标准具体内容与考试要求细目列表**

| | 具体内容 | 知识技能要求 | | | | 过程性要求 | | |
|---|---|---|---|---|---|---|---|---|
| | | 了解 | 理解 | 掌握 | 运用 | 经历 | 体验 | 探索 |
| 有理数 | 有理数及有理数的大小比较 | | | √ | | | | |
| | 有理数的加减乘除乘方及简单混合运算 | | | √ | | | | |
| | 用有理数的运算律化简运算 | | | √ | | | | |
| | 运用有理数的运算解决简单的问题 | | | √ | | | | |
| 实数 | 平方根、算术平方根、立方根概念及表示 | | √ | | | | | |
| | 求平方根和立方根、二次根式的简单四则运算 | | √ | | | | | |
| | 数轴、相反数、绝对值概念及求解 | | | √ | | | | |
| | 估计无理数、计算器近似计算、结果取近似值 | | | √ | | | | |
| 代数式 | 字母表示数的意义 | | √ | | | | | |
| | 用代数式表示具体问题的简单数量关系 | | | √ | | | | |
| | 代数式求值 | | √ | | | | | |
| 整式与分式 | 用科学计数法表示数 | | √ | | | | | |
| | 整式的加减乘除运算 | | | √ | | | | |
| | 推导和利用乘法公式进行简单计算 | | | √ | | | | |
| | 提公因式法和公式法分解因式 | | | √ | | | | |
| | 分式的加减乘除运算 | | | √ | | | | |
| 方程 | 具体问题列方程、检验解的合理性 | | | √ | | | √ | |
| | 估计方程的解 | | | | | √ | | |
| | 等式的基本性质 | | | √ | | | | |
| | 解一元一次方程（组）和分式方程 | | | √ | | | | |
| | 解数字系数的一元二次方程 | | | √ | | | | |
| | 一元二次方程根的判别式 | | √ | | | | | |

续 表

| 具体内容 | | 知识技能要求 | | | | 过程性要求 | | |
|---|---|---|---|---|---|---|---|---|
| | | 了解 | 理解 | 掌握 | 运用 | 经历 | 体验 | 探索 |
| 不等式 | 不等式的意义、基本性质 | √ | | | | | | √ |
| | 解数字系数的一元一次不等式（组） | | | √ | | | | |
| | 解决简单的不等式应用题 | | | √ | | | | |
| 函数 | 常量、变量，数量关系和变化规律 | √ | | | | | | √ |
| | 函数概念和表示法、结合图像分析函数关系、结合函数关系式讨论变量的变化情况 | √ | | √ | | | | |
| | 简单实际问题中的变量关系、自变量的取值范围和求函数值 | | | √ | | | | |
| 三个基本函数 | 三个函数的意义 | | | | | | √ | |
| | 待定系数法确定函数表达式、画函数图像 | | | √ | | | | |
| | 图像变化和由图像说出二次函数的性质 | | | | | | | √ |
| | 一次函数与二元一次方程的关系 | | | | | √ | | |
| | 配方法表示数字系数的二次函数 | | √ | | | | | |
| | 用函数解决简单实际问题 | | | √ | | | | |
| | 求一元二次方程的近似解 | | √ | | | | | |
| 点线面角 | 通过模型认识点线面体 | √ | | | | | | |
| | 线段的和、差，中点及比较长短 | | √ | | | | | |
| | 两点确定一条直线、两点之间线段最短 | | | √ | | | | |
| | 角的概念与比较大小、单位换算 | | | √ | | | | |
| 相交线与平行线 | 对顶角、余角、补角、垂线、垂线段和其他画法 | | | √ | | | | √ |
| | 点到直线的距离的意义及度量 | | | √ | | | | |
| | 过一点有且只有一条直线与已知直线垂直 | | | √ | | | | |
| | 同位角、内错角、同旁内角 | √ | | | | | | |
| | 同位角（内错角）相等（同旁内角互补），两直线平行及其逆命题 | | | √ | | | | √ |

| 具体内容 | | 知识技能要求 | | | | 过程性要求 | | |
|---|---|---|---|---|---|---|---|---|
| | | 了解 | 理解 | 掌握 | 运用 | 经历 | 体验 | 探索 |
| 相交线与平行线 | 画平行线、过直线外一点有且只有一条直线与已知直线平行 | | | √ | | | | |
| | 平行于同一条直线的两条直线平行 | √ | | | | | | |
| 三角形 | 三角形及有关概念、稳定性、全等三角形概念 | | √ | | | | | |
| | 三角形边角关系定理及其推论 | | | √ | | | | √ |
| | 三角形全等的判定方法 | | | √ | | | | |
| | 角平分线和线段垂直平分线性质及判定定理 | | | √ | | | | √ |
| | 等腰、等边、直角三角形性质和判定定理 | | | √ | | | | √ |
| | 勾股定理及其逆定理 | | | √ | | | | √ |
| | 重心、内心、外心 | √ | | | | | | |
| 四边形 | 多边形及有关概念、正多边形与圆 | √ | | | | | | |
| | 多边形内角和与外角和公式 | | | √ | | | | √ |
| | 特殊四边形的性质和判定定理 | | | √ | | | | √ |
| | 求平行线间的距离 | | | √ | | | | |
| | 三角形的中位线定理 | | | √ | | | | √ |
| 圆 | 圆及其有关概念、弧长、面积 | | √ | | | | | |
| | 点与圆的位置关系、直线与圆的位置关系 | √ | | | | | | √ |
| | 圆周角、圆心角、弧间的关系，圆内接四边形对角互补 | √ | | | | | | √ |
| | 切线的画法及关系 | | | √ | | | | √ |
| 作图 | 五个基本尺规作图 | | | √ | | | | |
| | 作三角形和圆、圆的内接正方形和正六边形 | | √ | | | | | |
| 命题 | 定义、命题、定理、推论、反例法与反证法 | √ | | | | | | |
| | 原命题与逆命题 | | √ | | | | | |
| | 综合法证明的格式 | | √ | | | | | |

续 表

| 具体内容 | | 知识技能要求 | | | | 过程性要求 | | |
|---|---|---|---|---|---|---|---|---|
| | | 了解 | 理解 | 掌握 | 运用 | 经历 | 体验 | 探索 |
| 轴对称 | 轴对称的性质 | | | | | | | √ |
| | 画关于轴对称的图形 | | | √ | | | | |
| | 轴对称图形的性质 | | | | | | | √ |
| | 认识轴对称图形 | √ | | | | | | |
| 旋转 | 图形旋转的基本性质 | | | | | | | √ |
| | 中心对称图形的性质 | | | | | | | √ |
| | 认识中心对称图形 | √ | | | | | | |
| 平移 | 图形平移的基本性质 | | | | | | | √ |
| | 认识平移在生活中的应用 | √ | | | | | | |
| | 运用轴对称、旋转、平移设计图案 | | √ | | | | | |
| 图形的相似 | 比例的基本性质及有关概念、黄金分割，认识图形的相似，位似图形 | √ | | | | | | |
| | 两条直线被一组平行线所截，对应线段成比例 | | | √ | | | | |
| | 相似三角形的判定和性质定理 | √ | | | | | | |
| | 用图形的相似解决简单的实际问题 | | √ | | | | | |
| | 锐角三角函数，特殊三角函数值 | √ | | | | | | √ |
| | 由三角函数值求对应角 | | √ | | | | | |
| | 用锐角三角函数解直角三角形和简单实际问题 | | | √ | | | | |
| 投影 | 中心投影和平行投影的概念 | √ | | | | | | |
| | 画、判断视图，由视图描述几何体 | | | √ | | | | |
| | 直棱柱、圆锥的侧面展开图 | √ | | | | | | |
| | 视图与展开图在生活中的应用 | √ | | | | | | |

续 表

| | 具体内容 | 知识技能要求 | | | | 过程性要求 | | |
|---|---|---|---|---|---|---|---|---|
| | | 了解 | 理解 | 掌握 | 运用 | 经历 | 体验 | 探索 |
| 坐标与图形 | 有序数对表示位置 | | | | | | √ | |
| | 平面直角坐标系中点的位置与坐标、方位角和距离描述实际问题的位置 | | | √ | | | | |
| | 正方形顶点的坐标 | | √ | | | | | |
| | 点关于坐标轴对称、点的平移 | | | √ | | | | |
| | 多边形平移前后的顶点坐标的关系、位似图形 | √ | | | | | | √ |
| 抽样与数据分析 | 数据处理、简单随机抽样 | √ | | | | √ | | |
| | 制作扇形图、统计图描述数据 | | | √ | | | | |
| | 平均数、中位数、众数、加权平均数及对数据集中趋势的描述 | | | √ | | | | |
| | 方差、表格、折线图、趋势图感受随机现象的变化趋势 | | √ | | | | √ | |
| | 频数直方图、统计结果的运用 | | | √ | | | | |
| | 样本与总体 | √ | | | | | √ | |
| 概率 | 列表、树状图等方法列出随机实验的结果、指定事件的结果、概率 | | | √ | | | | |
| | 频率估计概率 | √ | | | | | | |
| 综合与实践 | 设计解决问题的方案 | | | | | √ | √ | |
| | 研究过程和结果形成报告或论文 | | | | | | √ | |
| | 探讨问题、了解知识关联、理解知识、发展应用意识和能力 | | | | | √ | | |

# 第一节 数学概念题

数学概念（*mathematical concepts*）是人脑对现实对象的数量关系和空间形式的本质特征的一种反映形式，即一种数学的思维形式。数学概念是数学知识大厦的地基，基础不牢地动山摇！在数学中，作为一般的思维形式的判断与推理，是以定理、法则、公式的方式表现出来，而数学概念则是构成它们的基础；正确理解并灵活运用数学概念，是掌握数学基础知识和运算技能、发展逻辑论证和空间想象能力的前提。

概念教学是数学教学的根本，是发展学生思维的重要途径。只有"守正创新"（坚持正确的概念教学理念、规范的概念教学流程、熟练的概念教学技术），才能行稳致远（发展学生的数学思维）。在教学实践中，很多老师都将"概念教学"一笔带过，要么是以"突出记忆"为主的"画关键词教学"，即划重点、写概念、读概念的简单操作；要么是以"填鸭式"的"一个定义三项注意教学"，即是对概念的正面总结和强调。忽略了对概念的引入（背景、为什么学）、形成（共性归纳）、表示（给概念下定义）、明确（概念的内涵）、辨析（概念的外延和反例）和关联（概念的结构化）的"概念教学过程"，从而使得数学核心素养的"数学抽象"浮于表象，缺失扎根的土壤。

虽然我曾经举办过两届区内概念教学的研讨活动，但是在教学视导中发现"弱化概念教学"或者"概念教学习题化"的现象仍然大有人在。很多数学难题的解决，归根结底是使用数学概念。即便是一些原本简单，但是学生经常出错的考题，往往也是由于对概念的不清、不明所致。

**题1**：下列代数式是同类项的是（　　　）

（选自 2019 学年度第一学期七年级教学质量调研测试的第 6 题）

A. $-\dfrac{2x^2y}{3}$ 与 $x^2y$ 

B. $2x^2$ 与 $3xy^2$

C. $xy$ 与 $-xyz$ 

D. $x+y$ 与 $2x+2y$

63

题2：对如图3-1-1所示的几何体认识正确的是（　　　）

（2019学年度第一学期七年级教学质量调研测试的第7题）

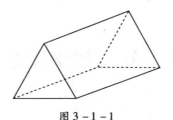

图3-1-1

A. 几何体是四棱柱　　　　　　　B. 棱柱的侧面是三角形

C. 棱柱的底面是四边形　　　　　D. 棱柱的底面是三角形

答题统计如下：

表3-1-1

| 题号 | 答案 | 满分 | 实考人数 | 平均分 | 标准差 | 区分度 | 难度 | 得分率 | 选A | 选B | 选C | 选D |
|------|------|------|----------|--------|--------|--------|------|--------|------|------|------|------|
| 6 | A | 3 | 28043 | 1.43 | 1.50 | 0.52 | 0.48 | 0.48 | 47.6% | 7.9% | 2.2% | 42.2% |
| 7 | D | 3 | 28043 | 1.68 | 1.49 | 0.39 | 0.56 | 0.56 | 2.7% | 12.6% | 28.8% | 55.9% |

分析：以上两个题目反映出有近一半的学生对"同类项"的概念和"棱柱的底面和侧面"的概念理解错误，反馈出我们的概念教学预设可能也缺位。

第6题对"同类项"的概念的考查，教师的备课应解读出"同类项的前提是单项式（整式）"，教材是隐性告知的，若教学也隐性，则学生会理解不到位。第7题对"棱柱的底面和侧面"的两个概念的考查，教师教学时不应只展示一种直立形态的棱柱，还应该通过对三棱柱的"直立"和"侧放"的形态位置不同，引导学生进一步认识棱柱的"底面"，即"棱柱的底面"与棱柱的摆放形态无关。

因此，作为教学评价的教学质量检测的命题，有必要也必须能体现考查数学概念的试题，以此引领教师要研究数学概念、实施规范化的概念教学，激发学生不仅要重视解题，更要重视数学概念的学习与应用，端正"概念教与学"的态度和方式。

# 一、案例展示

"函数"和"函数图像"是初中数学的核心概念，是学生真正地由"常量数学"转向"变量数学"的主要载体，也恰恰是教学的肤浅之处——教学注重"待定系数法求函数表达式"，忽略"函数"概念本身的深刻理解，有必要加大考查的力度，引起今后教学的改进。

**（一）关于函数概念的命题示例**

题3：已知 $y$ 是 $x$ 的函数，用列表法给出部分 $x$ 与 $y$ 的值，表中"▲"处的数可以是_____。（填一个符合题意的答案）

（本题选自顺德区 2019 学年度第二学期九年级教学质量检测（三）第 14 题）

表 3 – 1 – 2

| $x$ | 1 | 2 | 3 |
|---|---|---|---|
| $y$ | ▲ | 6 | 4 |

**1. 命题立意**

（1）高阶立意

首先，命题指向概念的系统化、思维的策略化。作为九年级第二学期教学质量检测试题，初中阶段的函数知识已经全部学完，本题不指向具体的函数，而是要求学生快速回顾和整理所学的函数知识，选择合适的函数模型解决问题，而选择不同的模型则反映出认识水平的高低和思维的优化策略的层级。自然是指向考查学生对四个函数概念（函数、一次函数、反比例函数、二次函数）学习过程的整体思考和深度思考。

其次，命题指向概念本身的理解与应用。初中师生已经习惯了对指向明确的三个基本初等函数（一次函数、反比例函数和二次函数）的考查，考题遍地都是，但是对于聚焦"函数"概念本身的考题却少之又少。长期以来，也弱化了师生对"函数"概念的教学，使得这一数学核心概念的学习没有在不断学习基本函数时内化、升华。

最后，立足考查初中数学核心概念是倡导教学中的"多想少算"，因为"想"就是数学思维。考题要考查初中所学函数及其衍生的基本函数，关注函数知识体系的建构；要考查学生用列表法表示函数，选择不同的函数模型会有不同的思维效果。

（2）考查要点

表 3 - 1 - 3

| 课程领域 | | 数与代数 |
|---|---|---|
| 目标指向 | 基础知识 | ①函数；②一次函数；③反比例函数；④二次函数法 |
| | 基本技能 | ①运算技能；②图形技能 |
| | 解题方法 | 待定系数法 |
| | 基本思想 | 数学抽象的思想 |
| 素养层级 | 理解 | 抽象意识 |
| | 迁移 | 模型思想 |
| | 创新 | |

**2. 素材追溯**

**素材 1：**北师大版八年级上册第 98 页的第 4 题

表 3 - 1 - 4 中，$y$ 是 $x$ 的一次函数，写出该函数的表达式，并补全下表。

表 3 - 1 - 4

| $x$ | -3 | -2 | -1 | 0 | 1 |
|---|---|---|---|---|---|
| $y$ | 6 | 4 | | | |

**素材 2：**北师大版九年级上册第 150 页的做一做第 3 题

$y$ 是 $x$ 的反比例函数，表 3 - 1 - 5 给出了 $x$ 与 $y$ 的一些值：

表 3 - 1 - 5

| $x$ | -2 | -1 | $-\dfrac{1}{2}$ | $\dfrac{1}{2}$ | 1 | 3 |
|---|---|---|---|---|---|---|
| $y$ | $\dfrac{2}{3}$ | | 2 | | | -1 |

（1）写出这个反比例函数的表达式；

（2）根据函数表达式完成上表。

**素材 3：**北师大版九年级下册第 30 页的习题 2.1 的第 1 题

物体从某一高度落下，已知下落的高度 $h$（m）和下落的时间 $t$（s）的关系是：$h = 4.9t^2$，填表表示物体在前 5s 下落的高度。

表 3 - 1 - 6

| t/s | 1 | 2 | 3 | 4 | 5 |
|---|---|---|---|---|---|
| h/m | | | | | |

**3. 素材分析**

素材 1 和素材 2 是列表法表示一次函数与反比例函数，求函数的表达式和函数值，理解函数是自变量和函数值的一种对应的关系，内化对应思想。

素材 3 则是给定二次函数的表达式求函数值，然后用列表法表示函数，无形中也是反映函数的自变量与函数值的对应关系。

三个素材从两个不同的维度巩固性理解函数的概念，但是彼此分离，能否用一个表格将三者融合呢？

**4. 命题历程**

由于函数和三个基本函数（一次函数、反比例函数和二次函数）从概念上讲是上位概念和下位概念的关系，又只有反比例函数的变量取值不能为零，所以遵循从特殊到一般的命题历程，选定反比例函数为命题的起点素材。

（1）从列表法表示的反比例函数入手

由于素材 2 所求出的反比例函数为 $y = \dfrac{-2}{x}$，不便于取多个整数点进行运算，从而由于"学生的运算错误"导致解答错误，失去考查的精准性，故选取反比例函数 $y = \dfrac{12}{x}$。

已知 $y$ 是 $x$ 的反比例函数，用列表法给出部分 $x$ 与 $y$ 的值，表中"▲"处的数可以是_____。（填一个符合题意的答案）

表 3 - 1 - 7

| x | 1 | 2 |
|---|---|---|
| y | ▲ | 6 |

（2）整合一次函数

确定一次函数 $y = kx + b$ 需要已知两对变量的对应值，故修改为：

已知 $y$ 是 $x$ 的函数，用列表法给出部分 $x$ 与 $y$ 的值，表中"▲"处的数可以是_____。（填一个符合题意的答案）

表 3－1－8

| $a$ | 1 | 2 | 3 |
|---|---|---|---|
| $b$ | ▲ | 6 | 4 |

（3）融合二次函数

由于不共线的三个点确定一个二次函数，所以还需要增加一对变量值。

表 3－1－9

| $a$ | 1 | 2 | 3 | 4 |
|---|---|---|---|---|
| $b$ | ▲ | 6 | 4 | 2 |

（4）回归函数概念

抓住函数的本质特征——每一个变量 $x$ 都有唯一确定的 $y$ 与其对应，只注重"有对应结果"。

（5）再次反刍二次函数

由函数概念可知，本题的解决是"不需要具体对应关系式"，故可进一步精练试题的表述，得定稿。试题注重了思维的深刻性，淡化了运算的烦琐性。

**5. 参考答案**

本题答案可填写 12，或者 8，或者是任意实数。

**分析 1**：由于考题给出了两对对应变量的值，可习惯性地确定为一次函数，先利用待定系数法求出一次函数的表达式，再求出要求的函数值。

解：设所求一次函数的表达式为 $y = kx + b$，由题意得：

$$\begin{cases} 2k + b = 6 \\ 3k + b = 4 \end{cases} \text{解之得} \begin{cases} k = -2 \\ b = 10 \end{cases}$$

即 $y = -2x + 10$，所以当 $x = 1$ 时，$y = 8$.

**分析 2**：若考生有较强的数感，易观察出此函数为反比例函数，先利用待定系数法求出反比例函数的表达式，再求函数值。

解：设解析式为 $y = \dfrac{k}{x}$，将（2，6）代入解析式得 $k = 12$，

反比例函数关系式为：$y = \dfrac{12}{x}$，

把 $x = 1$ 代入得 $y = 12$。

分析 3：考生可以联想为二次函数，但学生的直觉为确定二次函数表达式需要三组变量的数据，题目只给出两组，没有办法求出对应的二次函数表达式。事实上，学习二次函数图像的画法时，我们都曾经归纳为"不共线的三点可画出抛物线"，又兼顾计算的合理性，故可考虑过原点的抛物线，从而再用待定系数法可求。

第四种情况，当考生联想到二次函数时，若意识到"过两个点的二次函数有无数时"，所求的值也就具有任意性，可任填一实数。

分析 4：打破思维定式的牢笼——即求函数值习惯性地利用函数解析式。若回归到函数概念本身，即"对每一个自变量 $x$，都有唯一的 $y$ 与它对应"，从而可以不用考虑对应关系直接填写"一个数"即可，从而让回归概念解题不再是徒然。

**6. 试题反思**

考题设为指向求函数值很一般化，但数值的设计很巧妙，兼具开放性和灵活性。在初中数学中，直接考查函数概念的题目少之又少。

**（二）关于函数图像的命题示例**

题 4：二次函数 $y = x^2 - 2x - 3$.

（1）画出上述二次函数的图像；

（2）如图 3-1-2 所示，二次函数的图像与 $x$ 轴的其中一个交点是 $B$，与 $y$ 轴的交点是 $C$，直线 $BC$ 与反比例函数的图像交于点 $D$，且 $BC = 3CD$，求反比例函数的解析式；

（3）在（2）的条件下，$x$ 轴上的点 $P$ 的横坐标是多少时，$\triangle BCP$ 与 $\triangle OCD$ 相似？

（顺德区 2018—2019 学年度第二次教学质量检测九年级数学试卷第 23 题）

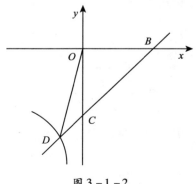

图 3-1-2

**1. 命题立意**

命题要依据课标。课程标准要求："会用描点法画出二次函数的图像，通过图像了解二次函数的性质。"

命题要引领教学。"会画函数图像"是学生熟练使用"数形结合法解题"的基本功，能迁移"学习一次函数的方法和路径"，学好"反比例函数和二次函数"是学生掌握"研究其他函数"的认知方式，是学生"学会数学的思维"的重要体现。

命题也源于教学。七年级学习了"变量之间的关系"，八年级学习了"一次函数"，九年级先学习"反比例函数"，再学习"二次函数"，学生初学"一次函数"的诸多不规范的"画函数图像"的现象（列表无序、两点之间的连接不穿过点、多点之间连接成折线段等）仍然出现，且很普遍。追根究底是起始教学"函数图像的概念"的肤浅所致。因此，用考题导向教学、反哺教学实有必要。

命题需要创新。常规的考题是两个函数的综合题，代数中又有几何，本题则是三个函数的综合。

**2. 考题分析**

表 3 – 1 – 10

| 课程领域 | | 数与代数 |
|---|---|---|
| 目标指向 | 基础知识 | （1）反比例函数；（2）平行线分线段成比例；（3）等腰三角形；（4）三角形相似；（5）描点法画图 |
| | 基本技能 | 图形技能 |
| | 解题方法 | 描点法（平移法）画图、待定系数法、分类讨论法 |
| | 基本思想 | 数学建模 |
| 素养层级 | 理解 | 数学观念 |
| | 迁移 | 模型思想 |
| | 创新 | |

**3. 得分统计**

本题满分 9 分，23064 名考生的平均得分 2.49 分，难度系数 0.27。各分数段得分人数如下：

表 3 - 1 - 11

| 分数 | 0 分 | 1 分 | 2 分 | 3 分 | 4 分 | 5 分 | 6 分 | 7 分 | 8 分 | 9 分 |
|---|---|---|---|---|---|---|---|---|---|---|
| 人数 | 7881 | 1103 | 2589 | 4580 | 2049 | 1304 | 2725 | 440 | 265 | 128 |
| 占比（%） | 0.34 | 0.05 | 0.11 | 0.2 | 0.09 | 0.06 | 0.12 | 0.02 | 0.01 | 0.01 |

**4. 典型错例**

画图像的诸多不规范比比皆是：①画图像没有列表，列表中的数值没有包含顶点；②图像不光滑，是折线段连接；③图像大致是对，但图像与 $x$ 轴的交点坐标差异太大，或者是有些会出现不对称现象；④图像没有穿过 $x$ 轴；⑤顶点的纵坐标错标注为 $-5$。

后面两个设问虽然常规但是得分很低，教学难言满意。

**（三）方程（组）的解**

方程（组）的解是方程（组）作为工具性解题的必须。

**题 5：**已知一次函数 $y_1 = 2x - 1$，$y_2 = 2 - x$.

（1）若关于 $x$ 的方程 $y_1 = 3a = y_2$ 的解是负数，求 $a$ 的取值范围；

（2）若以 $x$、$y$ 为坐标的点 $(x, y)$ 是已知两个一次函数图像的交点，求 $x^2 - 4xy + 4y^2$ 的值；

（3）若 $\dfrac{5x - 1}{(2x - 1)(2 - x)} = \dfrac{A}{y_1} + \dfrac{B}{y_2}$，求 $A$、$B$ 的值。

（顺德区 2019—2020 学年度第二学期期末教学质量检测八年级数学试卷）

**1. 得分统计**

本题满分 10 分，平均分 4.07 分，难度系数 0.41，其中 0 分 9439 份，满分 4418 份。

**2. 典型错例**

（1）计算能力弱。解方程和不等式组、分式的化简等过程中计算出错。

（2）知识掌握不到位。未掌握方程的解的含义，未掌握函数与方程（组）的内在联系，未具备将数的运算扩展至代数范畴的意识。

（3）未认真审题。照搬课本原题做法。

**3. 试题反思**

本题为代数综合题，改编于八年级课本上册第 124 页随堂练习第 2 题，八年级课本下册第 132 页第 5 大题的第（3）小题、第 168 页第 13 题。本题分为 3 小问，各自独立又浑然一体。

本题包含了初中阶段大部分代数知识，有方程、方程组、不等式、一次函数、分式、因式分解。考查学生数与式的运算能力，代数知识之间的联系及运用。与省中考题型基本一致、难度偏大，对学生要求高，理解且能灵活运用，因此本题具有很强的区分度。

本题类同于顺德区 2018—2019 学年度八年级下学期期末质量检测数学试卷第 23 题，难度也相对稍有降低，对于不注重知识理解的同学如果初次涉猎肯定不太适应，但如果有做过并认真对待就肯定能明晰题意并做出正解。建议下学年改编可选取更加贴近中考题型的其他题材作为考查代数部分的载体。

## 二、真题精选

**题 6**：已知一次函数 $y = -x + 3$.

（1）当 $x = -3$ 时，函数值是多少？

（2）画出函数图像。

（顺德区 2018—2019 学年度第一学期期末教学质量检测八年级数学试卷第 18 题）

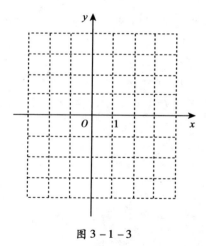

图 3 - 1 - 3

**题 7**：已知 $A(m+3, 2)$ 和 $B(3, \frac{m}{3})$ 是同一个反比例函数图像上的两个点。

（1）求出 $m$ 的值；

（2）写出反比例函数的表达式，并画出图像。

（顺德区 2020 学年度第一学期期末教学质量检测九年级数学第 21 题）

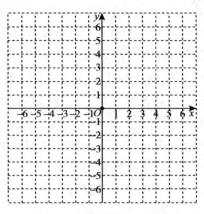

图 3 – 1 – 4

题8：已知 $A = 3x^2 + x + 2$，$B = -3x^2 + 9x + 6$.

（1）求 $2A - \dfrac{1}{3}B$；

（2）若 $2A - \dfrac{1}{3}B$ 与 $\dfrac{C-3}{2}$ 互为相反数，求 $C$ 的表达式；

（3）在（2）的条件下，若 $x = 2$ 是 $C = 2x + 7a$ 的解，求 $a$ 的值。

（顺德区 2019—2020 学年度第一学期期末教学质量检测七年级数学试卷第24题）

## 三、教学导向

数学教学要强化数学核心概念，因为核心概念凸显数学学科特征；数学命题会考查数学核心概念，因为考查数学核心概念就是考查学生应具备的数学核心素养，即具有知识迁移和探究的抽象意识、概括能力、推理能力、运算能力和模型思想。

加强自我学习，增强对概念教学重要性的认识。概念教学首先是数学思维的教学，是概括与抽象；其次是作为知识的教学，是应用概念解题，要"把概念作为考点进行对应的训练进行弱化"的教学。

开展概念教学的主题研讨形成概念教学的规范技术。一是要全面把握和梳理核心概念的内涵与外延［圆的两种定义（隐圆）］，完善教师的概念认知结构，如注重概念的生长点和延伸点、注重概念的结构和体系、处理好局部概念和整体概念的关系、从不同的角度分析理解概念等；二是要形成"数学概念教学的规范技术"，减少概念教学的随意性，摒弃概念教学做题化，如"形成概念"的教学应遵循"实例研究、初步体会，比较分析、把握实质，归纳概括、形成定义，应用提高、发展能力"的范式；"同化概念"的教学应遵循"提供定义、解释定义，突出关键属性、辨别例证，促进迁移、运用概念"的范式；三是概念教学要"适度引入开放性问题，追求课堂的生成"，凸显数学概念的形成过程和深化过程的教学，以及在此过程中应该形成的数学思考；四是要形成必要的理解性操作技能，如深化"初次学习描点法画正比例函数图像"，既是初中函数学习的画图技能要求，也是"由图像观察函数的特征或性质"的铺垫，更是为后续高中学习"描点法作图"奠定基础。

通过命制考查数学概念的考题，引领教师改进概念教学设计水平，优化概念学习的课堂教学流程，引导学生重视概念的学习。学习数学概念，其原动力都是已有的数学认知结构和数学新概念之间不能兼容的矛盾。如果说，原有的知识结构和生活经验是土壤，厚实丰沛，那么矛盾就是种子，教师用心的教学设计就是适时、适度的阳光雨露，让概念的生长成为可能。

初中数学概念教学，仍任重道远！坚持在头脑中发现概念，在概念中形成方法、在方法中提炼模式。

# 第二节　代数综合题

　　2020 年之前的广东省初中学业水平考试命题"依据考试大纲",在考试大纲中明确了"试卷结构"的"解答题(三)"包括"代数综合题、几何综合题、代数与几何综合题各一道题"。或许是基于此,在初中数学教学中就有了"代数综合题、几何综合题、代数与几何综合题"一说。

　　考纲年代的中考代数综合题(广东省中考题的 23 题),更多的是"披着函数的外衣,考查几何的知识",这样的"代数综合题"显然是代数味道不浓!本书所指的"代数综合题"是指题目所包含的知识点是数与代数板块的多个知识点综合的题。即知识点有数与式、方程与不等式、函数与方程等,数学思想方法有函数与方程的思想、数形结合的思想、化归与转化的思想、模型思想、整体代换等。

　　代数综合题的命制,不仅注重基础知识和基本技能的直接考查,还关注知识之间的联系、板块之间的整合的综合考查;不仅注重常用解题方法和解题思维的考查,还关注发散思维和逆向思维的考查;不仅在九年级命制代数综合题,还在七八年级的每个学段都要命制代数综合题。用考题的综合与整合引领教学的深度,只有教师的教学引领到位了,大部分学生的思维和解题才可能到位。

## 一、案例展示

　　**题 1:**一次函数 $y = kx + b$ 的图像是直线 $l$,点 $A\left(\dfrac{3}{2}, \dfrac{4}{3}\right)$ 在反比例函数 $y = \dfrac{m}{x}$ 的图像上。

　　(1)求 $m$ 的值;

　　(2)如图 3-2-1 所示,若直线 $l$ 与反比例函数的图像相交于 $M$、$N$ 两点,不等式 $kx + b > \dfrac{m}{x}$ 的解集为 $1 < x < 2$,求一次函数的表达式。

　　(3)当 $b = 4$ 时,一次函数与反比例函数的图像有两个交点,求 $k$ 的取值范围。

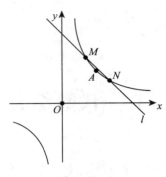

图 3 – 2 – 1

（本题选自顺德区 2018 学度年第一学期期末教学质量检测九年级试题第 23 题）

## （一）命题立意

### 1. 高阶立意

代数综合题总体上要保持"稳定"，就是要以函数为背景考查，要么求函数关系式、要么通过图像求解集、要么加点几何元素求最短距离、点的坐标等。如下表：

表 3 – 2 – 1　广东省初中学业水平考试代数综合题的设问统计表

| 年份 | 情境 | 设问内容及方式 | | |
|------|------|------|------|------|
| | | （1） | （2） | （3） |
| 2013 | 二次函数 | 求表达式 | 求点的坐标 | 求最值主题下的点坐标 |
| 2014 | 一次函数、反比例函数 | 求不等式解集 | 求表达式 | 求面积主题下的点坐标 |
| 2015 | 一次函数、反比例函数 | 求反比例系数 $k$ | 求点的坐标 | 求最值主题下的点坐标 |
| 2016 | 一次函数、反比例函数 | 求比例系数 $k$ | 求点的坐标 | 求二次函数的表达式 |
| 2017 | 一次函数、二次函数 | 求二次函数表达式 | 求点的坐标 | 求三角函数值 |
| 2018 | 一次函数、二次函数 | 求截距 | 求二次函数表达式 | 求特殊角主题下的点坐标 |
| 2019 | 一次函数、反比例函数 | 写不等式解集 | 求函数表达式 | 求面积主题下的点坐标 |
| 2020 | 两个反比例函数 | 求反比例系数 $k$ | 求三角形面积 | 证明平行四边形 |

代数综合题要"适度创新"，就是要关注知识的内在联系和解题思维方式的多元。如第（3）小题探讨一次函数与反比例函数相交的问题，由交点的数量来确定参数的取值范围，不仅考查一元二次方程根的判别式的应用、不等式的解法和一次函数的概念等，还考查数形结合的思想、转化的思想和函数与方程的思想，使得考查的面很广；而且从问题解决的思维方式来看，更是一种逆向思维的考查，考查方式很新颖。

**2. 考查要点**

表 3 – 2 – 2

| 课程领域 | | 数与代数 |
| --- | --- | --- |
| 目标指向 | 基础知识 | ①反比例函数；②一次函数；③不等式；④二元一次方程组；⑤一元二次方程及根的判别式 |
| | 基本技能 | 运算技能 |
| | 解题方法 | ①数形结合法；②待定系数法 |
| | 基本思想 | 数学建模的思想 |
| 素养层级 | 理解 | 模型思想 |
| | 迁移 | 运算能力 |
| | 创新 | |

**（二）素材追溯**

**素材 1：**北京师范大学出版社《义务教育教科书九年级上册》第六章的第 158～159 页做一做第 2 题

如图 3 – 2 – 2 所示，正比例函数 $y = k_1 x$ 的图像与反比例函数 $y = \dfrac{k_2}{x}$ 的图像交于点 $A$，$B$，其中点 $A$ 的坐标为 $(\sqrt{3}, 2\sqrt{3})$。

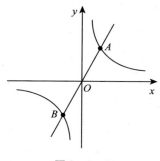

图 3 – 2 – 2

（1）分别写出这两个函数的表达式；

（2）你能求出点 $B$ 的坐标吗？你是怎样求的？

**素材 2**：人民教育出版社《义务教育教科书九年级下册》第二十六章第 9 页的综合运用第 5 题

正比例函数 $y = x$ 的图像与反比例函数 $y = \dfrac{k}{x}$ 的图像有一个交点的纵坐标是 2。

（1）当 $x = -3$ 时，求反比例函数 $y = \dfrac{k}{x}$ 的值；

（2）当 $-3 < x < -1$ 时，求反比例函数 $y = \dfrac{k}{x}$ 的取值范围。

**素材 3**：江苏凤凰科学技术出版社《义务教育教科书八年级下册》第十一章的第 131～132 页的例 3

例：已知反比例函数 $y = \dfrac{k}{x}$ 的图像与一次函数 $y = x + 1$ 的图像的一个交点的横坐标是 $-3$。

（1）求 $k$ 的值，并画出这个反比例函数的图像；

（2）根据反比例函数的图像，指出当 $x < -1$ 时，$y$ 的取值范围。

**（三）命制历程**

**1. 素材分析**

素材 1、素材 2 和素材 3 均来源于教材，分别在"做一做""习题""例题"中体现，是研究一次函数与反比例函数的综合运用的范本，意在引领教师的日常教学要重视教材、理解教材、用好教材、改编教材。素材 1 是一次函数与反比例函数有两个交点，分别在一、三象限，已知一个交点的坐标求两个函数关系式，并求另一个交点的坐标；素材 2 是给出一次函数与反比例函数的一个交点的坐标，求反比例函数关系式，并通过自变量的取值范围求出因变量的取值范围；素材 3 是给出一次函数与反比例函数一个交点的横坐标，通过一次函数关系式求 $k$ 值及画出反比例函数关系式，并通过图像指出在自变量范围内因变量的取值范围。

通过以上的分析，可以得出一次函数与反比例函数的综合运用，基本是给出一个点的坐标或一个点的横（纵）坐标，求 $k$ 值、函数关系式、因变量的取值范围、画图像等；而不是求交点坐标，因为"求交点坐标要解化为一元二次方程的分式方程"，而这是超课标要求的。

**2. 素材思考**

如何利用教材中的素材考查注重主干知识和基本方法，函数、方程和不等式三者之间的关系，以及学生的逆向思维能力呢？

（1）考查逆向思维

三个素材研究的一次函数与反比例函数的交点基本都是在两个象限内，那么能否在同一个象限内有两个交点呢？于是就设计成反比例函数与一次函数在第一象限内（为了降低难度）有两个交点的情形，这样就可以设计出函数值的大小比较问题，达到了对常用方法和常见题型的考查，而且还能考查学生的数形结合能力。但为了考查学生的逆向思维能力，就把问题倒过来考查。若直线与反比例函数的图像相交于 $M$、$N$ 两点，再给出不等式的解集，接下来设计问什么问题呢？给出解集就可以通过反比例函数关系式求出 $M$、$N$ 两点的坐标，于是就可以求出一次函数的关系式，这样就考查了用待定系数法求函数关系式这个常用方法和常见题型。

（2）与方程不等式融合

广东省中考代数综合题一般都有三问，通过上面的设计已经有了一问，由于考查的是逆向思维能力，还是有一定的难度，所以只能放在第（2）问，那么，第（1）问和第（3）问如何设计呢？第（1）问一定是比较简单的，要让绝大多数学生都能动起手来才可以，最好是简单运算，因此设计了已知一个点 $A$ 在反比例函数的图像上，并且给出点 $A$ 的坐标，求反比例函数表达式。

第（3）问如何设计呢？它在难度上是第（2）问的递进，为了使问题更加能够考查学生的综合能力及知识与知识之间的转化能力，于是想把问题设计成与方程的结合。由于第（1）问中考查了一元一次方程，那么第（3）问就要考查方程组或一元二次方程，结合第（2）问中问题设计成两个考点，一元二次方程及判别式，即当 $b$ 取一定的值时，一次函数与反比例函数的图像有两个交点，求 $k$ 的取值范围，从而三个问题的思路逐渐清晰起来。

**（四）参考答案**

解：（1）∵ 点 $A\left(\dfrac{3}{2}, \dfrac{4}{3}\right)$ 在反比例函数 $y = \dfrac{m}{x}$ 的图像上。

∴ $\dfrac{4}{3} = \dfrac{m}{\frac{3}{2}}$

∴ $m = 2$

（2）∵不等式 $kx+b>\dfrac{m}{x}$ 的解集为 $1<x<2$

∴$M$，$N$ 的横坐标分别为 1，2

把 $x=1$ 代入 $y=\dfrac{2}{x}$ 中，得 $y=2$

把 $x=2$ 代入 $y=\dfrac{2}{x}$ 中，得 $y=1$

∴$M$（1，2），$N$（2，1）

把 $M$（1，2），$N$（2，1）代入 $y=kx+b$，得 $k=-1$，$b=3$

∴一次函数的表达式为：$y=-x+3$

（3）根据题意得：$kx+4=\dfrac{2}{x}$，即 $kx^2+4x-2=0$

∵直线 $l$ 与反比例函数的图像有两个交点

∴$4^2-4k\cdot(-2)>0$

∴$k>-2$

∴$k$ 的取值范围为 $k>-2$ 且 $k\neq0$

（说明：漏写 $k\neq0$ 扣 1 分）

**（五）得分统计**

本题满分 9 分，平均得分 4.22 分，实考人数 23514 人。分段得分数据如下：

表 3-2-3

| 得分 | 0 分 | 1 分 | 2 分 | 3 分 | 4 分 | 5 分 | 6 分 | 7 分 | 8 分 | 9 分 |
|---|---|---|---|---|---|---|---|---|---|---|
| 人数 | 3645 | 722 | 6056 | 221 | 309 | 345 | 6964 | 1785 | 2673 | 794 |
| 占比（%） | 15.5 | 3.1 | 25.8 | 0.9 | 1.3 | 1.5 | 29.6 | 7.6 | 11.4 | 3.4 |

**（六）典型错误**

1. 使用待定系数法时计算出错。

2. 解二元一次方程组出错。

3. 解不等式出错。

4. 考虑不全面，忽略参数 $k\neq0$。

**（七）变式拓展**

**1. 聚焦条件不变，改编设问多发散**

**母题：** 一次函数 $y=kx+b$ 的图像是直线 $l$，点 $A\left(\dfrac{3}{2}，\dfrac{4}{2}\right)$ 在反比例函数 $y=$

$\dfrac{m}{x}$ 的图像上。

（1）求 $m$ 的值。

（2）当 $b=4$ 时，一次函数与反比例函数的图像有两个交点，求 $k$ 的取值范围。

（3）如图 3-2-3 所示，若直线 $l$ 与反比例函数的图像相交于 $M$、$N$ 两点，不等式 $kx+b>\dfrac{m}{x}$ 的解集为 $1<x<2$，

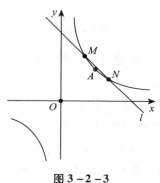

图 3-2-3

① 求一次函数的表达式。

② 若点 $P(m,n)$ 在反比例函数图像上，且关于 $y$ 轴对称的点 $Q$ 恰好落在一次函数的图像上，求 $m^2+n^2$ 的值。

③ 求 $\triangle OMN$ 的面积。

④ 若直线 $OM$ 与反比例函数在第三象限交于点 $R$，求 $\triangle ORN$ 的面积。

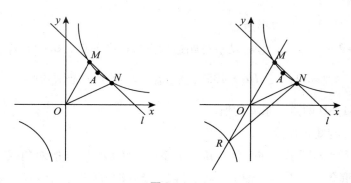

图 3-2-4

⑤ 连接线段 $OM$，过点 $M$ 作 $x$ 轴的平行线交射线 $ON$ 于点 $B$，再过点 $B$ 作 $BC/\!/OM$ 交 $x$ 轴于点 $C$，求平行四边形 $OMBC$ 的面积。

⑥ 在 $y$ 轴上求一点 $P$，使得 $PM + PN$ 的值最小？

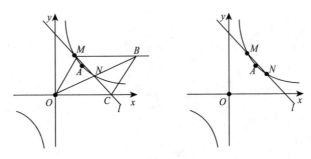

图 3 - 2 - 5

**2. 聚焦交点结构不变，拓宽整合渠道多关联**

**情境一：与二次函数结合**

一次函数 $y = -x + 3$ 的图像交 $x$ 轴于点 $A$，交 $y$ 轴于点 $B$，点 $P$ 在线段 $AB$ 上（不与点 $A$、$B$ 重合），过点 $P$ 分别做 $OA$ 和 $OB$ 的垂线，垂足分别为点 $C$、点 $D$。

（1）若矩形 $OCPD$ 的面积为 1，求点 $P$ 的坐标；

（2）当矩形 $OCPD$ 的面积取得最大值时，求点 $P$ 的坐标。

**情境二：与三角形结合**

如图 3 - 2 - 6 所示，在平面直角坐标系中，$\triangle OAB$ 的边 $OA$ 在 $x$ 轴正半轴上，其中 $\angle OAB = 90°$，$AO = AB$，点 $C$ 为斜边 $OB$ 的中点，反比例函数 $y = \dfrac{k}{x}$（$k > 0$，$x > 0$）的图像过点 $C$ 且交线段 $AB$ 于点 $D$，连接 $CD$，$OD$，若 $S_{\triangle OCD} = \dfrac{3}{2}$，求 $k$ 的值。

**情境三：与平行四边形结合**

如图 3 - 2 - 7 所示，点 $D$ 是平行四边形 $OABC$ 内一点，$CD$ 与 $x$ 轴平行，$BD$ 与 $y$ 轴平行，$BD = \sqrt{2}$，$\angle ADB = 135°$，$S_{\triangle ABD} = 2$. 若反比例函数 $y = \dfrac{k}{x}$（$x > 0$）的图像经过 $A$、$D$ 两点，求 $k$ 的值。

**情境四：与矩形结合**

如图 3 - 2 - 8 所示，在平面直角坐标系中，矩形 $ABCD$ 的对角线 $AC$ 的中点与坐标原点重合，点 $E$ 是 $x$ 轴上一点，连接 $AE$. 若 $AD$ 平分 $\angle OAE$，反比例函数 $y = \dfrac{k}{x}$（$k > 0$，$x > 0$）的图像经过 $AE$ 上的两点 $A$，$F$，且 $AF = EF$，$\triangle ABE$ 的面积为 18，求 $k$ 的值。

**情境五：与菱形结合**

如图 3 - 2 - 9 所示，菱形 $ABCD$ 的两个顶点 $A$，$C$ 在反比例函数 $y = \dfrac{k}{x}$ 的图像上，对角线 $AC$，$BD$ 的交点恰好是坐标原点 $O$，已知 $B$ ( -1 , 1 ) ，$\angle ABC = 120°$，求 $k$ 的值。

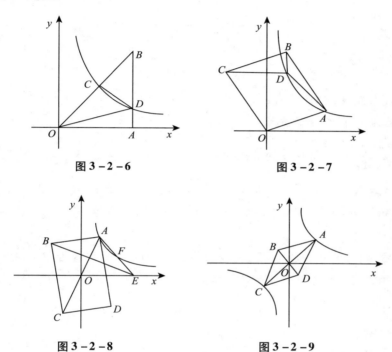

图 3 - 2 - 6    图 3 - 2 - 7

图 3 - 2 - 8    图 3 - 2 - 9

## 二、真题精选

**题 2**：已知 $A = 2x^2 + mx - m$，$B = 3x^2 - mx + m$.

（1）求 $A - B$；

（2）如果 $3A - 2B + C = 0$，那么 $C$ 的表达式是什么？

（3）在（2）的条件下，若 $x = 4$ 是方程 $C = 20x + 5m$ 的解，求 $m$ 的值.

（顺德区 2018—2019 学年度第一学期期末教学质量检测七年级数学试卷第 23 题）

**题 3**：已知点 $A$ ( 0 , 4 ) 、$C$ ( -2 , 0 ) 在直线 $l: y = kx + b$ 上，$l$ 和函数 $y = -4x + a$ 的图像交于点 $B$，且点 $B$ 的横坐标是 1.

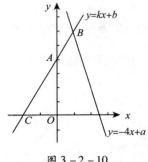

图 3-2-10

（1）求直线 $l$ 的表达式；

（2）求关于 $x$、$y$ 的方程组

$$\begin{cases} y = kx + b \\ y = -4x + a \end{cases}$$ 的解及 $a$ 的值；

（3）若点 $A$ 关于 $x$ 轴的对称点为 $P$，求 $\triangle PBC$ 的面积．

（顺德区 2018—2019 学年度第一学期期末教学质量检测八年级数学试卷第 23 题）

**题 4**：如图 3-2-11 所示，一次函数 $y = mx + n$ 的图像经过点 $A$，与函数 $y = -x + 6$ 的图像交于点 $B$，点 $B$ 的横坐标为 1.

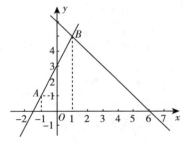

图 3-2-11

（1）方程组 $\begin{cases} y = mx + n \\ y = -x + 6 \end{cases}$ 的解是_____；

（2）求出 $m$、$n$ 的值；

（3）求代数式 $\left( \sqrt{\dfrac{1}{m}} - \sqrt{n} \right) \cdot \sqrt{mn}$ 的值．

（顺德区 2019—2020 学年度第一学期期末教学质量检测八年级数学试卷第 24 题）

**题 5**：已知 $A=\left(4x^4-x^2\right)\div x^2$，$B=(2x+5)(2x-5)+1$.

（1）求 $A$ 和 $B$；

（2）若变量 $y$ 满足 $y-A=B$，求 $y$ 与 $x$ 的关系式；

（3）在（2）的条件下，当 $y=7$ 时，求 $8x^2+\left(8x^2-y\right)^2-30$ 的值.

（顺德区 2019—2020 学年度第二学期期末教学质量检测七年级数学试卷第 24 题）

**题 6**：已知反比例函数 $y=-\dfrac{6}{x}$ 和一次函数 $y=kx+b$.

（1）当两个函数图像的交点的横坐标分别是 $-2$ 和 $3$ 时，求一次函数的表达式；

（2）当 $k=\dfrac{2}{3}$ 时，两个函数的图像只有一个交点，求 $b$ 的值.

（顺德区 2019 学年度第一学期期末九年级教学质量检测）

**题 7**：如图 $3-2-12$ 所示，反比例函数 $y=\dfrac{2}{x}$ 的图像和一次函数 $y=kx+b$ 的图像交于 $A$、$B$ 两点，点 $A$ 的横坐标和点 $B$ 的纵坐标都是 $1$.

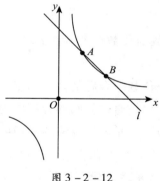

图 $3-2-12$

（1）在第一象限内，写出关于 $x$ 的不等式 $kx+b\geqslant\dfrac{2}{x}$ 的解集_____；

（2）求一次函数的表达式；

（3）若点 $P\,(m,\ n)$ 在反比例函数图像上，且关于 $y$ 轴对称的点 $Q$ 恰好落在一次函数的图像上，求 $m^2+n^2$ 的值.

（顺德区 2018—2019 学年度第三次教学质量检测九年级数学试卷第 23 题）

**题 8**：如图 $3-2-13$ 所示，点 $A$ 在反比例函数 $y=\dfrac{k}{x}$（其中 $k>0$）图像上，

$OA = 2\sqrt{5}.$ 以点 $A$ 为圆心，$OA$ 长为半径画弧交 $x$ 轴正半轴于点 $B.$

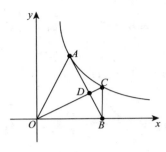

图 3 – 2 – 13

（1）当 $OB = 4$ 时，求 $k$ 的值。

（2）过点 $B$ 作 $BC \perp OB$ 交反比例函数的图像于点 $C$，连接 $OC$ 交 $AB$ 于点 $D$，求 $\dfrac{BD}{AD}$ 的值。

（顺德区 2020—2021 学年度第二学期九年级第一次教学质量检测数学第 23 题）

## 三、教学导向

代数综合题首先是"数与代数"知识的综合，其次是解题思想方法的融合，最后是解题思维的整合。

基础知识的扎实是解决代数综合题的知识前提，要在解题中不断优化认知结构，因为综合题的解决主要是通过化归和分解成为基础题，体验到"掀起盖头来，露出旧情人"的感觉。一是容易忽略的知识要强化（一次函数和反比例函数都有"$k \neq 0$"，一元二次方程中有"$a \neq 0$"这个"隐性"限制条件）。二是零散的知识要系统化、认识要联系化、认知要结构化，避免技能训练的缺位 [课程标准要求能解方程（组），这意味着能解系数是无理数的一元一次方程、二元一次方程组和一元二次方程]。

熟练的代数运算技能是解决代数综合题的能力前提，因为代数综合题的解决不可避免地要进行"数与式、方程与不等式、函数与图像"的变形化简的化归和求值。运算是数学的童子功，加强数学运算能力的培养，既要会算，还要能算，更要巧算（优化算法：先化简后解方程、先看成整体再运算等）。

全面的数学思想方法是解决代数综合题的方法前提，因为数学思想方法是解题的指明灯。数学思想方法包括解题方法、思维方法和数学思想三类，其中解题方法又包括配方法、待定系数法、换元法、降幂法、参数法、坐标法、构造法等，思维方法又包括分析法、综合法、归纳法、演绎法、反证法、特殊法等，数学思想又包括转化思想、模型思想、数形结合思想、分类讨论思想、对应思想、函数与方程思想等。

代数综合题的课堂教学要有优先意识，将面面俱到、循序渐进的讲评改变为优先重点、难点、疑点、障碍点，讲思维、讲方法、讲规范、讲变化、讲联系、讲规律，增强课堂教学的针对性。讲思维是指要讲解题的方法是如何想到的，讲方法是指解题的方法要归纳总结，讲规范是指解题的程序步骤要做统一规定，讲变化是指问题的变式拓展生成，讲联系是指讲清知识间的联系，讲规律是指形成数学思考。缺少"四点六讲"的教学就失去数学教学的灵魂。

代数综合题的训练要变题型训练为基于母题的生长训练，即立足知识系统化的知识点整合训练、立足形成解题方法的变式训练、立足思维发展的问题探究训练。中考试题总是在稳中求变，盛行的题型教学瞄准的就是试题的"稳定"，而将过往考题改为开放性问题做探究则是瞄准试题的"变化"，这是在培养学生的发散性思维的"会想"。

代数综合题的复习不是简单理解为"再一次"学习，否则难免师乏生困，效率低下；代数综合题的专题复习不是刷中考真题的复习。一课一题也好，变式训练也罢，题只是载体，要遵循"全面、整合、深化、提升"四个原则做依标靠本的全面复习、阶段性知识的整合复习、基于学情的生长深化复习、基于考题研究的梯度提升复习，意在解题经验的总结与升华。教师对中考真题的研究深度，决定了学生梯度提升的程度。当我们将中考真题作为重要的教学资源纳入复习课时，应该做到以下四点：一是挖掘考题在知识结构上的落脚点，要面中取点，精选教材情境，锚住知识生长点；二是提供不同思维强度的变式训练，整合例题考题；三是再现建构和解构的双向破解过程，构建模型关联；四是用新的问题打破思维闭环，为尖优生开启上升渠道。要用好真题、聚焦设问，可省略铺垫性设问、聚焦疑难性设问，这样有充足的时间探究解法、优化解法、形成模式；设问的真题精讲、设问的包装精练、设问的拓展精问。题不在多，点睛就行！

考题再好，不会再考！应通过考题学会解题，比解题更重要的是知识，比知识更重要的是方法，比方法更重要的是思维！课堂教学，激活学生思维，激荡师生脑力，发掘无限潜力，把有限的时间投入到无限的问题解决中去。

# 第三节　几何综合题

　　2021 年之前的广东省初中学业水平考试的"几何综合题"都聚焦"圆为主情境、相似为中心的几何综合题"的计算与证明题，且设置在试卷的 24 题，考查的知识点多、涵盖面广，图形复杂、模型丰富，推理冗长、计算繁杂，方法易想、满分难得。

　　几年积淀，遂成模式，套路有多，变化不足。由于普遍认为的"几何综合题"的定位为"难题"，对于"圆"的学习要么是基础题，以选择填空的题型出现，强化结果、弱化推理；要么是难题，强化综合与推理；缺少中档题，出现学生学习"圆"的两极分化甚为严重，即只要是"圆"的解答题，无论难易，得分皆低。例如：

　　**题 1**：如图 3-3-1 所示，$M$ 是 $\odot O$ 的半径 $OA$ 的中点，弦 $BC \perp AO$ 于点 $M$，过点 $C$ 作 $CD \perp BA$ 交 $BA$ 的延长线于点 $D$，连接 $AC$.

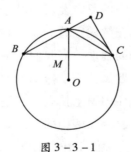

图 3-3-1

　　(1) 求 $\angle OAC$ 的值；

　　(2) 求证：$CD$ 是 $\odot O$ 的切线.

　　（顺德区 2020—2021 学年度第二学期九年级第一次教学质量检测数学）

　　本题满分 6 分，平均分 2.99 分，难度系数 0.498，实考人数 25307 人。分数段分布如下：

表 3 - 3 - 1

| 得分 | 0分 | 1分 | 2分 | 3分 | 4分 | 5分 | 6分 |
|------|------|------|------|------|------|------|------|
| 人数 | 8049 | 2580 | 1138 | 2011 | 1498 | 1286 | 8745 |
| 占比（%） | 31.81 | 10.19 | 4.50 | 7.95 | 5.92 | 5.08 | 34.56 |

作为解答题（一）的考题，立足考查学生对"圆的基础知识与技能"的掌握情况，但是"0分答卷竟有8049份，占比31.81%"，数据如此之冰冷，实应引起教学的重视！

"圆"可以命制中档题！教师对"几何综合题"的认识及教学定位需要改变！"几何综合题"并非一定是"难的综合题"，也并非一定是"圆的综合题"。"几何综合题"是指题目包含的知识点是"图形与几何"的多个知识点综合的题。

几何综合题的命题聚焦考查基本图形的本质属性，基本图形是载体。命题选取教材中的基本图形，要么自然生成，要么合理组合。摒弃图形的复杂化，追求图形的简约化，改变过去几何综合题的"以复杂图形为背景的复杂推理"的考查方式，实现"降繁不降难"（繁指图形的复杂，难指思维的难度）。

几何综合题的命题聚焦考查基本图形的本质属性，本质属性是规律。命题指向图形的本质属性，凸显规律性的知识，发现图形的变化关系。弱化个体图形的特点而凸显一类图形的特征，能用探究的方式发现图形变化（平移、对称、旋转、位似）的内在关系及衍生结论。

几何综合题的命题聚焦考查推理能力和构造法解题。一是命题会以结构良好的几何考题为载体，考查几何对象的概念和性质、识别和判定、推理和运用、解题和构造辅助线时所展现出来的语言表达和逻辑思维；二是命题会以结构不良考题（开放性考题）为载体考查几何对象的属性的广度和深度，解决问题方式的直接推理、多元探究和重新构造。

## 一、案例展示

**题2：**如图 3 - 3 - 2 所示，在正方形 $ABCD$ 中，以 $BC$ 为直径作半圆 $O$，以点 $D$ 为圆心、$DA$ 为半径作圆弧交半圆 $O$ 于点 $P$，连结 $DP$ 并延长交 $AB$ 于点 $E$.

（1）求证：$DE$ 为半圆 $O$ 的切线。

（2）求 $\dfrac{AE}{BE}$ 的值。

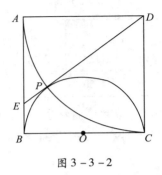

图 3－3－2

（顺德区 2019—2020 学年度第三次教学质量检测九年级数学试卷第 23 题）

## （一）命题立意

### 1. 高阶立意

初中平面几何基本图形的学习历程是由简单到复杂即由直线型图（多边形）到曲线型图（圆）。作为中考前的模拟考试的几何综合题，既是对学生几何知识的综合检查和反馈，又是要考查学生的几何学习的高阶思维的运用和发展，还要引领中考前的几何综合题复习教学的导向和建议。因此，几何综合题命题的情境要选取的基本图形是"特殊四边形和圆的新组合"，几何综合题命题的立意要考查"几何主干知识（基本图形的主要属性）的综合、几何主要方法（分析法发现解法、综合法规范表述、构造法创新思维）的整合、几何思维模式（由已知想性质，由所求想判定）的流畅、几何思辨思维（推理和论证）的融合"，几何综合题命题的设问要"关联中有梯度、常规中有创新"。

多年的教学观察发现，"老师们研究考题基于研究课标"，教学中普遍瞄准往年考题、沿袭往年的备考习惯，缺少主动思考"由于命题依据的变化而命题可能发生的变化"，从而缺失"应对考题变化的主动适应"。虽然平时的教研活动有研讨，但是老师们讲练评的"几何综合题"依然未变。因此，有必要、也必须通过模拟考试的考题变化激起师生备考的足够重视，有必要指引备考走出传统的"舒适区"，主动迎接和适应"新中考"的变化。

命题的设想：一要回归课本的"问题解决的题"，引领教师们重视教材上典型问题的研究；二要研析过往的中考题，引领教师们揣摩中考题是如何整合知识、融合方法的，在揣摩中领悟改编问题的合理性、拓展问题的必要性，从而有意识地指导解题教学；三要改变视导中发现的导学案教学有远离教材、依赖教辅、以"做简单题"代替"知识的形成过程"的教学现象，这种简单模仿解题是一种假性学习、非理解性学习；四要降低试题的整体难度、提高试题的门槛高度，引领师生的日常教学既需加强审题能力的培养，为未来的"新情境问题"的审题阅读分析能力奠定基础，又需要强化对解题简练性的书写训练，否则写得过于详细则时间不够（简单问题详细写，复杂问题简单写）；五要突出数学方法和能力，为后续学习奠定基础，重点考查模型思想、在几何推理运算中融合了方程的思想，构造法解题能力等，这些是后续学习数学必不可少的基础和技能；六要适度新颖，回避大家已经研究透彻的"圆为主情境、相似为中心的几何综合题"，转向探究几何求值问题。

命题的变化：一是考题位置前置、分值降低，由"往年试题的第 24 题"前置到"本次试题的第 23 题"，也减少了考题的分值；二是基本图形的选取改变，由"往年的圆的切线和三角形的组合"改变为"本次试题的半圆的切线与正方形的组合"；三是考查重心的转向，由"往年考题突出考查三角形相似"转向"本次试题突出考查三角形全等"［因为课程标准中对"三角形全等的要求"（理解）比"三角形相似的要求"（了解）要高］；四是降繁不降难，降低图形的复杂程度和推理运算的长度、不降低思维的强度。

命题要引领回归课本"解决问题"，整合考题走改编拓展之路。

**2. 考查要点**

表 3 - 3 - 2

| 课程领域 | | 图形与几何 |
|---|---|---|
| 目标指向 | 基础知识 | ①正方形；②圆；③圆的切线；④三角形全等；⑤三角函数；⑥尺规作图 |
| | 基本技能 | ①推理技能；②运算技能；③图形技能 |
| | 解题方法 | 构造法 |
| | 基本思想 | 数学推理 |
| 素养层级 | 理解 | 几何直观 |
| | 迁移 | 推理能力、运算能力 |
| | 创新 | 模型思想 |

**（二）素材追溯**

**素材 1**：北师大版九年级下册第 95 页的想一想

如图 3 - 3 - 3 所示，四边形 ABCD 的四条边都与⊙O 相切，图中的线段有哪些等量关系？与同伴交流。

**素材2：** 人教版九年级数学上册第102页的第11题

如图3-3-4所示，$AB$、$BC$、$CD$ 分别与 $\odot O$ 相切于 $E$、$F$、$G$ 三点，且 $AB$ // $CD$，$BO = 6$cm，$CO = 8$cm. 求 $BC$ 的长。

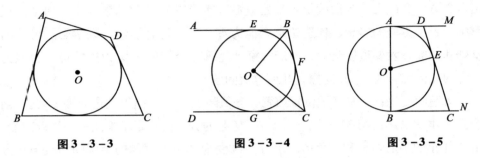

图3-3-3      图3-3-4      图3-3-5

**素材3：** 人教版九年级数学上册第125页的第15题

如图3-3-5所示，$\odot O$ 的直径 $AB = 12$cm，$AM$ 和 $BN$ 是它的两条切线，$DE$ 与 $\odot O$ 相切于点 $E$，并与 $AM$，$BN$ 分别相交于 $D$，$C$ 两点。设 $AD = x$，$BC = y$，求 $y$ 与 $x$ 的函数解析式，并画出它的图像。

**素材4：** 如图3-3-6所示，在正方形 $ABCD$ 内作 $\angle EAF = 45°$，$AE$ 交 $BC$ 于点 $E$，$AF$ 交 $CD$ 于点 $F$，连接 $EF$，过点 $A$ 作 $AH \perp EF$，垂足为 $H$.

（1）如图3-3-7所示，将 $\triangle ADF$ 绕点 $A$ 顺时针旋转 $90°$ 得到 $\triangle ABG$.

① 求证：$\triangle AGE \cong \triangle AFE$；

② 若 $BE = 2$，$DF = 3$，求 $AH$ 的长。

（2）如图3-3-8所示，连接 $BD$ 交 $AE$ 于点 $M$，交 $AF$ 于点 $N$。请探究并猜想：线段 $BM$，$MN$，$ND$ 之间有什么数量关系？并说明理由。

（2016年贵港市中考题）

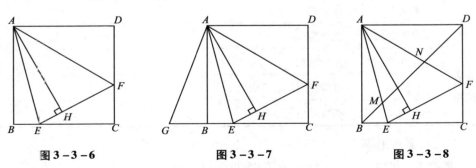

图3-3-6      图3-3-7      图3-3-8

**（三）素材分析**

前三个素材的共同点指向四边形的内切圆、切线长，内切圆模型能很好地沿袭往年广东省考题的特色（考查圆的切线的判定与证明），切线长问题聚焦几何的求值问题；但是三个素材都是任意四边形的内切圆，而"任意四边形"不是初中几何学习的主要图形，初中几何学习的主要图形是特殊三角形、特殊四边形和圆的整合。素材 4 内涵丰富的位置关系，值得挖掘。

**（四）命制历程**

**1. 几何命题，首先构图，联想正方形的特殊点**

（1）将任意四边形的内切圆特殊化为正方形的内切圆。

如图 3 - 3 - 9 所示，正方形 $ABCD$ 的内切圆⊙$O$，这样的图形对称有余，可变化不足，更缺少三角形（缺少三角形就缺少了全等和相似）。

（2）将正方形的内切圆改变为正方形的内切不等半圆。

如图 3 - 3 - 10，在正方形 $ABCD$ 中，以 $BC$ 为直径作半圆 $O$，以点 $D$ 为圆心、$DA$ 为半径作圆弧交半圆 $O$ 于点 $P$.

（3）借助几何画板，生成新图结构。

对比三图，图 3 - 3 - 11 和图 3 - 3 - 12 含有圆的割线，图 3 - 3 - 13 不仅有圆的割线，还丰富了圆的切线。因此，图 3 - 3 - 13 的内涵更丰富，便于设问的多元化。

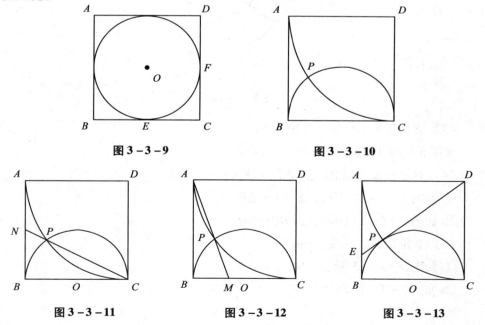

图 3 - 3 - 9　　　　　　　　图 3 - 3 - 10

图 3 - 3 - 11　　　　图 3 - 3 - 12　　　　图 3 - 3 - 13

正方形作为几何图形中的一个基本图形，本身就隐藏了不少特殊元素，往往受命题者的青睐。命题者利用几何画板先构图测量，再推理验证发现其中一边为直径作圆，不经过该边的顶点向圆作切线（不与边重合）与另一边相交，此时交点为边的四等分点，圆心与切点连线与边相交，该交点为边的三等分点。

**2. 立足开放性，分析图形，发现结论**

为了能更好地描述并有效地评价学生各思维层次能力水平，命题时要先尽可能地挖掘图形所包含的各种结论及其对应的思维层次。

（1）立足特殊点，发现下列结论：

① 如图 3 - 3 - 11 所示，$AN = BN$；

② 如图 3 - 3 - 12 所示，$BC = 5BM$；

③ 如图 3 - 3 - 13 所示，$AE = 3BE$.

（2）立足角的关系，发现下列结论：

① 如图 3 - 3 - 14 所示，$\angle EQD = 90°$.

② 如图 3 - 3 - 14 所示，$\angle BQE = \angle CDQ$.

③ 如图 3 - 3 - 14 所示，$\angle HDQ = 45°$.

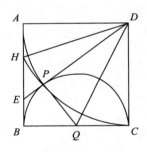

**图 3 - 3 - 14**

（3）立足三角形全等，发现下列结论：

如图 3 - 3 - 14 所示，$\triangle DPQ \cong \triangle DCQ$.

（4）立足三角形相似，发现下列结论：

① 如图 3 - 3 - 11 所示，$\triangle NBP \backsim \triangle BCP$；

② 如图 3 - 3 - 14 所示，$\triangle EBQ \backsim \triangle QCD$.

（5）立足切线，发现下列结论：

① 如图 3 - 3 - 13 所示，$DE$ 是 $\odot Q$ 的切线。

② 如图 3 - 3 - 13 所示，$EB = EP$.

（6）立足线段数量关系，发现下列结论：

① 如图 3 – 3 – 11 所示，$NB^2 = NP \cdot NC$.

② 如图 3 – 3 – 13 所示，$EA^2 = EP \cdot ED$.

③ 如图 3 – 3 – 13 所示，$DE = BE + CD$.

（7）若已知边长 $a$，立足求值

① 如图 3 – 3 – 11 所示，求 $NP$ 的值。

② 如图 3 – 3 – 11 所示，求 $NP \cdot PC$ 的值。

（8）立足位置关系，发现下列结论：

如图 3 – 3 – 13 所示，$EQ \perp DQ$.

（9）立足新定义，包装成探究问题。

新定义正方形的"奇妙点"：在正方形 $ABCD$ 中，以 $BC$ 为直径作半圆 $O$，以点 $D$ 为圆心、$DA$ 为半径作圆弧交半圆 $O$ 于点 $P$，这样的点 $P$ 称之为正方形的"奇妙点"。由此可以将上述结论改编为奇妙点的性质探究，比如二等分点、三等分点、四等分点等。

**3. 围绕立意，创编设问**

（1）分析往年考题设问特点

通过归类研究往年同类型考题，总结考题的设问内容和设问方式，明晰常规设问方式。

表 3 – 3 – 3

| 年份 | 题号 | 设问内容与方式 | | | 分值 |
|------|------|------|------|------|------|
| | | （1） | （2） | （3） | |
| 2019 | 24 | 证线段相等 | 证切线 | 求线段长 | 9 |
| 2018 | 24 | 证平行 | 证切线 | 求线段长 | 9 |
| 2017 | 24 | 证角平分线 | 证线段相等 | 求弧长 | 9 |
| 2016 | 24 | 证相似 | 求线段长 | 证切线 | 9 |
| 2015 | 24 | 求角度 | 证平行四边形 | 证线段垂直 | 9 |
| 2014 | 24 | 求弧长 | 证线段相等 | 证切线 | 9 |
| 2013 | 24 | 证角相等 | 求线段长度 | 证切线 | 9 |

（2）深化设问考查化归思想

显然，前几年的考题设问还没有指向求值类的"线段长度的比值""三角函数求值"。

### 4. 题目精致化

如图 3 – 3 – 15 所示，在正方形 $ABCD$ 中，以 $BC$ 为直径作半圆 $O$，以点 $D$ 为圆心、$DA$ 为半径做圆弧，与半圆 $O$ 交于点 $P$，连结 $DP$ 并延长交 $AB$ 于点 $E$.

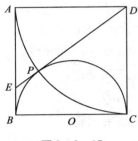

图 3 – 3 – 15

（1）求证：$DE$ 为半圆 $O$ 的切线；

（2）求出 $\dfrac{AE}{BE}$ 的值；

（3）求证：$AP^2 = PB \cdot PC$.

由于定位为 8 分题，只好忍痛割爱舍弃第（3）问。

### （五）参考答案

证明：（1）连接 $DO$，$PO$

∵ 四边形 $ABCD$ 是正方形

∴ $\angle C = 90°$

由题意得：$DC = DP$，$PO = CO$，$DO = DO$

∴ $\triangle DPO \cong \triangle DCO$（SSS）

∴ $\angle C = \angle DPO = 90°$

∴ $DE$ 为半圆 $O$ 的切线

解：（2）连接 $EO$

∵ $DE$ 为半圆 $O$ 的切线，$\angle B = 90°$，$BO = PO$

∴ Rt$\triangle BOE \cong$ Rt$\triangle POE$（HL）

∴ $\angle BOE = \angle POE$

∵ $\triangle DPO \cong \triangle DCO$

∴ $\angle COD = \angle POD$

∴ $\angle BOE + \angle COD = 90°$

$\because \angle CDO + \angle COD = 90°$

$\therefore \angle BOE = \angle CDO$

$\because$ 点 $O$ 是 $BC$ 的中点

$\therefore \tan \angle BOE = \tan \angle CDO = \dfrac{OC}{CD} = \dfrac{1}{2}$

$\therefore \dfrac{BE}{BO} = \dfrac{1}{2}$

$\therefore \dfrac{BE}{AB} = \dfrac{1}{4}$

$\therefore \dfrac{AE}{BE} = 3$

第（2）问有多种解法。

由题目条件易证 $\triangle OCD \cong \triangle OPD$，$\triangle OBE \cong \triangle OPE$，$\triangle OBE \backsim \triangle DCO \backsim \triangle DOE$，$\triangle DPC \backsim \triangle OPB$，$\triangle OPC \backsim \triangle EBP$。设正方形边长为 $2a$，则 $\odot O$ 的半径为 $a$。

由题目条件可构造的模型有以下 4 种：

**法1：构造梯形**

作 $EF \perp CD$，四边形 $BCFE$ 是矩形。

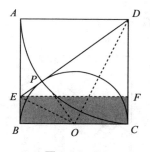

图 3 - 3 - 16

$\therefore BE = FC$，

$\therefore DF = DC - CF = 2a - CF = 2a - BE$，

$\therefore AB$、$DE$、$CD$ 是 $\odot O$ 的切线，

$\therefore EP = EB$，$EF = BC = 2a$，

$\therefore ED = EP + PD = 2a + EB$，

$\therefore EF^2 + FD^2 = ED^2$，

$\therefore (2a)^2 + (2a - BE)^2 = (2a + EB)^2$

$$\therefore EB = \frac{1}{2}a , \quad AE = \frac{3}{2}a$$

$$\therefore \frac{AE}{EB} = 3$$

**法 2：双垂直模型**

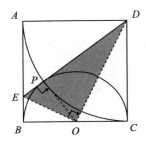

**图 3 - 3 - 17**

$\because OP \perp ED , \quad OE \perp OD$

$\therefore \triangle PEO \backsim \triangle OPD$

$\therefore OP^2 = PE \times PD , \quad PE = \frac{1}{2}a = EB , \quad AE = \frac{3}{2}a$

$\therefore \frac{AE}{EB} = 3$

**法 3：两直角三角形相似**

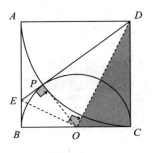

**图 3 - 3 - 18**

$\because \triangle EBO \backsim \triangle OCD$

$\therefore BE \times CD = OC \times OB$

$\therefore OB^2 = DC \times EB , \quad a^2 = 2a \times EB$

$\therefore EB = \frac{1}{2}a , \quad AE = \frac{3}{2}a$

$$\therefore \frac{AE}{EB} = 3$$

**法 4：两等腰三角形相似**

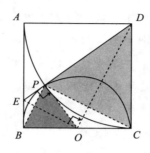

图 3 - 3 - 19

$$\because \triangle OBP \backsim \triangle DPC, \quad \triangle EPB \backsim \triangle OPC,$$

$$\therefore \frac{OB}{DC} = \frac{PB}{PC}, \quad \frac{PB}{PC} = \frac{BE}{OC}$$

$$\therefore \frac{OB}{DC} = \frac{PB}{PC} = \frac{BE}{OC}$$

$$\therefore \frac{a}{2a} = \frac{AE}{BE} = \frac{BE}{a}$$

$$\therefore EB = \frac{1}{2}a, \quad AE = \frac{3}{2}a$$

$$\therefore \frac{AE}{EB} = 3$$

**（六）得分统计**

本题满分 8 分，平均分 1.62 分，难度系数为 0.2。实考人数 24770 人，其中 0 分 14390 份，满分答卷 917 份。

表 3 - 3 - 4

| 得分 | 0 分 | 1 分 | 2 分 | 3 分 | 4 分 | 5 分 | 6 分 | 7 分 | 8 分 |
|---|---|---|---|---|---|---|---|---|---|
| 人数 | 14390 | 1971 | 271 | 412 | 5561 | 888 | 188 | 172 | 917 |
| 占比（%） | 58.1 | 8.0 | 1.1 | 1.7 | 22.5 | 3.6 | 0.8 | 0.7 | 3.7 |

**（七）典型错例的错因分析**

1. 第（1）小问在证明全等时错用条件；

2. 错误运用三角函数；

3. 观察或度量直接写出结果。

**（八）试题评价**

本题是几何综合题，近几年中考的几何综合题一般是放在第 24 题，本题是放在第 23 题，可能是考虑到今年的中考命题会立足基础，稳中有变。本题的难度系数是 0.2，相对于 2019 年中考数学第 23 题的难度系数 0.4 来说，本题的得分较低。题目的背景是正方形和圆，考查的主要内容包括：勾股定理、全等三角形、相似三角形、三角函数、切线长定理等知识点。第（1）问实际上并不难，而证明圆的切线也是近几年中考的高频考题，但是受到四分之一圆和半圆重叠的干扰，导致很多学生不能迅速想到 $PD = PC$，从而不能去证明两个三角形全等或证明等腰三角形相等，导致第（1）问的证明切线得分不高。第（2）问设计巧妙，方法多种，能够发散学生的思维，题目中隐含着一线三直角的基本图形，能够考查学生在复杂的图形中发现基本图形，识别模型，通过对基本图形的分析，来解决数学问题的能力。

**（九）变式拓展**

**1. 改变条件呈现方式，拓宽设问角度，深层研究图形内涵**

如图 3-3-20 所示，在正方形 $ABCD$ 中，点 $E$ 是 $CD$ 的中点，点 $G$ 是 $AD$ 上的点，连接 $BE$、$BG$、$EG$，$\triangle BCE$ 沿着 $BE$ 对折，$\triangle ABG$ 沿着 $BG$ 对折，$BC$ 和 $BA$ 均落在直线 $BH$ 上，直线 $BH$ 交 $AD$ 于点 $F$，下列结论：①$\triangle DEF \backsim \triangle CBE$；②$\angle EBG = 45°$；③$AD = 3AG$；④$\triangle DEF \cong \triangle HEF$；⑤$4DF = AD$；⑥$\sin \angle ABF = \dfrac{4}{5}$. 正确的有_____。

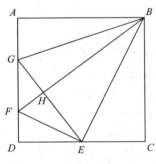

图 3-3-20

**2. 化静为动，另类"猫抓老鼠"**

如图 3-3-21 所示，在正方形 $ABCD$ 的边长为 4，点 $M$ 和 $N$ 分别从 $B$、$C$ 同时出发，以相同的速度沿 $BC$、$CD$ 向终点 $C$、$D$ 运动，连接 $AM$、$BN$，交于点 $P$，连接 $PC$，则 $PC$ 长的最小值为_____。

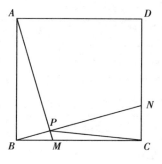

图 3 - 3 - 21

**题 3**：在 △*ABC* 中，*AC* = *BC* = 10，*AB* = 12，点 *D* 是 *AB* 边上的一点．

（1）如图 3 - 3 - 22 所示，过点 *D* 作 *DM*⊥*AC* 于点 *M*，*DN*⊥*BC* 于点 *N*，求 *DM* + *DN* 的值。

（2）将 ∠*B* 沿着过点 *D* 的直线折叠，使点 *B* 落在 *AC* 边的点 *P* 处（不与点 *A*，*C* 重合），折痕交 *BC* 边于点 *E*。

① 如图 3 - 3 - 23 所示，当点 *D* 是 *AB* 的中点时，求 *AP* 的长度。

② 如图 3 - 3 - 24 所示，设 *AD* = *a*，若存在两次不同的折痕，使点 *B* 落在 *AC* 边上两个不同的位置，求 *a* 的取值范围。

（顺德区 2020—2021 学年度第二学期九年级第一次教学质量检测数学第 25 题）

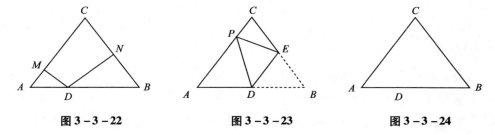

图 3 - 3 - 22　　　　图 3 - 3 - 23　　　　图 3 - 3 - 24

**（一）命题立意**

命题聚焦初中几何学习必须掌握的"等腰三角形"这一基本图形，考查"等腰三角形的底边上任意一点到两腰的距离之和为定值"这一规律，在动手操作中探究"从特殊位置对应的特殊图形开始、发现变化过程中的一般规律"的几何直观。

表 3 – 3 – 5

| 课程领域 | | 图形与几何 |
|---|---|---|
| 目标指向 | 基础知识 | ①等腰三角形；②圆及切线；③三角形全等；④三角函数；⑤尺规作图；⑥一元二次方程 |
| | 基本技能 | ①推理技能；②运算技能；③图形技能 |
| | 解题方法 | ①构造法；②几何变换法 |
| | 基本思想 | 数学推理 |
| 素养层级 | 理解 | |
| | 迁移 | 推理能力、运算能力 |
| | 创新 | 几何直观 |

### （二）题目溯源

考题的第（1）问来源于教材三个习题的整合。

**素材 1：**北师大版八年级上册第 4 页的第 4 题

如图 3 – 3 – 25 所示，求等腰三角形 $ABC$ 的面积。

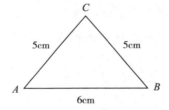

图 3 – 3 – 25

命题时选取了上题的解法——等面积法求距离。

**素材 2：**北师大版八年级下册第 21 页的第 1 题

1. 已知 $D$ 是 $\triangle ABC$ 的 $BC$ 边的中点，$DE \perp AC$，$DF \perp AB$，垂足分别为 $E$，$F$，且 $DE = DF$。求证：$\triangle ABC$ 是等腰三角形。

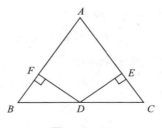

图 3 – 3 – 26

命题时选取了上题的图形，将素材 2 中的特殊点（点 $D$）一般化、运动化。

**素材 3**：北师大版九年级上第 19 页的第 5 题

5. 如图 3 - 3 - 27 所示，在矩形 $ABCD$ 中，$AB = 3$，$AD = 4$，$P$ 是 $AD$ 上不与 $A$ 和 $D$ 重合的一个动点，过点 $P$ 分别作 $AC$ 和 $BD$ 的垂线，垂足为 $E$，$F$。求 $PE + PF$ 的值。

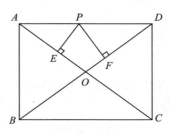

**图 3 - 3 - 27**

命题时选取了上题的设问。

考题第（2）问改编于 2020 年浙江湖州初中学业水平考试题第 23 题。

**素材 4**：已知在 $\triangle ABC$ 中，$AC = BC = m$，$D$ 为 $AB$ 边上的一点，将 $\angle B$ 沿着过点 $D$ 的直线折叠，使点 $B$ 落在 $AC$ 边的点 $P$ 处（不与点 $A$、$C$ 重合），折痕交 $BC$ 边于点 $E$.

（1）特例感知：如图 3 - 3 - 28 所示，若 $\angle C = 60°$，$D$ 是 $AB$ 的中点，求证：$AP = \dfrac{1}{2} AC$；

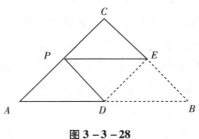

**图 3 - 3 - 28**

（2）变式求异：如图 3 - 3 - 29 所示，若 $\angle C = 90°$，$m = 6\sqrt{2}$，$AD = 7$，过点 $D$ 作 $DH \perp AC$ 于点 $H$，求 $DH$ 和 $AP$ 的长；

（3）化归探究：如图 3 - 3 - 30 所示，若 $m = 10$，$AB = 12$，且当 $AD = a$ 时，存在两次不同的折叠，使点 $B$ 落在 $AC$ 边上两个不同的位置，请直接写出 $a$ 的取值范围。

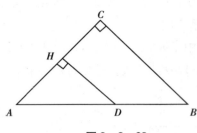
图 3 - 3 - 29

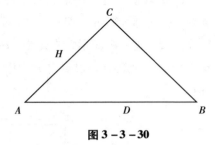
图 3 - 3 - 30

**（三）得分统计**

本题满分 10 分，平均分 0.81 分，难度系数 0.081。实考人数 25307 人，其中 0 分 18826 份，满分 8 份。

表 3 - 3 - 6

| 得分 | 0 分 | 1 分 | 2 分 | 3 分 | 4 分 | 5 分 | 6 分 | 7 分 | 8 分 | 9 分 | 10 分 |
|---|---|---|---|---|---|---|---|---|---|---|---|
| 人数 | 18826 | 1887 | 489 | 1843 | 750 | 187 | 1171 | 105 | 27 | 14 | 8 |
| 占比（%） | 74.4 | 7.5 | 1.9 | 7.3 | 3.0 | 0.7 | 4.6 | 0.4 | 0.1 | 0.1 | 0 |

**（四）对考题评价**

本题作为试卷的压轴题，考查了等腰三角形的性质，图形的折叠，动点问题，动点轨迹（隐圆问题），解决问题所用的方法和知识很多，等面积法、截长补短法、三角函数、勾股定理、三角形的相似、不等式等。第（1）（2）问难度不大，特别是第（1）问是一个常见的问题，但从 18826 份 0 分卷和 1887 份 1 分卷说明学生因为前面的题目解答而没有时间做，第（3）问不常出现，学生在有限的时间内理解不透题目的意思，无从入手。

**题 4**：将 $\triangle AOB$ 沿直线 $OB$ 平移到 $\triangle DBC$ 的位置，连接 $AD$、$AC$.

（1）如图 3 - 3 - 31 所示，写出线段 $OA$ 与 $BD$ 的关系_____；

（2）如图 3 - 3 - 31 所示，求证：$AC^2 + BD^2 = AB^2 + BC^2 + CD^2 + DA^2$；

（3）如图 3 - 3 - 32 所示，当 $\triangle AOB$ 是边长为 2 的等边三角形时，以点 $O$ 为原点，$OB$ 所在的直线为 $x$ 轴建立平面直角坐标系. 求出点 $P$ 的坐标，使得以 $O$、$C$、$D$、$P$ 为顶点的四边形是平行四边形.

（顺德区 2018—2019 学年度第二学期期末教学质量检测八年级数学试卷第 25 题）

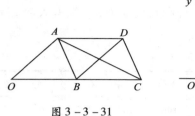
图 3 - 3 - 31

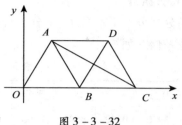
图 3 - 3 - 32

## （一）考点分析

表 3 - 3 - 7

| 课程领域 | | 图形与几何 |
|---|---|---|
| 目标指向 | 基础知识 | ①平移；②勾股定理；③平行四边形；④直角三角形；⑤等腰三角形 |
| | 基本技能 | ①推理能力；②运算能力 |
| | 解题方法 | ①几何变换；②分类讨论 |
| | 基本思想 | 数学推理的思想 |
| 素养层级 | 理解 | 空间观念 |
| | 迁移 | 推理能力 |
| | 创新 | 模型思想 |

## （二）试题评价

本题作为整份试卷的压轴题，是一道侧重于几何知识的综合题，题目知识设计灵活、难度设置层次感强。既有第（1）小题的基本知识和概念的简单运用，比较容易得分的问题设置；也有第（3）小题综合运用知识，有一定思维量的关于存在性问题的考查；更有第（2）小题的把一个常见问题进行思维拓展，本题的设置与中考命题方向一致，问题源于课本同时又高于课本。

存在性问题在中考中经常出现，八年级下册课本主要涉及的存在性问题是直角三角形的存在性问题、等腰三角形的存在性问题、平行四边形的存在性问题，平行四边形是本学期的新学知识，选取平行四边形的存在性问题作为综合题考查非常合适，同时考查了分类讨论的数学思想。第（2）小题的求证问题比较新颖，通常考查勾股定理的运用都是三条线段的平方之间的关系，本题需要在不同的直角三角形构造联系，借助平行四边形的性质，求证两条线段的平方和等于另外四条线段的平方和。

### （三）得分统计

本题满分 9 分，平均分 1.74 分，难度系数 0.193，实考人数 25717 人。各分段人数分布情况如下：

表 3 - 3 - 8

| 得分 | 0分 | 1分 | 2分 | 3分 | 4分 | 5分 | 6分 | 7分 | 8分 | 9分 |
|---|---|---|---|---|---|---|---|---|---|---|
| 人数 | 3076 | 9392 | 8595 | 2166 | 1462 | 742 | 107 | 58 | 78 | 41 |
| 占比（%） | 11.96 | 36.52 | 33.42 | 8.42 | 5.68 | 2.89 | 0.42 | 0.23 | 0.3 | 0.16 |

## 二、真题精选

**题 5**：如图 3 - 3 - 33 所示，在 $\triangle ABC$ 中，$AD \perp BC$ 于点 $D$，$BE \perp AC$ 于点 $E$，$AD$ 与 $BE$ 交于点 $F$，连接 $CF$、$DE$，交点为 $G$. 以下结论正确的个数是（    ）

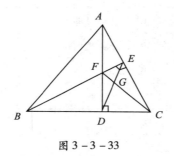

图 3 - 3 - 33

① $\angle CAD = \angle CBE$，② $AF \cdot FD = BF \cdot FE$，③ $\triangle CDE \backsim \triangle CAB$，④ $\triangle FGE \backsim \triangle DGC$.

A. 1 个            B. 2 个            C. 3 个            D. 4 个

（2020 年 10 月联盟学校九年级教学质量检测数学第 10 题）

## 三、教学导向

几何综合题的教学，一是要夯实几何对象的知识基础，包括概念、图形、语言和推理的教学，要明确概念的内涵外延、掌握图形的呈现角度、熟练语言的三种转化、驾驭思维的演绎推理；二是形成研究几何对象的思维方法，就是遵循学习几何对象的概念、性质、判定和应用的路径，会运用基本图形的方法解决问题的逻辑思维；三是要"少而精"的"守初心"，要聚焦平面几何的基本图形的本质属性，做好入门学科的基础扎实和兴趣培养。几何综合题的掌握，学生需要一个成长型的教学过程，即知识由少到多的综合、方法由单一到多解的融合、图形由简单到复杂的渐进、推理由直接到曲折的演进。切忌做非易即难的简化处理。

几何综合题的教学，加强教材概念、定理、基本图形、例题、习题的研究和变式教学。几何图形的学习是培养学生逻辑推理的重要课程内容。在初中阶段，几何图形是对现实问题的数学抽象，用数学语言刻画拓扑空间，用数学知识与方法构建模型。可以说，几何图形超越了学生对于生活化材料的直观理解，使其抽象简化为一个可验证的模型。因此，初中数学需要重点关注几何图形本质属性的试题。利用数学知识点的联系，对有关习题和图形进行拓展、类比，重新构造，或利用充分必要条件改变结论或条件。解决学生的"怕新不怕难的弱迁移能力"。题目本身不难，为什么"一有变化"就变成了难题，这是值得深思并需要克服的问题。

几何综合题的教学，要优化几何解题分析的工具，形成几何解题的高阶思维，如几何模型的系统化、模型使用的整体思想、利用旋转或平移方式找准相似三角形、用等面积法计算距离等。（详见第三章第六节数学模型题）

几何综合题的教学，要增加数学思维方式的专题指导教学，养成"由已知想性质，由所求想判定"的解题探索习惯。显化初高衔接的数学思维方式的教学，动点轨迹问题微专题讲解时，多用几何画板动画演示，教会学生如何在变化中寻找不变，从而找到解决问题的突破口。

几何综合题的教学，要改进几何题的呈现方式、讲评的方式和答题规范。将常规几何题改变为结论开放性问题，多一些探究和挖掘，倡导几何教学要多挖掘几何模型可能的结论走发散思维的教学之路；将常规的注重细节的讲评改编为突出解题思维主线的流程图讲评；将学生的边想边写的答题习惯改变为提炼主干步骤的重点、"简单问题写详细、复杂问题写关键"的答题习惯。

义务教育，还是应该回归"教育初心"，几何综合题的教学还是要在解题后的反思的过程中发展学生的数学思维为本，少考一点套路化的技能。

解题不是目的，通过解题该形成的数学思考和数学认识才是目的。

# 第四节　综合与实践题

　　课程标准中指出，"综合与实践"内容设置的目的在于培养学生综合运用有关的知识与方法解决问题，培养学生的问题意识、应用意识和创新意识，积累学生的活动经验，提高学生解决现实问题的能力。

　　义务教育课程标准中"综合与实践"的内容是：①结合实际情境，经历设计解决具体问题的方案，并加以实施的过程，体验建立模型、解决问题的过程，并在此过程中，尝试发现和提出问题；②会反思参与活动的全过程，将研究的过程和结果形成报告或小论文，并能进行交流，进一步获得数学活动经验；③通过对有关问题的探讨，了解所学知识（包括其他学科知识）之间的关联，进一步理解有关知识，发展应用意识和能力。

　　品读课程标准的"综合与实践"的内容，深感"综合与实践"是实现"积累数学活动经验、培养学生应用意识和创新意识"的重要和有效的载体。"综合与实践"的教学，重在实践、重在综合。重在实践是指在活动中，注重学生自主参与、全过程参与，重视学生积极动脑、动手、动口。重在综合是指在活动中，注重数学与生活实际、数学与其他学科、数学内部知识的联系和综合应用。

　　由于"综合与实践"未列入前几年的"广东省初中学业水平考试数学科目考试大纲"，即便是 2020 年的初中学业水平考试命题"取消考试大纲，依据课程标准"，广东省的初中学业水平考试数学试题仍然没有涉及"综合与实践"的相关考查，造成前几年的"不考就不教"的教学惯性依然没有改变。即便少数班级开展了相关的教学，也改变成为"纯数学情境"的"解题教学"，无疑是弱化了"综合与实践"的"实践"部分，本质上是弱化了"生活问题数学化"的"数学建模"的教学过程。

　　缺失了"综合与实践"的内容的教学，从小处讲是初中学段没有完成《义务教育课程标准（2011 年版）》的教学内容；从大处讲是不利于增强学生的"数学是有用的"认识，不利于激发学生的数学学习兴趣，不利于开发学生的数学研究潜质。

再看其他省市的往年中考数学试题，鲜有聚焦"综合与实践"的考题；即便有，也是给出"实践"的设计方案的理解与解题，而缺少对"综合与实践"的"方案设计"的考查，从而缺少了"实践"的味道。

本书所指的"综合与实践题"是指根据题目的主题重在设计问题解决的活动方案，即凸显以数学建模（问题分析、模型假设、模型建立、模型求解、模型检验、模型应用）为核心的题。

高质量的初中数学教学就是要改变以上不符合"价值追求"的教学现状，高关注度的教研活动无疑是教学质量检测的试题引发的对教学的反思，高效率的教材研究是考题引领下的回归课标用好教材的资源深度开发。

基于以上思考，遂有如下考题。

## 一、案例展示

**题1**：我们学习了测量某些不能直接测量的物体的高度的方法，诸如利用阳光下的影子、利用标杆、利用镜子的反射等方法。请设计利用标杆测量旗杆高度的方案，主要包括描述测量方式、画出测量示意图、简述测量原理、写出计算过程、求出旗杆高度（其中将旗杆的高度、标杆的长度、观测者眼睛到地面的距离分别记作 $h$、$m$、$n$，若还需其他数值，请用不同字母表示）。

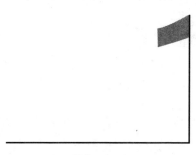

图 3 - 4 - 1

[顺德区 2020 学年联盟学校九年级教学质量检测（二）第 23 题]

**（一）命题立意**

**1. 高阶立意**

命题时如何检测"我们的教学能体现《义务教育课程标准》中所提出的'在呈现作为知识与技能的教学结果的同时，重视学生已有的经验，使学生体验从实际背景中抽象出的数学问题、建构数学模型、寻求结果、解决问题的过程'

的要求"，开拓命题的思路，丰富试题的形式。

由于"综合与实践"是教学中容易疏忽的点，所以考题意在引导教师要有意识地加强义务教育课程标准的"综合与实践"部分的解读，要注重回归课本的用好教材，加强"综合与实践"部分的教学，要关注"能完整地建构方案类问题"的教学实施，要探索"综合与实践"部分的考查方式，要丰富"综合与实践"部分的教学形式。

让学生在考场上经历"问题—分析问题—建立模型—结构模型—操作化—解决问题"的完整的数学建模过程，由数学解题迈向解决问题。

**2. 考查要点**

考查学生对"利用标杆测量旗杆高度"的方法的理解与掌握；考查学生把比较接近于生活问题的数学建模；考查理解问题、分析问题和解决问题的能力。

表 3 - 4 - 1

| 课程领域 | | 综合与实践 |
| --- | --- | --- |
| 目标指向 | 基础知识 | ①三角形相似；②三角函数；③利用标杆测量旗杆高度 |
| | 基本技能 | ①运算技能；②推理技能；③图形技能 |
| | 解题方法 | 构造法 |
| | 基本思想 | 数学建模的思想 |
| 素养层级 | 理解 | 空间观念 |
| | 迁移 | 模型思想 |
| | 创新 | |

**（二）素材追溯**

本题来源于《义务教育教科书数学》北京师范大学出版社出版的九年级上册第四章《图形的相似》中的《利用相似三角形测高》一节。教材对本节的定位是数学活动，教材的相关内容如下：

活动课题：利用相似三角形有关知识测量旗杆（或路灯杆）的高度；

活动方式：分组活动、全班交流研讨；

活动工具：小镜子、标杆、皮尺等测量工具。

方法：利用标杆

如图 3 - 4 - 2 所示，每一个小组选一名同学作为观测者，在观测者与旗杆之间的地面上直立一根高度适当的标杆。观测者适当调整自己所处的位置，使旗杆的顶端、标杆的顶端与自己的眼睛恰好在同一条直线上，这时其他同学立即测出观测者的脚到旗杆底端的距离，以及观测者的脚到标杆底端的距离，然后测出标杆的高。

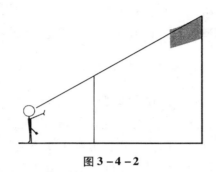

图 3 – 4 – 2

根据测量数据，你能求出旗杆的高度吗？说明你的理由。

**（三）素材分析**

《利用相似三角形测高》是已学知识运用的数学活动课，教材旨在通过以生动的问题情境和丰富的教学活动，以数形结合为基本方法，以合情推理能力和演绎推理能力的培养为主线，在实践活动中进一步增强学生解决一些简单的实际问题的能力。教材已经给定了活动的主题和活动的方案，学生要在理解方案的基础上做测量的操作实践与求解运算。

在多次的课堂观察中，对"设计方案"的教学缺失形成性的教学过程，更多的是学生通过阅读教材"依葫芦画瓢"的"空想"，或者是"纯几何图形"的解题。

若将素材适当改编为"突出方案设计和问题解决，彰显数学思考和数学建模的考查"，既是对学生"《利用相似三角形测高》"的深度学习的检测，又是对"综合与实践"的教学的再认识，更符合命题所需情境化的要求。

**（四）命制历程**

**1. 初始想法**

若将教材内容直接作为考题，由于考场不能安排测量活动，从而缺少测量的数据，要让学生求出旗杆的高度是不现实的；若给出测量的数据，则就变成一个"纯几何考题"的求解，又缺少了"综合与实践"的味道。

**2. 设想改进**

九年级作为义务教育的结束之年，理应在小学数学的"数的运算"的学习、初中数学的"数的运算"和"式的运算"的学习之后，有较为理性的数学

运算思考和较为扎实的数学运算能力,考查学生的"字母表示数"的意识和运算能力,遂成如下考题:

我们学习了测量某些不能直接测量的物体的高度的方法,诸如利用阳光下的影子、利用标杆、利用镜子的反射等方法。请设计利用标杆测量旗杆高度的方案,主要包括描述测量方式、画出测量示意图、简述测量原理、写出计算过程、求出旗杆高度。

**3. 再次打磨**

上述考题已经能把命题立意比较好地考查到位,但是在做答案时却发现题目中没有给定的字母表示测量的数据,这样新颖的考题会让一部分考生无所适从,导致降低考题的区分度,因为很难区分学生是不会做得分低,还是会而不会写得分低;再者,若任由考生引进字母表示测量数据,必然会"因为不同的人用不同的字母表示数据导致答题时字母满天飞"增加了改卷的难度,也增加了改卷的失误率,由此才形成最终的考题。

**(五)解题模型展示**
**模型 1**

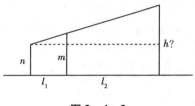

图 3 - 4 - 3

解法①:由相似得 $\dfrac{l_1}{l_1+l_2}=\dfrac{m-n}{h-n}$, $h$ 可求。

解法②:利用同角的三角函数值相等得 $\dfrac{m-n}{l_1}=\dfrac{h-n}{l_1+l_2}$, $h$ 可求。

解法③:等积法得 $(n+m)l_1+(m+h)l_2=(n+h)(l_1+l_2)$, $h$ 可求。

**模型 2**

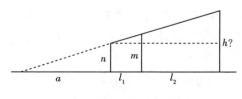

图 3 - 4 - 4

同模型 1 解法①②，利用相似或三角函数，得 $\dfrac{n}{a} = \dfrac{m}{a + l_1}$，求出 $a$，再利用

相似或三角函数，得 $\dfrac{m}{a + l_1} = \dfrac{h}{a + l_1 + l_2}$，$h$ 可求。

**模型 3**

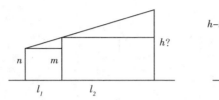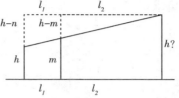

图 3 - 4 - 5

同模型 1 解法①②，利用相似或三角函数，得 $\dfrac{m - n}{l_1} = \dfrac{h - m}{l_2}$，$h$ 可求。其中

两个直角三角形均可向图 3 - 4 - 5 右图，形成相似基本型。

**模型 4**

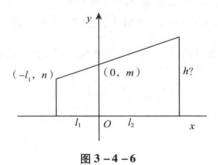

图 3 - 4 - 6

建系可得已知定点 $(-l_1, n)$、$(0, m)$，则定线可求，继而令 $x = l_2$，求出

$y$，则 $h$ 可求。

**（六）答题分析**

较多的同学受题干前面部分 "诸如利用阳光下的影子、利用标杆、利用镜子的反射等方法" 的影响，选择了这三种方法里面相对简单地利用阳光下的影子或者镜子的反射来解题。只有少数同学能够明确审题，按照题目要求利用标杆法来解决问题。还有一些学生正确理解了题意，知道要利用标杆来解决问题，但将标杆平放在地面或者平行于地面放置，标杆并没有起到 "标的" 的作用。

**（七）问题关联**

在测量不易直接度量的物体的高度时，除了 "标杆法"，还有以下一些常

见方法。

**方法1：利用阳光下的影子**

如图3-4-7所示，同一时刻旗杆 $DE$ 及人 $AB$ 在水平地面上的影子分别为 $EF$，$BC$，此时△$ABC$∽△$DEF$，所以 $\dfrac{AB}{DE}=\dfrac{BC}{EF}$。又因为 $BC$，$AB$，$EF$ 都可测量，从而 $DE$ 可求。

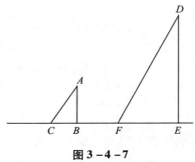

图3-4-7

**方法2：利用镜子的反射**

如图3-4-8所示，在观测者 $AB$ 与建筑物 $CD$ 之间的水平地面上平放一个平面镜，然后在镜子上做一个标记为 $E$，观测者看着镜子来回移动，直至看到旗杆顶端在镜子中的像与镜子上的标记重合，此时，△$ABE$∽△$CDE$，所以 $\dfrac{AB}{CD}=\dfrac{BE}{DE}$，因为 $AB$，$BE$，$DE$ 都可测，所以 $CD$ 可求。

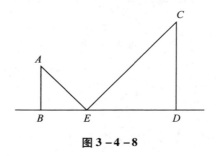

图3-4-8

**方法3：利用绳子的长度**

选一名同学拉住升旗用的绳子，其他同学分为两组，一组同学测量绳子自然垂下时在地面上多余的长度 $m$。接着将绳子斜拉紧，使绳子的下端正好着地，此时，另一组同学测量绳子下端离旗杆底端的距离 $BC$。根据测量数据，利用勾股定理列式 $AB^2+BC^2=(AB+m)^2$，可求出旗杆的高度。

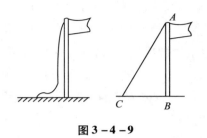

图 3 - 4 - 9

### 方法 4：利用测倾器

选一名同学作为观测者，在旗杆 *AB* 附近选取一点 *C*，用皮尺量出这个点到旗杆底部的水平距离 *CE*；再在 *C* 点上放置一测倾器，用测倾器测出旗杆顶部的仰角的度数 $\alpha$；用皮尺量出测倾器的高 *CD*。根据测量数据，列式 $AE = CE \cdot \tan\alpha + CD$，就能求出旗杆的高度。

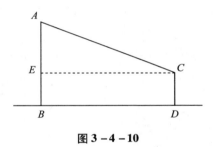

图 3 - 4 - 10

### 方法 5：利用测倾器测量两次（北师大版九年级下册 P23）

活动：测量底部不可以到达的物体的高度。

所谓 "底部不可以到达"，就是在地面上不能直接测得测点与被测物体的底部之间的距离。如图 3 - 4 - 11 所示，要测量物体 *MN* 的高度，可按下列步骤进行：

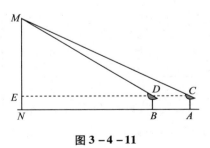

图 3 - 4 - 11

（1）在测点 $A$ 处安置测倾器，测得此时仰角 $\angle MCE = \alpha$.

（2）在测点 $A$ 与物体之间的 $B$ 处安置测倾器（$A$、$B$ 与 $N$ 在同一条直线上，且 $A$、$B$ 之间的距离可以直接测得），测得此时仰角 $\angle MDE = \beta$.

（3）量出测倾器的高度 $AC = BD = a$，以及测点 $A$，$B$ 之间的距离 $AB = b$。

根据测量数据，你能求出物体 $MN$ 的高度吗？说说你的理由。

**方法 6：利用标杆测量两次**

（1）在观测者 $EF$ 和物体 $AB$ 之间直立放置一根标杆 $CD$，使得观测者眼睛 $E$、标杆顶点 $C$、物体顶点 $A$、三点在同一条直线上，测量出此时观测者与标杆间的距离 $DF = a$。

（2）将标杆 $CD$ 移动到 $EF$ 的位置，观测者到达 $MN$ 的位置，使得观测者眼睛 $M$、标杆顶点 $H$、物体顶点 $A$、三点在同一条直线上，测量出此时，观测者与标杆间的距离 $NF = b$。

（3）设若标杆的长度为 $m$，观测者眼睛到底面的高度为 $n$，由此我们可以求出 $AB$ 的高度。

设 $AG = x$，$PG = y$，则由 $\triangle CPE \backsim \triangle AGE$，

得 $\dfrac{m-n}{x} = \dfrac{a}{a+y}$，由 $\triangle HEM \backsim \triangle AGM$ 得 $\dfrac{m-n}{x} = \dfrac{b}{b+a+y}$，

$\therefore \dfrac{a}{a+y} = \dfrac{b}{b+a+y}$，解得 $y = \dfrac{a^2}{b-a}$，

代入 $\dfrac{m-n}{x} = \dfrac{a}{a+y}$，求得 $x = \dfrac{b\,(m-n)}{b-a}$

$\therefore AB = \dfrac{b\,(m-n)}{b-a} + n = \dfrac{bm-an}{b-a}$.

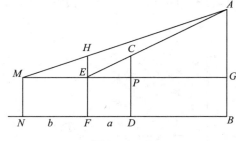

图 3 – 4 – 12

## 二、真题精选

**题 2：** 如图 3 – 4 – 13 所示，一人站在两等高的路灯之间走动，$GB$ 为人 $AB$ 在路灯 $EF$ 照射下的影子，$BH$ 为人 $AB$ 在路灯 $CD$ 照射下的影子，当人从点 $C$ 走向点 $E$ 时两段影子之和 $GH$ 的变化趋势是（　　　）

A. 先变长后变短
B. 先变短后变长
C. 不变
D. 先变短后变长再变短

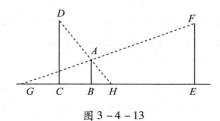

图 3 – 4 – 13

（顺德区 2019 学年度第一学期期末教学质量检测九年级数学试题第 10 题）

**题 3：** 如图 3 – 4 – 14 所示，一条输电线路需跨越一个池塘，池塘两侧 $A$、$B$ 处各立有一根电线杆，但利用皮尺无法直接量出 $A$、$B$ 之间的距离。请设计一个方案测出 $A$、$B$ 之间的距离，要求画出方案的几何图形，并说明理由．

（顺德区 2018 学年第二学期期末教学质量检测七年级数学试题第 21 题）

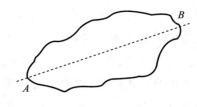

图 3 – 4 – 14

**解题思路提示：**

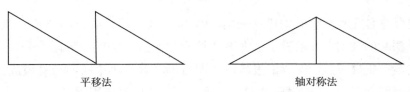

构造全等三角形的方法

平移法　　　　　　　　　　　　　　　　轴对称法

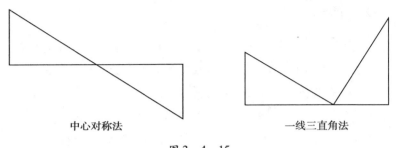

中心对称法　　　　　　　　　　一线三直角法

图 3 - 4 - 15

掌握关键（构造图形）的技术，一是要有系统的构造辅助线的方法，二是要灵活地使用图形变换（图形的平移、旋转、对称、位似等）的方法。

## 三、教学导向

义务教育数学课程标准对"综合与实践"这部分内容的具体要求是：结合实际情境，经历设计解决具体问题的方案，并加以实施的过程，体验建立模型、解决问题的过程，并在此过程中，尝试发现和提出问题。

综合与实践的教学内容要精心"设计问题和活动"，"好的问题"可驱动思维的持续性生长，好的活动会让学习真实的发生。尤其是可以采用"开放性的大问题驱动"，如"不易测距离的问题如何转化成能够测出距离的问题呢"。

综合与实践的教学核心是"活动方案的设计"。诸如《利用三角形全等测距离》《利用三角形相似测高》和教材后的"综合与实践"类课题，教学中"数学建模"是内核，构造图形是关键，说明理由是内化。掌握核心（数学建模）和突破教学难点（数学建模）的办法可以是"补模"做铺垫——复习全等（相似）方法、补画全等（相似）图形；"建模"多经历——自主尝试建模，核心问题驱动、自己尝试作图解题做展示，合作探究建模，学生共同研讨、质疑辨析建模求完善，概括总结模型化，多种解法提炼、用图形变换的观点做建模的总结；"用模"多元化——在做题中找出模型、初步应用模型、隐性应用模型。

综合与实践的教学形式建议采用 PBL 项目式学习，要回归"活动"，不拘泥于一课时的教室上课的教学，突破"综合与实践"的时空界限，分组合作的课前实践、集聚智慧的课堂汇报研讨和课后撰写数学小论文。切忌做成"解几何题的习题课"，也不能做成"只重建模不重优化的解应用题"。

将"综合与实践"和"项目式学习"融合，在项目驱动下沉浸在解决问题中的"知识的综合与整合运用"和"思维的开拓与深度发展",创设一个可以畅想的问题情境、一个曾经亲身经历的探索过程、一个亲手从现实中建立起来的数学模型,其在增长智慧上的价值远超十题、百题,注重在"做"和"思考"的过程中积累学生数学活动经验,让触及思维的深度学习在我们的数学课堂真实地发生。

# 第五节　运动变化题

　　课程标准中显性涉及"运动变化"内容的主要是图形的变化、图形与坐标等，其中图形的变化是指图形的轴对称、图形的旋转、图形的平移、图形的相似、图形的投影，图形与坐标是指图形在平面直角坐标系中经过对称、平移、位似变化后的坐标关系；课程标准中隐性设计"运动变化"内容的有函数、圆的概念和尺规作图等，某些静态的图形也可以用运动变化的角度认识，比如圆的概念，可以看作是一条线段（即定长）绕着一个端点（定点）旋转时另一个端点的运动路径即是圆；再如用描点法画函数的图像时，将"描点连线"可以看成一个满足条件的动点运动路径。

　　着眼于"运动变化"为情境的题目在北师大版的初中数学教材中比比皆是，贯穿三年（参考附1）；历年的中考试题立足运动变化考查高阶思维能力的考题层出不穷，尤其是最值问题（参考附2）。

　　运动变化既是结果性的知识，又是过程性的操作，更是认知的思维方式。以运动变化为情境的考题往往可以容易综合更多的知识点，整合不同的板块，创设探究性的设问，着重考查解决问题的思维过程，核心指向数学思想方法（数形结合的思想、函数与方程的思想、运动与变化的思想、分类讨论的思想）的掌握情况和基本活动经验的积累情况。

　　在初中数学中，运动与变化通常是研究点的运动（平移、对称、路径）、直线的运动（函数图像的平移）、几何图形的运动（平移、对称、旋转），关注运动与变化的"相同对象的变化情况""不同对象的数量关系""图形特征"。在考试中，运动与变化的考题综合性强、思维量大，往往兼具压轴题区分学习水平的功能。而学生解决综合题的能力绝非一朝一夕之功，故我们用命题引领教学，遵循"七年级渗透、八年级显化、九年级强化"的渐进提升原则。通过七年级的期末教学质量检测，引起教师们的关注：在七年级要探究动点问题；通过八年级的期末教学质量检测，引导教师们的重视：在八年级要研究动图问题；通过九年级的期末教学质量检测，带领教师们做运动与变化的专题教学。

既体现了三年备考的指导思想，也能将难点分散在七、八年级，让学有余力的同学出类拔萃。

## 一、案例展示

**题 1：**已知数轴上两点 $A$、$B$ 对应的数分别为 $-1$、$3$，点 $P$ 从点 $A$ 出发，以每秒 $2$ 个单位长度的速度沿数轴向正方向匀速运动，设 $P$ 的运动时间为 $t$ 秒。

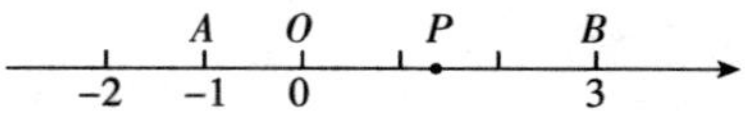

图 $3-5-1$

（1）$AB=$ _____。

（2）求 $t$ 为何值时，$BP=2$。

（3）若点 $Q$ 同时从 $B$ 出发，以每秒 $1$ 个单位长度的速度沿数轴向正方向匀速运动，求 $t$ 为何值时，$PQ=\dfrac{1}{2}AB$？

（顺德区 2020 学年度第一学期七年级教学质量检测第 24 题）

**（一）命题立意**

**1. 高阶立意**

七年级第一学期的期末教学质量检测是初中生第一次"教学质量体检"，要体现"能力递进"的特征，贯彻小初衔接的教学理念，夯实初中学习的初始基础，渗透以数轴为情境的数学思想方法。

课程标准要求"借助数轴理解绝对值的意义""知道 $|a|$ 的含义"，通常是"简单的直接考查"，而"绝对值的几何意义"恰恰是"数形结合思想"和"代数与几何转化"的最简洁直观的载体，是后续学习相关内容的"敲门砖"，需要引导老师们在教学中适度加强。

**2. 考查要点**

表 $3-5-1$

| 课程领域 | | 数与代数 |
|---|---|---|
| 目标指向 | 基础知识 | ①数轴；②整式的加减；③探索与表达规律；④两点间的距离及距离公式；⑤一元一次方程 |
| | 基本技能 | 运算技能 |

续 表

| 课程领域 | | 数与代数 |
|---|---|---|
| 目标指向 | 解题方法 | ①数形结合法；②分类讨论法 |
| | 基本思想 | 数学建模的思想 |
| 素养层级 | 理解 | 运算能力 |
| | 迁移 | 模型思想 |
| | 创新 | |

**（二）素材追溯**

**素材1**：北师大版七年级上册第74页的第9题

9. 点 $A$，$B$，$C$，$D$ 所表示的数如图 $3-5-2$ 所示，回答下列问题：

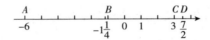

图 $3-5-2$

（1）$C$，$D$ 两点间的距离是多少？

（2）$A$，$B$ 两点间的距离是多少？

（3）$A$，$D$ 两点间的距离是多少？

**（三）素材分析**

上述素材有了"数轴"的情境，以"距离"为基础，可以融合考查"数形结合"的思想方法；再把"定点动点化"，就可以融合考查"运动与变化"的思想方法；再引入"变量"，又可以考查一元一次方程。

**（四）命制历程**

**1. 引入一个动点，意在考查探索与表达规律、方程和分类讨论**

已知数轴上两点 $A$、$B$ 对应的数分别为 $-1$、$3$，点 $P$ 从点 $A$ 出发，以每秒 $2$ 个单位长度的速度沿数轴匀速运动，设 $P$ 的运动时间为 $t$ 秒。

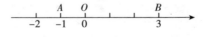

图 $3-5-3$

（1）$AB =$ _____；

（2）求 $t$ 为何值时，$AP = 2$；

（3）求 $t$ 为何值时， $BP = \dfrac{1}{2}AB$？

在没有明确动点 $P$ 的运动方向的情况下，第（2）（3）题都要分类讨论求解，有重复考查"分类讨论思想"的嫌疑，也只是增加了题目的复杂度，而没有增加题目的思维难度。

**2. 分段引入两个动点，增加题目的区分度，打磨试题**

已知数轴上两点 $A$、$B$ 对应的数分别为 $-1$、$3$，点 $P$ 从点 $A$ 出发，以每秒 $2$ 个单位长度的速度沿数轴正方向匀速运动，设 $P$ 的运动时间为 $t$ 秒。

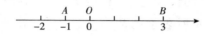

图 3 - 5 - 4

（1） $AB =$ _____ 。

（2）求 $t$ 为何值时， $AP = 2$.

（3）若点 $Q$ 同时从点 $B$ 出发，以每秒 $1$ 个单位长度的速度沿数轴向正方向匀速运动，求 $t$ 为何值时， $PQ = \dfrac{1}{2}AB$？

**（五）参考答案**

解：（1）∵ 数轴上两点 $A$、$B$ 对应的数分别为 $-1$、$3$，

∴ $AB = 3 - (-1) = 4$.

故答案为：$4$；

（2） $t$ 秒后，点 $P$ 表示的数 $-1 + 2t$，

∵ $AP = 2$，

即 $-1 + 2t - (-1) = 2$，

解得 $t = 1$，

故 $t$ 为 $1$ 时，$AP = 2$；

（3）∵ $t$ 秒后，点 $P$ 表示的数为 $-1 + 2t$，点 $Q$ 表示的数为 $3 + t$，

当点 $P$ 在点 $Q$ 的左侧时，

$PQ = (3 + t) - (-1 + 2t) = 4 - t = 2$，解之得，$t = 2$

当点 $P$ 在点 $Q$ 的右侧时，

$PQ = (-1 + 2t) - (3 + t) = -4 + t = 2$，解之得，$t = 6$

∴ 当 $t$ 为 $2$ 或 $6$ 时，$PQ = \dfrac{1}{2}AB$.

### （六）变式拓展

**变式 1**：已知如图 3 - 5 - 5 所示，在数轴上有 $A$、$B$ 两点，所表示的数分别为 -10、4，点 $A$ 以每秒 5 个单位长度的速度向右运动，同时点 $B$ 以每秒 3 个单位长度的速度也向右运动，如果设运动时间为 $t$ 秒，解答下列问题：

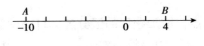

图 3 - 5 - 5

（1）运动前线段 $AB$ 的长为_____；运动 1 秒后线段 $AB$ 的长为_____；

（2）运动 $t$ 秒后，$A$ 所表示的数为_____，$B$ 所表示的数为_____（用含 $t$ 的代数式表示）；

（3）求 $t$ 为何值时，点 $A$ 与点 $B$ 恰好重合？

（4）在上述运动的过程中，是否存在某一时刻 $t$，使得线段 $AB$ 的长为 6，请直接写出 $t$ 的值.

**变式 2**：如图 3 - 5 - 6 所示，数轴上有 $A$、$B$、$C$ 三点，且 $AB = 3BC$，若 $B$ 为原点，$A$ 点表示数为 6.

（1）求 $C$ 点表示的数；

（2）若数轴上有一动点 $P$，以每秒 1 个单位的速度从点 $C$ 向点 $A$ 匀速运动，设运动时间为 $t$ 秒，请用含 $t$ 的代数式表示 $PB$ 的长；

（3）在（2）的条件下，点 $P$ 运动的同时有一动点 $Q$ 从点 $A$ 以每秒 2 个单位的速度向点 $C$ 匀速运动，当 $P$、$Q$ 两点相距 2 个单位长度时，求 $t$ 的值.

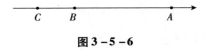

图 3 - 5 - 6

**题 2**：如图 3 - 5 - 7 所示，矩形 $OABC$ 的顶点 $O$ 是直角坐标系的原点，点 $A$、$C$ 分别在 $x$ 轴、$y$ 轴上，点 $B$ 的坐标为 $(8，4)$，将矩形 $OABC$ 绕点 $A$ 顺时针旋转得到矩形 $ADEF$，$D$、$E$、$F$ 分别与 $B$、$C$、$O$ 对应，$EF$ 的延长线恰好经过点 $C$，$AF$ 与 $BC$ 相交于点 $Q$.

（1）证明：$\triangle ACQ$ 是等腰三角形；

（2）求点 $D$ 的坐标；

（3）如图 3 - 5 - 8 所示，动点 $M$ 从点 $A$ 出发在折线 $AFC$ 上运动（不与 $A$、$C$ 重合），经过的路程为 $x$，过点 $M$ 作 $AO$ 的垂线交 $AC$ 于点 $N$，记线段 $MN$ 在运动过程中扫过的面积为 $S$，求 $S$ 关于 $x$ 的函数关系式.

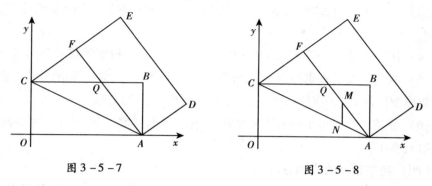

图 3 - 5 - 7　　　　　　　　　图 3 - 5 - 8

（顺德区 2019—2020 学年度第三次教学质量检测九年级数学）

**（一）考题立意**

表 3 - 5 - 2

| 课程领域 | | 图形与几何 |
|---|---|---|
| 目标指向 | 基础知识 | ①旋转；②矩形；③三角形全等；④平行线；⑤三角形相似；⑥面积；⑦函数 |
| | 基本技能 | ①推理技能；②运算技能；③图形技能 |
| | 解题方法 | 分类讨论法 |
| | 基本思想 | 数学推理 |
| 素养层级 | 理解 | 几何直观 |
| | 迁移 | 推理能力、运算能力 |
| | 创新 | |

**（二）得分统计**

本题满分 10 分，平均分为 1.35 分，难度系数为 0.14. 批改试卷 24770 份，其中 0 分卷 13718 份，满分卷 24 份。

表 3 - 5 - 3

| 得分 | 0分 | 1分 | 2分 | 3分 | 4分 | 5分 | 6分 | 7分 | 8分 | 9分 | 10分 |
|---|---|---|---|---|---|---|---|---|---|---|---|
| 人数 | 13718 | 2318 | 967 | 5477 | 560 | 263 | 1216 | 89 | 113 | 25 | 24 |
| 占比（%） | 55.4 | 9.4 | 3.9 | 21.1 | 2.3 | 1.1 | 4.9 | 0.4 | 0.5 | 0.1 | 0.1 |

**（三）解题思路提示**

（1）利用勾股定理得到边相等。

（2）利用 $\triangle AOC \cong \triangle AFC$ 得到对应角相等，在利用平行线性质得到 $\angle QCA =$

$\angle QAC$，从而得到等腰三角形。

（3）一次全等（$\triangle CFA \cong \triangle ABC$）得到 $\angle QCA = \angle QAC$，从而得到等腰三角形结论。

（4）用"三线合一"得出 $CF = EF$，再证明全等，得出等腰三角形的结论。

（5）利用勾股定理求出直角三角形三边，利用"一线三等角"（三垂直）的相似模型，建立三组对应边的关系，从而求出 $D$ 点的坐标。

（6）分类讨论，得出两种不同情况，关键在求"底"和"高"（如何用 $x$ 的代数式表示）。

**（四）典型错例的错因分析**

（1）不假思索得到 $CF = AB$ 的结论或延长 $EF$ 得到 $EF = CF$ 的结论，导致出错。

（2）乱用旋转的性质，得出角平分线结论，导致错误。

（3）得到相似后，无从下手，导致出错。

（4）毫无依据地猜测特殊角，导致出错。

（5）理所当然地相似，导致出错。

（6）三角形面积公式记错，漏乘了 $\dfrac{1}{2}$，导致出错。

（7）计算有误，导致出错。

**（五）试题改编**

作为一个经典的考题，为了发挥其教学价值，做深度挖掘和改编如下：

**改编 1**：记线段 $MN$ 在运动过程中扫过形成阴影部分面积，求阴影部分面积图形的周长 $C$ 关于 $x$ 的函数关系式；

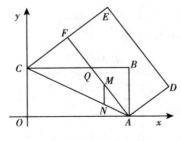

图 3 - 5 - 9

**改编 2**：矩形 $OABC$ 绕着点 $A$ 顺时针旋转，旋转角为 $\alpha$，$0° < \alpha < 180°$，线段 $AF$ 所在直线与线段 $BC$ 所在直线交于点 $Q$，作 $DG$ 交 $x$ 轴于点 $P$，求线段 $AQ$

与线段 *DP* 的函数关系式；

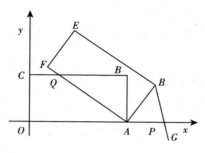

图 3 – 5 – 10

改编 3：矩形绕着点 *A* 顺时针旋转中，*D*、*B*、*F* 三点是否会共线？若会，求点 *D* 的坐标；若不会，说明理由；

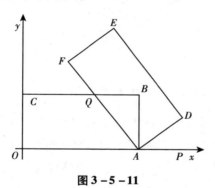

图 3 – 5 – 11

改编 4：若点 *M* 在线段 *AF* 上运动，连接 *EM*，求 $\frac{4}{5}AM + EM$ 的最小值，并求此时 *AM* 的值。

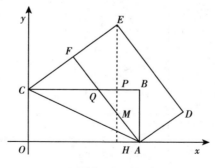

图 3 – 5 – 12

改编5：矩形 $OABC$ 的顶点 $O$ 是直角坐标系的原点，点 $A$、$C$ 分别在 $x$ 轴、$y$ 轴上，点 $B$ 的坐标为（4，8），将矩形 $OABC$ 绕点 $A$ 逆时针旋转得到矩形 $AEDF$，$D$、$E$、$F$ 分别与 $C$、$B$、$O$ 对应，$DE$ 的延长线恰好经过点 $C$，$AE$ 与 $OC$ 相交于点 $G$。

（1）证明：$\triangle ACG$ 是等腰三角形。

（2）求点 $F$、点 $E$ 的坐标。

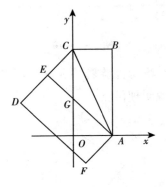

图 3 - 5 - 13

改编6：直角三角形 $OAC$，点 $A$（$4\sqrt{3}$，0），点 $C$（0，4），顶点 $O$ 是直角坐标系的原点，$\triangle OAC$ 绕点 $A$ 顺时针旋转 $30°$ 得到 $\triangle ABF$. 动点 $M$ 从点 $A$ 出发在折线 $AFB$ 上运动（不与 $A$、$C$ 重合），经过的路程为 $x$，过点 $M$ 作 $AO$ 的垂线交 $AC$ 于点 $N$，记线段 $MN$ 在运动过程中扫过的面积为 $S$，求 $S$ 关于 $x$ 的函数关系式。

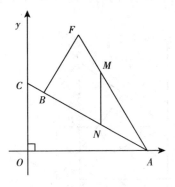

图 3 - 5 - 14

改编7：直角三角形 $OAC$，点 $A$（$4\sqrt{3}$，0），点 $C$（0，4），顶点 $O$ 是直角坐标系的原点，$\triangle OAC$ 沿线段 $AC$ 翻折得到 $\triangle ACF$，动点 $M$ 从点 $A$ 出发在折线

$AFC$ 上运动（不与 $A$、$C$ 重合），经过的路程为 $x$，过点 $M$ 作 $AO$ 的垂线交 $AC$ 于点 $N$，记线段 $MN$ 在运动过程中扫过的面积为 $S$，求 $S$ 关于 $x$ 的函数关系式。

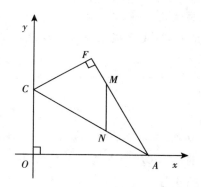

图 3 – 5 – 15

**改编 8：** 矩形 $OABD$ 绕点 $A$ 顺时针旋转使点 $O$ 刚好落在在线段 $BC$ 上为点。

（1）求 $\angle OAE$ 的大小。

（2）记线段 $MN$ 在运动过程中扫过的面积为 $S$，求 $S$ 关于 $x$ 的函数关系式。

（3）求 $\triangle AMN$ 周长 $C$ 关于 $x$ 的函数关系式。

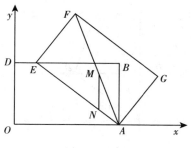

图 3 – 5 – 16

## 二、真题精选

**题 3：** 如图 3 – 5 – 17 所示，数轴上的点 $A$、$B$ 分别表示数 $a$、$b$，则点 $A$、$B$（点 $B$ 在点 $A$ 的右侧）之间的距离表示为 $AB = b - a$，若点 $C$ 对应的数为 $C$，满足 $|a + 3| + (c - 9)^2 = 0$.

（1）写出 $AC$ 的值。

（2）如图 3 – 5 – 18 所示，点 $D$ 在点 $C$ 的右侧且距离 $m$（$m > 0$）个单位，点 $B$ 在线段 $AC$ 上，满足 $AB + AC = BD$，求 $AB$ 的值（用含有 $m$ 的代数式表示）.

（3）如图 3 – 5 – 19 所示，若点 $D$ 在点 $C$ 的右侧 6 个单位处，点 $P$ 从点 $A$

出发以 2 个单位/秒的速度向右运动，同时点 $M$ 从点 $C$ 出发以 1 个单位/秒的速度也向右运动，当到达 $D$ 点后以原来的速度向相反的方向运动．求经过多长时间，点 $P$ 和 $M$ 之间的距离是 2 个单位？

（2018—2019 学年度顺德区七年级上册数学期末考试第 25 题）

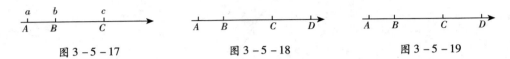

图 3 - 5 - 17        图 3 - 5 - 18        图 3 - 5 - 19

**题4**：如图 3 - 5 - 20 所示，□$ABCD$ 的顶点 $A$、$B$、$D$ 的坐标分别为（0，0）、（5，0）、（1，3），将 □$ABCD$ 绕点 $A$ 逆时针旋转．

（1）直接写出点 $C$ 的坐标；

（2）如图 3 - 5 - 21 所示，当线段 $AB'$ 与线段 $CD$ 有交点时，求点 $B'$ 的横坐标 $m$ 的取值范围；

（3）如图 3 - 5 - 22 所示，当点 $C'$ 在射线 $AD$ 上时，在直线 $AD'$ 上求一点 $P$，使得 △$AC'P$ 为等腰三角形．

（顺德区 2020 学年度第二学期八年级期末教学质量检测数学第 25 题）

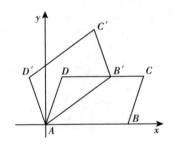

图 3 - 5 - 20

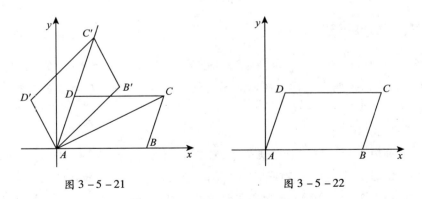

图 3 - 5 - 21        图 3 - 5 - 22

题5：如图 $3-5-23$ 所示，在平面直角坐标系中，点 $D$ 是边长为 $4cm$ 的正方形 $ABCO$ 的边 $AB$ 的中点，直线 $y=\dfrac{3}{4}x$ 交 $BC$ 于点 $E$，连接 $DE$ 并延长交 $x$ 轴于点 $F$。

（1）求出点 $E$ 的坐标。

（2）求证：$\triangle ODE$ 是直角三角形。

（3）过 $D$ 作 $DH \perp x$ 轴于点 $H$，动点 $P$ 以 $2cm/s$ 的速度从点 $D$ 出发，沿着 $D \to H \to F$ 方向运动，设运动时间为 $t$，当 $t$ 为何值时，$\triangle PEH$ 是等腰三角形？

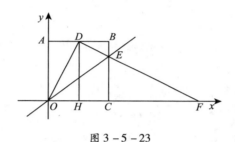

图 $3-5-23$

（顺德区 2019—2020 学年度第一学期期末教学质量检测八年级数学试卷第25题）

## 三、教学导向

运动变化题的教学是"以破解解题思路的分解和化归思维的教学"，这是教学的关键。因为不论是以几何知识和几何图形为背景，还是以函数图像为背景，都能集几何、代数知识于一体、有较强的综合性，设问往往既灵活多变、又容易推陈出新，都能隐性地考查作图技能、面积计算的割补技能；都能凸显数形结合的思想、运动变化的思想、化归的思想、特殊和一般的思想，都能着力考查运算能力、逻辑推理能力和空间想象能力。

运动变化题的解题策略是要动中取静，即在运动变化中探索问题中的不变性；要动静互化，即抓住静的瞬间（特殊位置），找出导致图形或变化规律发生改变的特殊时刻；要同时在运动变化的过程中寻找对应量及其变化规律。比如注重几何模型的提炼，让学生通过某些关键的角、线段等关键信息马上找到解决几何题目的模型，如 $A$ 型、反 $A$ 型、一线三等角型等。

运动变化题的命题素材多源于课本，老师们要善于将课本素材改编和变式，整合和联系，深化和拓展，融合考题，自主命题。命题是美妙的体验，沉溺其中久了，就会命制出高质量的考题，得到同行的赞赏。

对于大部分学生而言，运动变化的教学实施宜采用"由浅入深、关联知识、概括方法、生长思维"的教学流程，而不是直奔主题的讲评中考真题，否则会是空中楼阁。这就是数学压轴题训练的基本策略。比如我们复习《图形的旋转》时要讲评 2018 年广东省初中学业水平考试题：

已知 Rt△$OAB$，$\angle OAB = 90°$，$\angle ABO = 30°$，斜边 $OB = 4$，将 Rt△$OAB$ 绕点 $O$ 顺时针旋转 $60°$，如图 3 - 5 - 24 所示，连接 $BC$。

（1）填空：$\angle OBC =$ _____ °。

（2）如图 3 - 5 - 24 所示，连接 $AC$，作 $OP \perp AC$，垂足为 $P$，求 $OP$ 的长度。

（3）如图 3 - 5 - 25 所示，点 $M$，$N$ 同时从点 $O$ 出发，在△$OCB$ 边上运动，$M$ 沿 $O \to C \to B$ 路径匀速运动，$N$ 沿 $O \to B \to C$ 路径匀速运动，当两点相遇时运动停止。已知点 $M$ 的运动速度为 1.5 单位/秒，点 $N$ 的运动速度为 1 单位/秒，设运动时间为 $x$ 秒，△$OMN$ 的面积为 $y$，求当 $x$ 为何值时 $y$ 取得最大值？最大值为多少？

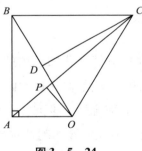　　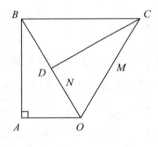

图 3 - 5 - 24　　　　　图 3 - 5 - 25

可采用下面的教学设计思想：

**环节一：性质初探**

**问题1：**如图 3 - 5 - 26 所示，已知 Rt△$AOB$，$\angle OAB = 90°$，$\angle ABO = 30°$，斜边 $OB = 4$，△$DOC$ 是△$AOB$ 旋转之后得到的图形，$CO /\!/ AB$，你有哪些发现？

**环节二：深入探究**

**问题2：**如图 3 - 5 - 27 所示，△$DOC$ 继续顺时针旋转，$D$ 在线段 $OB$ 上时停止，连结 $AC$，$OP \perp AC$ 于点 $P$，你有哪些发现？你能验证吗？

**问题 3**：在△DOC 绕 O 点继续旋转的过程中，线段 AC 的长是否有最大值和最小值？如果有，分别是多少；如果没有，请说明理由。

**问题 4**：请在图 3 – 5 – 28 中画出 A 点和 B 点的运动路径，并计算 A 点和 B 点运动的路程。

**问题 5**：请在图 3 – 5 – 29 中标出线段 AB 扫过的部分，并求出这部分的面积。

**环节三：应用提高**

**问题 6**：P 是边 BA 上一点，以 OP 为边在 OP 的下方作等边三角形△OPQ，当点 P 从点 B 运动到点 A 的过程中，求出点 Q 经过路径的长度是多少？

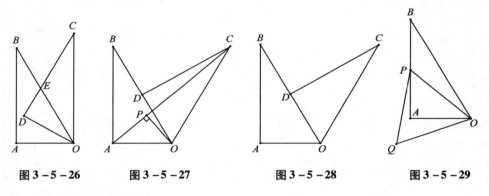

图 3 – 5 – 26    图 3 – 5 – 27    图 3 – 5 – 28    图 3 – 5 – 29

**环节四：数学思考**

基于考题研究的专题题型教学结合学情做针对性选题、改编、整合、创新是教学设计的重点，以何种线索将问题串联，在何处以何种方式突破思维障碍点是教学设计的难点，力争达到知识整合、能力提升、思维发展之目的。要想激活思维、发展潜能，需要研究以下几点：一是教会学生如何快速提取和整合信息，显性条件中的信息要条理化，隐性条件中的信息要挖掘有用化；二是要发展学生的思维方式学会思考，学会"由条件想性质、由所求想判定"的对题目有想法，学会"联想关联知识、寻求问题转化"的化想法为办法；三是要提炼模式，解题思路条理化、解题模型简练化、解题方法优化、解题难点技术化；四是要突出构造法解题，一题多解的优化经验，求异思维的拓展经验；五是要包装和改编的迁移训练。

深信"精讲考题，精练改编"是不二法门。

附1

### 北师大版初中数学教材中的运动变化素材初步统计

| 素材 | 素材类型 | 所在页码 | 包含主要知识 | 所属章节 | 所属教材 |
|---|---|---|---|---|---|
| 图形的展开与折叠 | 教材正文及习题 | P8－12 | 棱柱、圆柱、圆锥的展开与折叠 | 丰富的图形世界 | 七年级上册 |
| 长方形对折 | 习题 | P104 题 19 | 探索规律 | 整式及其加减 | 七年级上册 |
| 角的概念 | 教材正文 | P115 | 角 | 基本平面图形 | 七年级上册 |
| 圆的概念 | 教材正文 | P123 | 多边形、圆的初步认识 | 基本平面图形 | 七年级上册 |
| 动点三角形面积 | 教材正文 | P66 | 关系式表示变量关系 | 变量之间关系 | 七年级下册 |
| 动点正方形面积 | 习题 | P170 题 30 | 用变量表示关系式 | 变量之间关系 | 七年级下册 |
| 棱柱的展开图 | 习题 | P15 题 4、P19 题 12 | 勾股定理的应用 | 勾股定理 | 八年级上册 |
| 梯子滑动 | 习题 | P18 题 11 | 勾股定理的应用 | 勾股定理 | 八年级上册 |
| | 教材正文 | P31、P33 | 认识一元二次方程 | 一元二次方程 | 九年级上册 |
| | 教材正文 | P52 | 应用一元二次方程 | 一元二次方程 | 九年级上册 |
| 摩天轮的运动 | 教材正文 | P75 | 函数 | 一次函数 | 八年级上册 |
| 物体沿斜面下滑 | 教材正文 | P89 | 一次函数的应用 | 一次函数 | 八年级上册 |
| 行程中的追击问题 | 例题 | P94 例 3 | 一次函数的应用 | 一次函数 | 八年级上册 |
| | 习题 | P100 题 15 | 一次函数的应用 | 一次函数 | 八年级上册 |
| | 教材正文 | P126 | 用二元一次方程组确定一次函数表达式 | 一次函数 | 八年级上册 |
| | 习题 | P51 题 3 | 不等式与一次函数 | 一元一次不等式组 | 八年级下册 |

续 表

| 素材 | 素材类型 | 所在页码 | 包含主要知识 | 所属章节 | 所属教材 |
|---|---|---|---|---|---|
| 矩形的翻折 | 习题 | P185 题 7 | 三角形内角和 | 平行线的证明 | 八年级上册 |
| | 习题 | P13 题 5 | 直角三角形 | 三角形的证明 | 八年级下册 |
| | 习题 | P28 题 15 | 矩形 | 特殊平行四边形 | 九年级上册 |
| 图形的旋转 | 习题 | P89 题 11 | 三角形的旋转 | 图形的平移与旋转 | 八年级下册 |
| | 习题 | P90 题 20、题 21 | 三角形的旋转 | 图形的平移与旋转 | 八年级下册 |
| 平行四边形翻折 | 习题 | P160 题 21 | 平行四边形 | 平行四边形 | 八年级下册 |
| 三角形平移 | 习题 | P169 题 25 | 三角形的平移 | 图形的平移与旋转 | 八年级下册 |
| | 例题 | P110 例 2 | 相似三角形的性质 | 图形的相似 | 九年级上册 |
| | 习题 | P60 题 15 | 二次函数的应用 | 二次函数 | 九年级下册 |
| 梯形翻折 | 习题 | P7 题 3 | 菱形 | 特殊平行四边形 | 九年级上册 |
| 动点在矩形上运动 | 习题 | P27 题 14 | 矩形 | 特殊平行四边形 | 九年级上册 |
| | 习题 | P40 题 3 | 用配方法一元二次方程 | 一元二次方程 | 九年级上册 |
| 动点在三角形边上运动 | 习题 | P53 题 2、题 4 | 应用一元二次方程 | 一元二次方程 | 九年级上册 |
| | 习题 | P102 题 4 | 相似三角形判定应用 | 图形的相似 | 九年级上册 |
| | 习题 | P106 题 19 | 直线和圆的位置关系 | 圆 | 九年级下册 |
| 三角形内接矩形 | 教材正文 | P46 | 二次函数的应用 | 二次函数 | 九年级下册 |
| | 习题 | P61 题 23 | 二次函数的应用 | 二次函数 | 九年级下册 |

附2

广东省近五年中考试题与运动变化有关的考题初步统计

| 年份 | 动点问题 | 动线问题 | 折叠问题 | 旋转问题 | 对称问题 | 隐圆问题 |
|------|----------|----------|----------|----------|----------|----------|
| 2016 | 10, 16 | 25 | 15 | 21 | 23（2） | |
| 2017 | 25 | | 16 | | 7 | |
| 2018 | 10, 23（3）, 25（3） | | 22 | 25（1） | | |
| 2019 | 25（3） | | | | | |
| 2020 | 24, 25（3） | | 9 | | | 17 |
| 2021 | | 12 | 23 | | | 10, 17, 24 |

# 第六节　数学模型题

　　数学模型是指用数字、字母及其他数学符号建立起来的等式或不等式以及图表、图形、图像、框图等描述客观事物的特征及其内在联系的抽象的、简化的数学结构。本书所指的"数学模型题"是指考题内蕴数学模型，可以是显化的完整的数学模型，也可以是内隐的部分数学模型，还可以是构造数学模型解决的试题。

　　数学模型题主要是"有模"的做"模型识别与应用"，"没模"的做"模型建立与构造"。数学模型题是提高学生数学学习的兴趣和应用意识的重要载体，解决数学模型题就是模型思想即建立数学模型的思想，是学生体会和理解数学与外部世界联系的基本途径，也是一种重要的数学的思考方法。

　　数学模型思想的教学要点是引导学生认识数学基本模型的意义，让学生熟练数学模型的要素，使其可以灵活运用数学模型来解决问题。数学模型是科学研究中最常用的方法，也是一种很好的学习方法。通过学生对数学模型典型性、概括性特点的认识，使学生对基本模型所要表达的核心知识点进行深刻理解，更好掌握数学模型中知识内容的本质，实现知识迁移和拓展。更深层次是学生能通过构建数学模型，有效地提高他们在学习中解决数学问题的能力。在数学教学中，把数学模型补充在微专题教学里，这样可使学生更好地理解数学、学好数学，从而进一步感知模型思想，最终能够利用模型思想解决问题。

　　数学模型有多种，择其主要细说之。

## 一、案例展示

　　**题1**：如图 3 - 6 - 1 所示，△$ECF$ 是等腰三角形，∠$ECF = 90°$，点 $A$ 是 ∠$ECF$ 的平分线上一点，$AB \perp CE$ 于 $G$，交 $FE$ 的延长线于 $B$，$AD \perp AE$ 交 $CF$ 的延长线于 $D$，连接 $BC$.

　　（1）直接写出∠$ABF$ 的大小；

　　（2）求证：四边形 $ABCD$ 是平行四边形；

（3）建立如图 $3-6-2$ 所示的坐标系，若 $BG=2$，$BC=\sqrt{29}$，直线 $AD$ 绕点 $D$ 顺时针旋转 $45°$，得到直线 $l$，求直线 $l$ 的表达式．

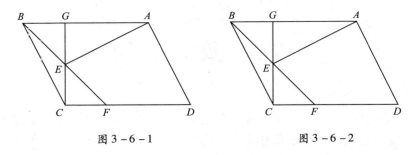

图 $3-6-1$             图 $3-6-2$

（本题选自 $2019$—$2020$ 学年度第二学期期末教学质量检测八年级试题第 25 题）

**（一）命题立意**

**1. 高阶立意**

考试也是教育，更应该关注人性。由于这个学期特殊——疫情期间，大部分的教学都是网授的，所以特殊时期的教学质量检测命题，在适合稳定中也就减少了一些变化和特色，在平实直叙中也就淡化了情境和深度，唯愿在最后一题能激起师生的新思考。

**2. 学段命题，首先要通读教材**

北师大版教材八年级下册的章节内容是第一章三角形的证明，第二章一元一次不等式与一元一次不等式组，第三章图形的平移与旋转，第四章因式分解，第五章分式与分式方程，第六章平行四边形。教学内容始于"第一章三角形的证明"，穿插了"第三章图形的平移与旋转"，结束在"第六章平行四边形"，数学逻辑思维的培养从"七年级的数学说理的合情推理"指向了"八年级的数学证明的逻辑推理"，这应该是区分学生数学思维能力的考核的落脚点之一。

**3. 压轴题凝聚特色，有必要考虑引领教学**

首先，考虑到广东省往年中考数学试题的压轴题往往是呈现出思维的平缓、计算的复杂、书写的长度等特色，而思维的梯度、难度和新颖性略显不足，作为中考改革的第二年备考是有必要及早变化、争取主动适应的。

其次，本次命题是考查八年级学生学习北师大版八年级数学教材下册的内容，本学期也是八年级与九年级的过渡期，是关键的时期。

最后，25 题压轴题的命题按广东省中考第 25 题的题型为导向，以几何知识为背景，结合代数知识设计的一道综合压轴题。"立足图形与几何，命制代数与几何的综合题，整合知识间的联系，凸显模型化的数学方法，强化构造法解题的数学思维"的命题立意油然而生，又能考查学生的数形结合思想和模型思想，意在初三的教学中数学模型思想在尖优生培养方面要得到重视和研究。

**4. 基本模型的选择**

《课程标准》指出，模型思想的建立是学生体会和理解数学与外部世界联系的基本途径。学以致用是数学学习的重要目标之一，将学习到的数学模型应用于问题解决是命题者必然要考虑的命题出发点。从试题编制的角度看，突出模型应用的试题编制与模型选择立意的试题编制过程是完全不同的。在以模型选择立意的试题编制中，命题者通常先有好的素材，在素材中以数学的眼光发现其中的数学成分并开始设计问题；而在突出模型应用的试题编制时，命题者通常会根据命题细目表先定位考查目标，即要考查哪个知识内容与能力，而后寻找素材并设计与构造试题。根据学生现有的学情，认识了一次函数、不等式、方程模型、全等基本模型（手拉手模型）、双垂直模型、角含半角模型等。因此，从中选择学生较为熟悉的全等基本模型进行考查。

**5. 模型与知识的融合**

确定了几何模型，怎么结合才很好地体现对代几综合的考查呢？肯定的答案就是一次函数，为本题主要是第三问的设计研究确定了方向。并且求点的坐标是广东省数学中考较为常见的考题形式。在此设计了求点的坐标，构造函数，这样函数解析式进而求解。另外，"一题多解，百花齐放"是数学解题的魅力之一，可以多种解法去解决问题，体现解法的灵活性和多样性，思维的发散性和创新意识。

**6. 考题的核心素养体现**

数学模型思想教学可以有效培养初中生的数学思维能力与问题解决能力，而且数学建模意识与能力本身也是数学素养的基本内容，所以我们应该以数学素养为基础，在命题中合理渗透模型思想，引领教师教学的取向，提高学生的核心素养。

### 7. 考查要点

表 3 - 6 - 1

| 课程领域 | | 数与代数、图形与几何 |
|---|---|---|
| 目标指向 | 基础知识 | ①等腰三角形；②角平分线；③平行四边形；④旋转；⑤一次函数；⑥三角形全等 |
| | 基本技能 | ①运算能力；②推理技能；③图形技能 |
| | 解题方法 | ①待定系数法；②构造法；③分类讨论法 |
| | 基本思想 | 数学建模的思想 |
| 素养层级 | 理解 | 几何直观 |
| | 迁移 | 推理能力 |
| | 创新 | 模型思想 |

### （二）素材追溯

**素材1**：如图 3 - 6 - 3 所示，在 $\square ABCD$ 中，$CG \perp AB$ 于点 $G$，$\angle ABF = 45°$，$F$ 在 $CD$ 上，$BF$ 交 $CG$ 于点 $E$，连接 $AE$，且 $AE \perp AD$.

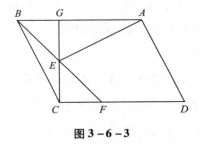

图 3 - 6 - 3

（1）若 $BG = 2$，$BC = \sqrt{29}$，求 $EF$ 的长度；

（2）求证：$CE + \sqrt{2}BE = AB$.

（选自 2019—2020 学年度重庆市九龙坡区中考数学模拟试卷第 24 题）

**素材2**

（1）如图 3 - 6 - 4 所示，在等腰 Rt$\triangle ABC$ 中，$\angle ACB = 90°$，$CB = CA$，直线 $ED$ 经过点 $C$，过点 $A$ 作 $AD \perp ED$ 于点 $D$，过点 $B$ 作 $BE \perp ED$ 于点 $E$，求证：$\triangle BEC \cong \triangle CDA$；

（2）如图 3 - 6 - 5 所示，已知直线 $l_1$：$y = 2x + 3$ 与 $x$ 轴交于点 $A$、与 $y$ 轴交于点 $B$，将直线 $l_1$ 绕点 $A$ 逆时针旋转 $45°$ 至直线 $l_2$；求直线 $l_2$ 的函数表达式；

（3）如图 3 - 6 - 6 所示，平面直角坐标系内有一点 $B$（3，-4），过点 $B$ 作 $BA \perp x$ 轴于点 $A$、$BC \perp y$ 轴于点 $C$，点 $P$ 是线段 $AB$ 上的动点，点 $D$ 是直线 $y = -2x + 1$ 上的动点且在第四象限内。试探究 $\triangle CPD$ 能否成为等腰直角三角形？若能，求出点 $D$ 的坐标，若不能，请说明理由。

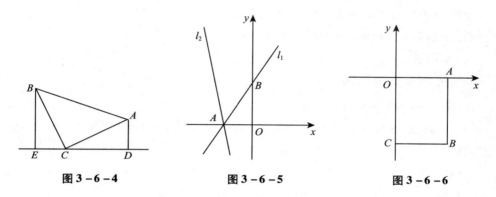

图 3 - 6 - 4          图 3 - 6 - 5          图 3 - 6 - 6

（选自 2019—2020 学年度山东省济南市市中区八年级（上）期末数学试卷第 27 题）

**（三）素材分析**

素材 1 考查了平行四边形的性质，全等三角形的判定和性质，等腰直角三角形的判定和性质，正确地识别图形是解题的关键。素材 2 考查了垂直的定义，平角的定义，全等三角形的判定与性质，一次函数求法，待定系数等知识点，重点掌握在平面直角坐标系内一次函数的求法，难点是构造符合题意的"全等手拉手"基本数学模型，这是一道代数几何综合题；同时也考查了学生的推理能力。命题组提出如何把素材 1 与素材 2 整合？学生首先应具备的能力是联想"全等手拉手"模型构造角，确定图像交点，求解析式。

**（四）参考答案**

解：（1）$\angle ABF = 45°$

（2）方法 1：延长 $AE$ 交 $BC$ 于 $M$，易证 $\triangle BCG \cong \triangle EAG$

$\therefore \angle BCG = \angle EAG$

$\because \angle BCG + \angle CEM = \angle EAG + \angle AEG = 90°$

$\therefore \angle BMA = \angle EAD = 90°$

$\therefore AD /\!/ BC$

$\because AD /\!/ BC$，$AB /\!/ CD$

$\therefore$ 四边形 $ABCD$ 是平行四边形.

方法 2：$\because AG \perp CE$，$\angle ECF = 90°$

$\therefore AB /\!/ CD$

易证 $\triangle BCG \cong \triangle EAG$

$\therefore \angle BCG = \angle EAG$

$\because \angle EAG + \angle EAD + \angle ADC = 180°$

$\therefore \angle BCG + \angle ECF + \angle ADC = 180°$

$\therefore AD /\!/ BC$

$\because AD /\!/ BC$，$AB /\!/ CD$

$\therefore$ 四边形 $ABCD$ 是平行四边形.

（3）方法 1：延长 $EA$ 交直线 $l$ 于 $P$ 点，过 $P$ 点作 $PH \perp x$ 轴于 $H$ 点，连接 $ED$.

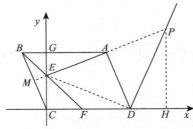

图 3 – 6 – 7

$\because BC = \sqrt{29}$，$BG = 2$

$\therefore CG = 5$，

$\therefore CD = AB = 7$，

$\therefore D$（7，0）

$\because \angle ADP = 45°$，$\angle EAD = 90°$

$\therefore AE = AD = AP$

$\therefore ED = PD$

易证 $\triangle ECD \cong \triangle DHP$

$\therefore PH = CD = 7$，$DH = EC = 3$

$\therefore$ 点 $P$ 坐标为（10，7）

$\therefore$ 求出直线表达式 $y = \dfrac{7}{3}x - \dfrac{49}{3}$.

方法 2：连接 $ED$，在 $x$ 轴上取 $DH = CE$，过 $H$ 点作 $PH \perp x$ 轴交直线 $l$ 于 $P$ 点.

$\because BC = \sqrt{29}$，$BG = 2$

$\therefore CG = 5$,

$\therefore CD = AB = 7$,

$\therefore D$ (7, 0)

$\because \angle ADP = 45°$,$\angle EAD = 90°$

$\therefore AE = AD = AP$

$\therefore ED = PD$

易证 $\triangle CDE \cong \triangle HPD$

求出点 $P$ 坐标为 (10, 7)

求出直线表达式 $y = \dfrac{7}{3}x - \dfrac{49}{3}$.

**（五）得分统计**

本题满分 10 分，平均分 2.4 分，难度系数 0.24，其中 0 分 6458 份，占 24.26%，满分 101 份，占 0.37%。

**（六）典型错例错因分析**

即便是压轴题，第（1）问也简单，可出现很多任性的 0 分卷，能答非所问就不是时间不够的原因，是态度？能力？在考前答题指导方面，应该鼓励学生尽可能地拿下这些分数。

第（2）问证平行四边形要么找不到思路、要么思路混乱、要么思路繁杂；由于图形是平时不太熟悉的，就意味着我们要更多地教会学生学会分析问题，在已经有一组对边平行的情况下，要么证另一组对边平行，要么证这一组对边相等。

第（3）问基本只能求到 $D$ 点的坐标后就无从入手了，缺乏深度思维。题中的 45° 是很关键的，把 45° 放在直角三角形中这个想法很重要，不同的放法会有不同的图形构造，在构图法这个方面平时的培尖培优方面需要加强，以及对一些基本模型，基本思想方法的教学亦需加强。

个别学生用"两组对角分别相等的四边形是平行四边形"来证明平行四边形，扣 1 分。

**（七）试题反思**

学生的逻辑推理能力有待加强。在第（2）问平行四边形的证明问题解决中，一是学生对所证明的图形不够熟悉，造成一定的思考障碍；二是学生分析问题的能力和逻辑推理能力偏弱，导致不会做而得分不高。

学生合情推理能力有些偏弱。由于很多学生在平时的复习训练时，只顾搞题海战术，很少关注对数学题模型的积累和训练，对数学科学知识的理解死板、僵硬不灵活，对数学思想方法的提炼少之又少，对合情推理等数学能力缺乏必要的训练和经验积累，一旦在套用模型解决问题受阻时就会感到束手无策，无从下手，找不到解题的突破口。加之平时对合情推理能力等逻辑能力的训练不重视，教师在复习时对此强调又不够，可能有的学生连合情推理的意识都没有，就导致在解此题时卡壳，只好放弃解答。

试题有所创新难度偏大。借用一位老师的话，这个题是直指中考代几综合的思路啊。第（2）问是双高转三高的模型，这种三线共点的逆运用的确是对学生的思维层次有很好的区分度；第（3）问是含 45° 的斜三角形的解法，既是几何问题代数化的一个经典，也是斜转正（改斜归正）技能的常见使用，这个几乎是和初三的难度对等了。

本题将平行四边形与等腰直角三角形、旋转、一次函数等知识综合进行考查。第（1）问直接写出大小本意是送分的，由于第（2）问证明平行四边形卡住了不少同学，以至于第（3）问中的构造法考查让一些尖子生不够时间思考，能满分的同学就显得寥寥无几了。所以可以考虑改变为：将 Rt△BCG 绕着点 G 逆时针旋转 90° 到 △EGA，再绕着点 A 逆时针旋转 90° 到 △DHA，C、H、D 恰好在同一条直线上，连接 BE 交 CD 于点 F。这样证明四边形 ABCD 是平行四边形时会容易想到。

## 二、真题精选

题2：在 △ABC 中，∠ACB = 90°，AB = 25，BC = 15.

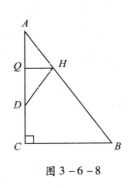 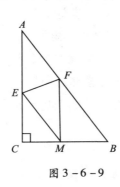 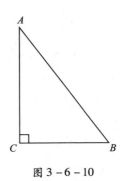

图 3 - 6 - 8        图 3 - 6 - 9        图 3 - 6 - 10

（1）如图 3-6-8 所示，折叠 △ABC 使点 A 落在 AC 边上的点 D 处，折痕交 AC、AB 分别于 Q、H. 若 $S_{\triangle ABC} = 9S_{\triangle DHQ}$，则 HQ = _____；

（2）如图 3-6-9 所示，折叠 △ABC 使点 A 落在 BC 边上的点 M 处，折痕

交 *AC*、*AB* 分别于 *E*、*F*. 若 *FM* // *AC*，求证：四边形 *AEMF* 是菱形；

（3）在（1）（2）的条件下，线段 *CQ* 上是否存在点 *P*，使得 △*CMP* 和 △*HQP* 相似？若存在，求出 *PQ* 的长；若不存在，请说明理由.

（顺德区 2018—2019 学年度第一学期期末教学质量检测九年级数学）

## 三、教学导向

数学模型题的教学首先要精心整理数学模型的类型及涉及的问题，然后再开展微专题的解题分析、积累数学模型。只有心中有模型，才会解题有想法。为了贯通已知与未知构建模型，需要奠基全面的模型为基础——数学概念和定理及其对应的几何图形是基础模型——数学概念和定理的教学应熟练三种语言（文字语言、图形语言、符号语言）的转化与外延。初中数学模型从知识板块讲主要有方程模型、不等式模型、函数模型、三角形模型、特殊四边形模型、圆模型、概率统计模型等，从解题技巧方面讲又可分为一线三直角模型、半角模型等。第（3）问中的 45° 是很关键的，把 45° 放在直角三角形中这个想法很重要，不同的放法会有不同的图形构造。如果进一步思考，题1第（3）问的解决还可以构造如下模型图：

**方法 1**：可以这样构图：

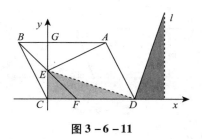

图 3 – 6 – 11

**方法 2**：也可以这样构图：

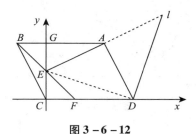

图 3 – 6 – 12

**方法3：**还可以这样构图：

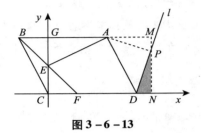

**图 3 − 6 − 13**

**方法4：**又可以这样构图：

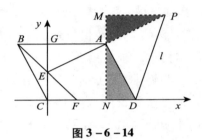

**图 3 − 6 − 14**

**方法5：**这样构图也可以：

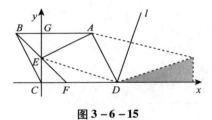

**图 3 − 6 − 15**

**方法6：**这样构图也可以：

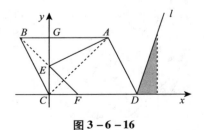

**图 3 − 6 − 16**

**方法7**：这样构图也可以：

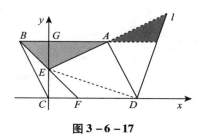

图 3 - 6 - 17

**方法8**：这样构图也可以：

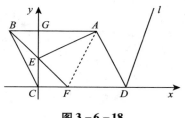

图 3 - 6 - 18

数学模型题的教学要注重学生的主动参与和探究，代数模型的教学要让学生经历"问题情境——建立模型——求解验证"的"数学模型"的建构的活动全过程，几何模型的教学要让学生经历"源于课本、提炼模型——读复杂图、辨识模型——变式训练、强化模型——作辅助线、构造模型——综合模拟、运用模型——改编模型、拓展应用"的"数学模型"的应用的活动全过程，而不仅仅是告诉模型后的直接应用与解题。对于几何模型尤其需要数学的思维添加辅助线构造模型——熟练地掌握添加辅助线的做法（构造特殊图形、全等三角形、相似三角形、中点、中线、中位线）——系统总结添加辅助线的方法和不断实践中反思添加辅助线的方法，在熟能生巧中融会贯通。

数学模型题的教学要增强模型之间的关联和生成、变化和拓展，重要的模型熟悉化、孤立的模型联系化、复杂的模型简单化，因为只有理解了模型才能融会贯通。为此，我们要"拿出课本，从基础做起；研究母题，抓住数学模型，寻找数学题的'万变不离其宗'，从而抓住根本"。比如，课本上出现的"三角形相似模型"的 *A* 字型、8 字型、牵手型等都可以由一个三角形变换得到。

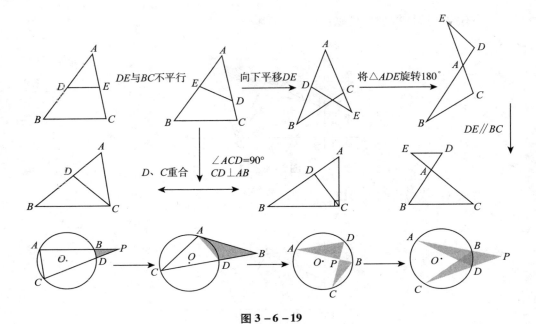

图 3 - 6 - 19

将军饮马模型可以生长出很多的变化：

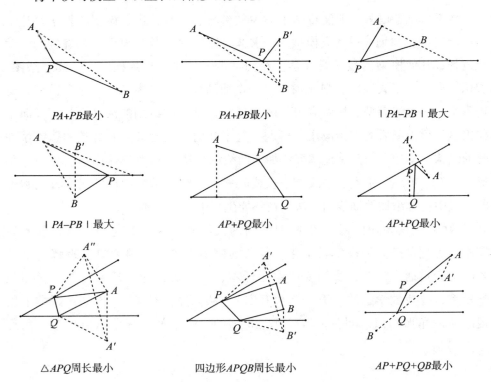

PA+PB最小

PA+PB最小

| PA−PB | 最大

| PA−PB | 最大

AP+PQ最小

AP+PQ最小

△APQ周长最小

四边形APQB周长最小

AP+PQ+QB最小

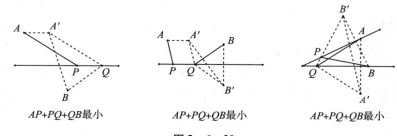

图 3 - 6 - 20

一线三直角模型演绎成一线三等角模型：

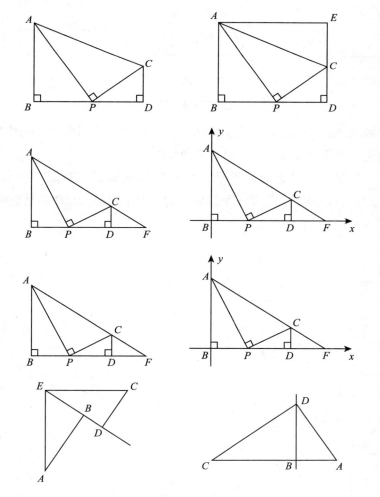

图 3 - 6 - 21

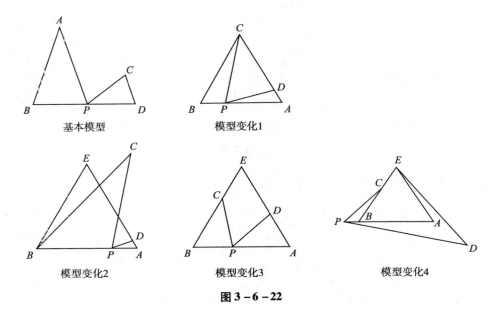

图 3 – 6 – 22

数学模型题的教学还要学会模型的分离。从复合的图形中识别模型，为了简约的分析与计算要分离模型，以模型做整体思维。

总之，数学模型思想的教学是全场景的发展路径，要做"全套"，不能"砍头、去尾，烧中段"。数学模型题解决的是数学问题，发展的是数学思维。

# 第七节　尺规作图题

尺规作图是指用没有刻度的直尺和圆规作图。尺规作图具有发展学生的空间想象、数学推理、发散思维和思维的严谨性等功能。

局限于课程标准所规定的尺规作图的教学要求，习惯于广东省中考题的尺规作图的考查方式（先尺规作图，后计算证明）的"几何简单题"，教学中弱化（只讲作法，不讲作图道理是为什么这样作）和形式化（凸显直接考查，忽略间接运用的多元考查）尺规作图的案例比比皆是，造成学生的短期学习（模仿学习）有效，长期学习（理解学习）低效。

为增强区内初中学生的几何素养，加强和规范尺规作图的教学流程，丰富和深化尺规作图的考查方式，形成和示范尺规作图的教学典例，培养学生从"有图看图"到"无图画图"的几何思维，是教学质量检测命制尺规作图考题的使命所在。

课程标准中"尺规作图"内容如下：①能用尺规完成以下基本作图：作一条线段等于已知线段；作一个角等于已知角；作一个角的平分线；作一条线段的垂直平分线；过一点作已知直线的垂线。②会利用基本作图作三角形：已知三边、两边及其夹角、两角及其夹边作三角形；已知底边及底边上的高线作等腰三角形；已知一直角边和斜边作直角三角形。③会利用基本作图完成：过不在同一直线上的三点作圆；作三角形的外接圆、内切圆；作圆的内接正方形和正六边形。④在尺规作图中，了解作图的道理，保留作图的痕迹，不要求写出作法。

尺规作图既是数学知识，也是操作技能，更是几何探究的工具。

基于以上思考，尺规作图的命题立意是螺旋上升的考查理念：七年级注重作图基础，考查"直接作图"，即能用尺规完成基本作图；八年级注重作图理解，考查"间接作图"，即会用尺规完成符合题意的作图；九年级注重作图运用，考查"作图式探究解题"，即能用尺规探究式解决问题。因为我们坚信，几何的学习需要"有图看图、没图画图、尺规作图、看图说话"，这就是几何的思维。

命制了较多的尺规作图考题，虽考题各有千秋，但是考题的立意却指向一致，即"试题要增强情境创设的真实性、典型性和适切性，提高试题情境设计水平，以生考熟；试题要用新材料、新情境、新问题将考查内容进行包装，坚持'信息切入、能力考查'的原则"。

受限于篇幅所致，不再一一列举各考题的命制历程，择其典型细说之。

## 一、案例展示

**题 1**：如图 3 – 7 – 1 所示，在矩形 $ABCD$ 中，$AB = 6$，$BC = 8$.

（1）用尺规作图法作菱形 $AECF$，使点 $E$、$F$ 分别在 $BC$ 和 $AD$ 边上；

（2）求 $EF$ 的长度.

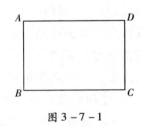

图 3 – 7 – 1

（顺德区 2020 学年度第一学期期末教学质量检测九年级数学第 22 题）

**（一）命题立意**

**1. 高阶立意**

表 3 – 7 – 1

| 年份 | 题号 | 题型 | 考查要点 |
|------|------|------|----------|
| 2020 | 15 | 填空题 | 作一条线段的垂直平分线 |
| 2019 | 19 | 解答（一） | 作一个角等于已知角 |
| 2018 | 19 | 解答（一） | 作一条线段的垂直平分线 |
| 2017 | 20 | 解答（二） | 作一条线段的垂直平分线 |
| 2016 | 19 | 解答（一） | 作一条线段的中点 |
| 2015 | 19 | 解答（一） | 过一点作已知直线的垂线 |
| 2014 | 19 | 解答（一） | 作一个角的平分线 |
| 2013 | 19 | 解答（一） | 作一条线段等于已知线段 |

一直有这样一个困惑：近几年的广东省初中学业水平考试数学试题对"尺规作图"的考查基本上定位于"能用尺规完成五个基本作图"，由此造成教学中对"作三角形、圆"等的弱化。从课标的要求来看，是属于"最低定位"；再加上命题时又采用了课标的"在尺规作图中，了解作图的道理，保留作图的痕迹，不要求写作法"，对教学的引领变成了"考题明确要求使用尺规作图的，学生知其然，而不知其所以然；考题没有明确要求尺规作图的，学生想不到可以使用尺规作图探究解法"。如今学生的几何思维张力不足，是否与这样的命题设计有关？如果长期坚持这样的命题设计，是否弱化了学生的逻辑思维和数学兴趣的培养？

因此，我们需要用思辨的眼光审视命题，用发展的眼光指导教学。

其一，九年级作为义务教育的结束年级，学生不仅要掌握尺规作图的基础知识和基本技能，还应该学会数学的思维，能运用尺规作图的基础知识和基本技能解决问题。所以，九年级的尺规作图的教学，不仅要教学生尺规作图的知识，形成"直接作图"的技能；还要教学生对尺规作图的理解，形成"间接作图"的方法；更要教学生有意识地运用尺规作图，形成"作图式探究解题"的意识。

其二，初中是学习平面几何的基础性知识，九年级所解决的平面几何问题更应该聚焦几何图形（特殊四边形）的本质属性。九年级学习的平面几何图形主要是特殊的平行四边形（矩形、菱形、正方形）和圆，学习"几何对象"的路径是遵循定义、性质、判定和应用。所以，尺规作图的考题会指向图形的性质和判定。

其三，尺规作图不仅是几何知识与操作技能，更应该是探究性解决问题的一种方式。显性的尺规作图人人可见，而隐性的尺规作图却需要"慧眼"才可及。

聚焦九年级所学的特殊图形，以矩形为载体，指向矩形的性质和菱形的判定方法，隐性考查尺规作图的基本作图——线段的垂直平分线，学生答题要先判断、后作图。

**2. 考查要点**

基于依据课标，立足教材，使得考查内容的范围不超出课程标准的要求，考查知识的难度不拔高课程标准的要求，制定如下命题细目表：

表 3－7－2

| 课程领域 | | 图形与几何 |
|---|---|---|
| 目标指向 | 基础知识 | ①矩形；②菱形；③线段垂直平分线；④三角函数；⑤勾股定理 |
| | 基本技能 | 图形技能 |
| | 解题方法 | 构造法 |
| | 基本思想 | 数学推理的思想 |
| 素养层级 | 理解 | 推理能力 |
| | 迁移 | |
| | 创新 | |

**（二）素材追溯**

**素材 1**：选自北师大版九年级数学上册第 3 页的例 1

例 1：如图，在菱形 $ABCD$ 中，对角线 $AC$ 与 $BD$ 相交于点 $O$，$\angle BAD = 60°$，$BD = 6$，求菱形的边长 $AB$ 和对角线 $AC$ 的长。

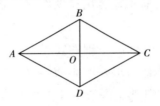

图 3－7－2

**素材 2**：选自北师大版九年级数学上册第 5 页的议一议

已知线段 $AC$，你能用尺规作图的方法做一个菱形 $ABCD$，使 $AC$ 为菱形的一条对角线吗？

**素材 3**：选自北师大版九年级数学上册第 19 页的问题解决第 4 题

4. 如图 3－7－3 所示，在矩形纸片 $ABCD$ 中，$AB = 6\text{cm}$，$BC = 8\text{cm}$，将矩形纸片折叠，使点 $C$ 与点 $A$ 重合。请在图中画出折痕，并求折痕的长。

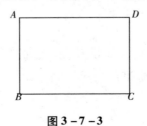

图 3－7－3

**（三）素材分析**

素材 1 是求菱形的对角线长，素材 2 是根据一条对角线由尺规作图画菱形，素材 3 是考查菱形的操作题，三者融合，就是几何图形从认识到应用的体现。再者，素材 3 改编成尺规作图题，考查学生不仅要知道作图的步骤，而且要能知道实施这些步骤的理由。

**（四）命制历程**

由于尺规作图题定位为一套试题的几何中档题，意在突出尺规作图的技能的考查与应用，以及引起的图形的属性的推理与计算，所以弱化题目的实际背景，增强纯数学情境问题更能达到考查的目的。

**（五）参考答案**

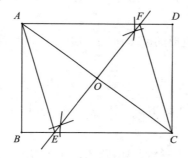

图 3 - 7 - 4

解：（1）菱形 $AECF$ 为所求。

评分说明：

① 痕迹 2 分，结论 1 分。以 $A$、$C$ 两点上下画弧得两个交点，少一个交点扣 1 分；没有结论说明扣 1 分。

② 运用其他方法尺规作图参照给分。

（2）∵ 矩形 $ABCD$，$AB = 6$，$BC = 8$

∴ $AC = 10$

∵ 四边形 $AECF$ 是菱形

∴ $AC \perp EF$

∴ $AO = \frac{1}{2}AC = 5$，$EO = FO$

∴ $\tan \angle FAO = \frac{FO}{AO} = \frac{CD}{AD}$，即 $\frac{FO}{5} = \frac{6}{8}$

∴ $FO = \frac{15}{4}$

$$\therefore EF = \frac{15}{2}$$

### （六）得分统计

本题满分 8 分，平均分 3.96 分，难度系数 0.49。实考人数 25777 人，其中 0 分 8257 份，满分 7738 份。各分数段答题情况统计如下：

表 3 - 7 - 3

| 得分 | 0 分 | 1 分 | 2 分 | 3 分 | 4 分 | 5 分 | 6 分 | 7 分 | 8 分 |
|---|---|---|---|---|---|---|---|---|---|
| 人数 | 8257 | 977 | 741 | 1816 | 1838 | 2019 | 1962 | 429 | 7738 |
| 占比（%） | 32.0 | 3.8 | 2.9 | 7.0 | 7.1 | 7.8 | 7.6 | 1.7 | 30.0 |

从表中可以看出，学生的答题得分呈两极分布，0 分人数多，满分人数多。

### （七）优秀答案展示

（1）学生用尺规作菱形的诸多作法，展现了学生活学活用知识进行尺规作图的发散思维品质。

方法 1：如图 3 - 7 - 5 所示，连接 $AC$，作 $AC$ 的中垂线。（主流做法）

方法 2：如图 3 - 7 - 6 所示，连接 $AC$，作 $\angle CAE = \angle CAD$，$\angle ACF = \angle ACB$。（少数做法）

方法 3：如图 3 - 7 - 7 所示，连接 $AC$，作 $\angle ACF = \angle DAC$。（少数做法）

方法 4：如图 3 - 7 - 8 所示，连接 $AC$，$BD$ 交于点 $O$，过点 $O$ 作 $AC$ 的中垂线或作 $\angle AOE = \angle ADC$。（少数做法）

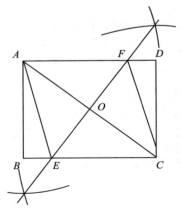

图 3 - 7 - 5

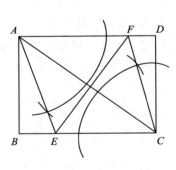

图 3 - 7 - 6

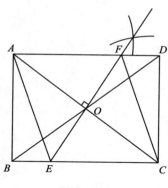

图 3 - 7 - 7

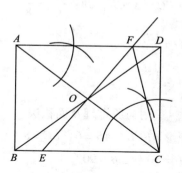

图 3 - 7 - 8

（2）求 $EF$ 的常见做法。

方法 1：见前面参考答案

方法 2：用勾股定理

∵ 矩形 $ABCD$，$AB = 6$，$BC = 8$

∴ $AC = 10$，$B = 90°$

∵ 四边形 $AECF$ 是菱形

∴ $AC \perp EF$，$AE = CE = x$；

∴ $AO = \dfrac{1}{2}AC = 5$，$EO = FO$

∴ $6^2 + (8 - x)^2 = x^2$ 即：$x = AE = \dfrac{25}{4}$

∴ $EO = \sqrt{EC^2 - CO^2} = \dfrac{15}{4}$

∴ $EF = \dfrac{15}{2}$

方法 3：用相似的方法

∵ 矩形 $ABCD$，$AB = 6$，$BC = 8$

∴ $AC = 10$，$\angle B = 90°$

∵ 四边形 $AECF$ 是菱形

∴ $AC \perp EF$

∴ $AO = \dfrac{1}{2}AC = 5$，$EO = FO$，$\angle EOC = 90°$

∴ $\angle EOC = \angle B$，$\angle ECO = \angle ACB$

$$\therefore \triangle ECO \backsim \triangle ACB，即：\frac{EO}{6} = \frac{5}{8}$$

$$\therefore EO = \frac{15}{4}$$

$$\therefore EF = \frac{15}{2}$$

方法 4：用勾股定理及面积法

$$\because 矩形\ ABCD，AB = 6，BC = 8$$

$$\therefore AC = 10，\angle B = 90°$$

$$\because 四边形\ AECF\ 是菱形$$

$$\therefore AC \perp EF，AE = CE = x；$$

$$\therefore AO = \frac{1}{2}AC = 5，$$

$$\therefore 6^2 + (8 - x)^2 = x^2，即\ x = AE = CE = \frac{25}{4}$$

$$\therefore S_{菱形} = BC \cdot AD = \frac{1}{2} \times AC \cdot CE = \frac{75}{2}，$$

$$\therefore EF = \frac{15}{2}$$

说明：有其他方法正确的也要按步骤给分。

**（八）典型错例及错因分析**

从学生的答题情况来看，除了一部分学困生无从下手外，其他做错的学生都是经过一定的逻辑思考的，做错的主要原因：

（1）审题不全面，只看到做菱形，但忽略了对菱形的一些具体要求，例如菱形的表示；

（2）部分学生作图不规范，要么痕迹不清，要么误差较大，要么缺少结论；

（3）部分学生缺乏尺规作图一般的解题策略，检验意识不强，若能先用铅笔画个草图，进行简单的逻辑推理，会避免一些错误发生。

**（九）试题反思**

（1）本题满分 8 分，平均得分 3.96 分，难度系数 0.49，说明"考查尺规作图的理解应用"对大多数考生是较难的；

（2）尺规作菱形，要求考生首先在方法层面上找到作图步骤，区别以往直接要求做"中垂线""角平分线"等题目，对学生的知识关联和方法迁移能力较高，注重考查学生的高阶思维。

## 二、真题精选

**题2**：已知线段 $a$ 和 $\angle\alpha$.

（1）尺规作图：作一个 $\triangle ABC$，使 $BC=a$，$AC=a$，$\angle BCA=\angle\alpha$；

（2）在（1）做出的 $\triangle ABC$ 中，$\angle BCA=50°$，求 $\angle BAC$ 的值.

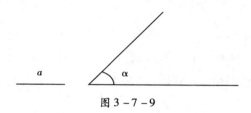

图 3-7-9

（2016 学年第二学期顺德区七年级期末教学质量检测数学试卷第 20 题）

**题3**：如图 3-7-10 所示，在 $\triangle ABC$ 中，$\angle B=30°$，$AB=18$.

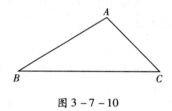

图 3-7-10

（1）请用尺规作图法作 $BC$ 边上的高 $AD$，垂足为点 $D$（保留作图痕迹，不要求写作法）；

（2）在（1）的条件下，求线段 $AD$ 的长度.

（2016 学年度第二学期八年级期末教学质量检测数学试卷第 20 题）

**题4**：如图 3-7-11 所示，在 $\triangle ABC$ 中，$\angle C=90°$.

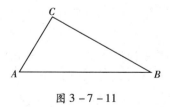

图 3-7-11

（1）用尺规作图法在 $BC$ 上找一点 $D$，使得点 $D$ 到边 $AC$、$AB$ 的距离相等（保留作图痕迹，不用写作法）；

（2）在（1）的条件下，若 $CD=1$，$\angle B=30°$，求 $AB$ 的长.

（顺德区 2018—2019 学年度第二学期期末教学质量检测八年级数学试卷第 20 题）

**题 5**：如图 3 – 7 – 12 所示，$AB = 4$cm，$\angle ACB = 45°$.

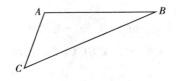

图 3 – 7 – 12

（1）尺规作图：作△$ABC$ 的外接圆（不要求写作法，保留作图痕迹）；

（2）在（1）的条件下，若弦 $AB$ 和其所对的劣弧所围成图形的面积为 $S$，求 $S$ 的值.

（顺德区 2019—2020 学年度第三次教学质量检测九年级数学试卷第 21 题）

**题 6**：平面直角坐标系中一条圆弧经过点 $A$（0，4）、$B$（4，4）、$C$（6，2）。

（1）用尺规作图法作出该圆弧所在圆的圆心 $M$ 的位置。

（2）若 $D$ 在 $x$ 轴的正半轴上，当直线 $BD$ 与⊙$M$ 相切时，求 $\sin \angle BDM$ 的值。

（顺德区 2020 学年第二学期联盟学校九年级调研测试数学第 22 题）

## 三、教学导向

九年级的尺规作图既要夯实五个基本作图，以及作三角形和圆等，会直接作图是基础；也要会转化为基本作图，实现理解作图；还要能运用尺规作图探究性解决问题。因此，对于"作已知角""角平分线""中垂线"等基本的尺规作图，可以通过"微专题"的方式进行拓展。

对于尺规作图要渗透一般的作图策略，先用铅笔做草图，再进行简单的逻辑推理进行验证；平时注重规范作图，即不仅作图的痕迹要清晰，还要注明作图的结论是精准的。

要有意识地关注相近或者相似概念的教学辨析，比如"角的平分线"和"线段的垂直平分线"的间接表述等，否则在作图中极易混淆使用。

尺规作图考题也可以源于课本，很多的课本题可以改编为尺规作图题。尺规作图题做适度的改编和整合，设问灵活，旨在引领教师的常规教学首先要减少教辅的依赖，加强回归课本夯实基础，其次要广泛联系适度整合，有目的做加强数学问题的设问和化归的教学。

数学教学最根本是让学生学会思维，特别是高阶思维的培养，在解题教学中注重变式与拓展，引导学生进行知识的关联，方法的迁移。越是一些涉及动点的轨迹（路径）的问题，有意识地使用尺规作图选取特殊点做尝试性的探究性，会有豁然开朗的收获。比如在2020年的我区中考前的适用性训练中的第25题，25（3）的设问"路径"新颖，既是考查学生对初中所学的"路径"的整体性反思（路径有哪些，哪些路径可求），也是指向初稿衔接的轨迹问题，更是考查学生是否具备灵活的选用尺规作图工具进行探究式数学思维。

　　"尺规作图的教学"未必要只聚焦"尺规作图"题，许多的几何题可以先"隐去图形"，让学生在审题分析中画图（尺规作图），培养学生的画图作图能力，这又何偿不是在培着几何直观的核心素养呢！

　　长时间的数学学习，积累的数学知识会随着岁月烟消云散，积淀的数学技能会随着岁月逐渐生疏，而侵入骨髓的数学思维却会随着岁月历久弥坚。

# 第八节 结构不良题

　　结构不良题不是指题目本身有什么错误或者不恰当，而是指它没有明确的结构或解决途径，表现为可以是题目的条件或数据部分缺失或冗余，可以是题目的设问缺失或不明确，可以是题目的条件和设问的结构不清晰，可以是概念规则和原理等不确定，可以是解题途径的不明确，可以是具有多种评价解决方法的标准。

　　核心素养导向的数学教学和考试亟须结构不良题。

　　其一，由于结构不良试题具有高度的综合性、开放性和变化性，能较好地考查学生的知识迁移的能力、思维的发散性和变通能力，也就更加具有问题的味道，符合新课程的探究性学习的理念，契合素养考查的要求。

　　其二，要解答结构不良试题，需要学生在日常的数学学习之中锻炼出比较扎实的逻辑推理能力，尤其是要训练数学严谨性，以形成有论据、有条理、合乎逻辑的思维品质。因此，理解和分析结构不良试题，有利于日常数学教学实践的反思，从而有的放矢地进行逻辑推理的数学教学。

　　其三，发展深度学习是当今教学的共识，而深度学习的体现之一就是要思维的深刻性，结构不良题更符合深度学习的效果的考查。数学思维的深刻性是指思维活动过程中的严密性、抽象程度和逻辑水平，以及思维活动结果的广度、深度和难度，并能经受实践的检验，达到举一反三、触类旁通的效果。

　　其四，当下的某些数学选择题考查学情的精准度有待改进。我省初中数学学业水平考试的试卷结构（选择题、填空题、解答题）能较好地反馈出学生的数学学力，但是，如果作为过程性学习效果检测的试题，其中的客观题（选择题、填空题）的"给定目标"的呈现方式无疑会弱化试题的考查功能，增大解题"不会也对"的概率；其中的客观题（选择题、填空题）的"非对即错"的评价方式无疑会掩盖"错与对之间的精准学情"，模糊学生思维深度的区分；造成基于答题情况的数据统计与分析的试卷讲评要想"直击要害"却迷失靶心。虽然近几年的广东省初中数学学业水平考试的第 10 题采用了"变通的数学多选题"考题呈现方式，拓宽了考题的广度，加大了考题的深度，增强了考题的区分度，但囿于选择题的形式，仍未能充分发挥考题的功能，精准考查学生的学情。

**题1**：（2017年广东初中学业水平考试第10题）如图3-8-1所示，已知正方形 $ABCD$，点 $E$ 是 $BC$ 边的中点，$DE$ 与 $AC$ 相交于点 $F$，连接 $BF$. 下列结论：

①$S_{\triangle ABF} = S_{\triangle ADF}$；②$S_{\triangle CDF} = 4S_{\triangle CBF}$；③$S_{\triangle ADF} = 2S_{\triangle AEF}$；④$S_{\triangle ADF} = 2S_{\triangle CDF}$，其中正确的是（　　）

A. ①③　　　　B. ②③　　　　C. ①④　　　　D. ②④

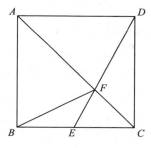

图3-8-1

**解析**：本题的命题立意是考查学生的几何素养：空间观念、几何直观和推理能力。考题的四个结论虽然都是判断两个三角形的面积之间的关系，但是解决问题的角度的考查各有侧重：①侧重于考查全等三角形的性质之面积相等；②侧重于考查等高不等底的两个三角形的面积计算；③侧重于考查相似三角形的性质之面积的比是相似比的平方；④侧重于考查等底不等高的三角形的面积的计算。可从解题的角度讲学生并不需要将四个结论都判断：利用正方形的轴对称性（或全等三角形）易知结论①是正确的，从而排除B、D；利用三角形 $\triangle ADF \backsim \triangle CEF$ 的性质可知，$S_{\triangle ADF} = 4S_{\triangle CEF}$，故结论③错误；由此选C，②④两个命题也就不用再判断，学生对考题的思考就戛然而止。而三角形的面积的多种计算方法是省考题的热点，这样考题的功能未能全部挖掘，在解决问题中，知识没有得到进一步的整合，思维没有得到进一步的激活。

**题2**：如图3-8-2所示，正方形 $ABCD$ 的边长为4，延长 $CB$ 至 $E$ 使 $EB = 2$，以 $EB$ 为边在上方作正方形 $EFGB$，延长 $FG$ 交 $DC$ 于 $M$，连接 $AM$，$AF$，$H$ 为 $AD$ 的中点，连接 $FH$ 分别与 $AB$，$AM$ 交于点 $N$，$K$. 则下列结论：①$\triangle ANH \cong \triangle GNF$；②$\angle AFN = \angle HFG$；③$FN = 2NK$；④$S_{\triangle AFN} : S_{\triangle ADM} = 1:4$. 其中正确的结

论有 （　　）

A．1 个　　　　　　B．2 个　　　　　　C．3 个　　　　　　D．4 个

（2019 年广东省初中学业水平考试数学第 10 题）

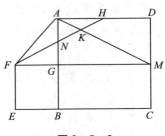

图 3－8－2

**解析**：本题比 2017 年的第 10 题对图形几何性质的考查更具综合性，解决问题的关键是熟练掌握正方形的性质，会进行三角形面积的等价转化，能挖掘图形中的全等三角形和相似三角形及对应的模型。即便选对答案也未必能考查到学生能准确地理解。

**题 3**：如题图 3－8－3 所示，抛物线 $y = ax^2 + bx + c$ 的对称轴是直线 $x = 1$．下列结论：①$abc > 0$；②$b^2 - 4ac > 0$；③$8a + c < 0$；④$5a + b + 2c > 0$．其中正确的结论有 （　　）

A．4 个　　　　　　B．3 个　　　　　　C．2 个　　　　　　D．1 个

（2020 年广东省初中学业水平考试数学第 10 题）

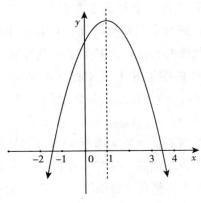

图 3－8－3

就试题"选项"的呈现方式而言，2017 年的考题考查方式是直接选出"正确的结论"，而 2019 年和 2020 年的考题考查方式是选出"正确结论的个数"。

2019 年的答案是 C，2020 年的答案是 B，都是四个结论中有三个结论是正确的。这样的设计，显然存在"将正确的一个结论误判为错误的，同时又把错误的结论误判为正确"的可能性，从而也能得到正确答案，不免失去考情的真实性。而 2017 年的方式则相对好些，但是基于"选项均匀分布且每个选项只含有两个结论"的呈现方式，考生只需要"准确判断其中的两个结论"即可得到正确答案，这样其他的两个结论不可避免地失去命题设计的价值。

尤其是将选择题的正确答案设定为 B 或 C 时会加剧学情反馈的失真性，例如：

题4：如图 3 – 8 – 4 所示，矩形 $ABCD$ 的边 $DC$ 在 $x$ 轴上，点 $B$ 在反比例函数 $y = \dfrac{3}{x}$ 的图像上，点 $E$ 是 $AD$ 边上靠近点 $A$ 的三等分点，连接 $CE$ 交 $y$ 轴于点 $F$，则 $\triangle CDF$ 的面积为（　　　）

A. 2　　　　　B. $\dfrac{5}{2}$　　　　　C. $\dfrac{3}{2}$　　　　　D. 1

（选自 2020 – 2021 学年度第一学期期末教学质量检测九年级数学）

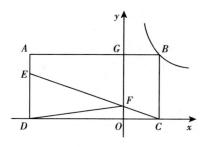

图 3 – 8 – 4

学生答题数据如下：

表 3 – 8 – 1

| 题号 | 答案 | 分值 | 实考人数 | 平均分 | 标准差 | 难度 | 选 A | 选 B | 选 C | 选 D |
|---|---|---|---|---|---|---|---|---|---|---|
| 10 | D | 3 | 25773 | 0.54 | 1.15 | 0.18 | 6.31% | 23.58% | 51.54% | 17.97% |

由于老师们传授选择题的考试技巧时的"不会做的题目就选 B 或者 C，力争达到选项的整体均衡"，所以部分的学生会"少用时间做、多统计猜选"的办法。所以，作为选择题的第 10 题（选择题共 10 题）要想真正考查学生的掌

握情况，就需要"可以避开选项 B 或者 C"。

这种给出了"多结论"的选择题，虽然增强了考题的综合性，但是"结果导向"的考题压缩了思维的空间，局限了考题探究的广度和深度。

其五，新高考的改革引领命题从能力立意转向素养导向，而素养导向的命题由"解题"转向"解决问题"。而高考是中考的风向标，这就有必要改变初中教学质量检测试题的呈现方式，即"考题要问题化"，"由过去的封闭型考题"转向"当下的结构不良型考题"。

因此，命制结构不良题，既是新课程改革探究性教学的需要，也是能精准地考查学生的学力的需要，更是丰富命题形式的需要。复习备考，要做基于能精准反馈学情的教学设计，这样有利于夯实数学基础知识和基本技能，所以课堂教学要慎用中考试题的选择题，减少学生利用排除法等因素可做对题但未理解的学习假象，要将原题的设问改编为填空题、开放题，使学习真正发生，使理解精准到位这样做是需要的，也是可行的。

结构不良题必将引领教学走向深度。

## 一、案例展示

题 5：如图 3-8-5 所示，在正方形 $ABCD$ 中，$E$、$F$、$G$ 分别是 $AB$、$BC$、$CD$ 边上的点，$AF$ 和 $EG$ 交于点 $H$. 现在提供三个关系：①$AF \perp EG$；②$AH = HF$；③$AF = EG$.

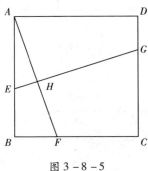

图 3-8-5

（1）从三个关系中选择一个作为条件，一个作为结论，形成一个真命题. 写出该命题并证明；

（2）若 $AB = 3$，$EG$ 垂直平分 $AF$，设 $BF = n$.

①求 $EH : HG$ 的值（含 $n$ 的代数式表示）；

② 连接 *FG*，点 *P* 在 *FG* 上，当四边形 *CPHF* 是菱形时，求 *n* 的值。

（顺德区 2020 学年度第一学期期末教学质量检测九年级试题 25 题）

### （一）命题立意

#### 1. 高阶立意

教学质量检测命题既需要在"稳定"中传承，更需要在"创新"中引领，这样有利于"发挥评价指导和引领教学的作用"。"稳定"是指所考查的数学知识与方法都基于课程标准和教材、试题的呈现方式和试卷结构适度的模式化、试题的命制技术和导向教学具有传承性。"创新"是指在所考查的数学知识不超出课程标准的前提下，改变个别考题的固有的切入角度、呈现形式、试题结构、思维方式、答题方案，考查学生基于一定的数学反思的基础上的解决问题的迁移能力。"稳定中适度创新"的试题特色旨在减少模式化可能导向的数学学科的题海战术、猜题教学和应试教育，引导教师积极探索基于情境、问题导向、深度思维、高度参与的教育教学模式，引导学生发展自主、合作、探究、反思的学习方式。

近几年，广东省的中考数学压轴题的特点是"思维的层级偏低、繁杂的计算偏重"，这与素养导向的试题是否吻合有待商榷，由此我们选定为"立足考查数学的高阶思维、检验阶段性的数学反思"的"降繁不降难"的"结构不良问题"。

通过命制结构不良的开放性试题，增加了问题的情境性，能更好地甄别学生对数学理解能力、应用能力、探究能力，更清晰、准确地检验出学生的知识结构、解题水平和思维深度，同时又与"探究性问题、存在性问题"进行区分。这两者的思维方式有很大区别："探究性、存在性问题"只需要学生对已知条件进行分析推理就可以得出结论；而结构不良的试题是要求学生对结论进行预判，这种预判不仅仅需要学生对已经给出的条件进行分析，还要找出已知条件与结论之间的欠缺条件从而进行补充完整，乃至反思自己的推理过程做出评价，这正是契合了布鲁姆教育目标分类学中的数学高阶思维能力（分析、评价、创造）。

通过命制结构不良考题，期许考试不仅仅是解题的过程，更是对问题本身的思考一次充分的体现，是发现问题、提出问题、分析问题和解决问题的体现，通过解题分析来反思解题的条件、解题过程和解题策略，从而培养了学生的逻辑推理能力和优化意识，提升数学学科素养。

选择结构不良试题中的"条件和结论不明确的"命题思路，会具有深意和创意。由于问题自身的复杂性与开放性、解决过程和解题方向的多样性、结果应用的广泛性，解决结构不良问题，将有效培养学生灵活恰当运用数学知识和方法解决问题的能力、使学生从一个单纯的信息加工者变为问题的解决者，从中培养学生实际应用能力，综合解决问题能力及探究能力和自主学习能力。

**2. 考查要点**

表 3 - 8 - 2

| 课程领域 | | 数与代数；图形与几何 |
|---|---|---|
| 目标指向 | 基础知识 | ①真命题；②正方形；③三角形全等；④锐角三角函数；⑤三角形相似；⑥菱形；⑦勾股定理 |
| | 基本技能 | ①运算技能；②图形技能；③推理技能 |
| | 解题方法 | ①构造法；②分类讨论法 |
| | 基本思想 | 数学推理的思想 |
| 素养层级 | 理解 | |
| | 迁移 | 推理能力 |
| | 创新 | 模型思想 |

**（二）素材追溯**

**素材1**：北京师范大学出版社《义务教育教科书九年级上册》第一章第22页的数学理解第3题

如图 3 - 8 - 6 所示，$A$，$B$，$C$，$D$ 四家工厂分别坐落在正方形城镇的四个角上，仓库 $P$ 和 $Q$ 分别位于 $AD$ 和 $DC$ 上，且 $PD = QC$. 证明两条直路 $BP = AQ$ 且 $BP \perp AQ$.

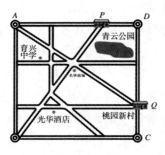

图 3 - 8 - 6

**素材2**：人民教育出版社《义务教育教科书八年级下册》第十八章第68页的第8题

如图3-8-7所示，*ABCD*是一个正方形花园，*E*，*F*是它的两个门，且*DE* = *CF*. 要修建两条路*BE*和*AF*，这两条路相等吗？它们有什么位置关系？为什么？

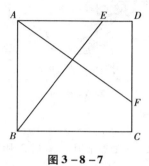

**图3-8-7**

**素材3**：北师大版七下教材第49页的第4题

4. 利用如图3-8-8所示的方法，可以折出"过已知直线外一点和已知直线平行"的直线。你能说明其中的道理吗？

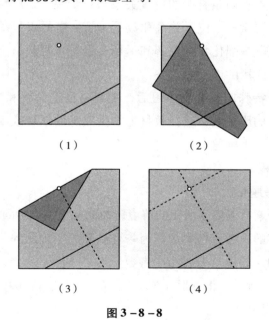

（1）　　　　　　　（2）

（3）　　　　　　　（4）

**图3-8-8**

**素材4**：北师大版八上教材第8页读一读漫话勾股世界的"青朱出入图"

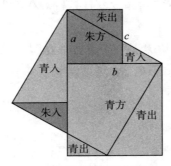

中国的"青朱出入图"

图 3 - 8 - 9

### （三）素材分析

四个素材都来源于教材，其中素材 1、素材 2 和素材 3 是教材的习题，素材 4 是教材的"读一读"。如果命题能做教材习题的考查功能的再开发，无疑会引领教师的日常教学要重视教材、理解教材、用好教材、整合教材、改编教材。素材 1 和素材 2 已是数学问题生活化的情境，更具有数学问题的探究性；又都是以正方形为载体考查两条直线的位置关系和数量关系，已经比较完整地考查了初中几何的核心要素——位置关系和数量关系。素材 3 是动手操作的几何图形折叠问题，在实践中强化数学理解和运用。素材 4 是教材上的拓展阅读，引领的是数学理解和应用的广泛性。

初中几何历经特殊四边形的学习后，更容易构造命题和逆命题进行研究。作为一套试卷最后的压轴题，选择教材上学生熟悉的素材改编，能增加考题的亲切感，让学生能入手解题。

### （四）命制历程

**1. 教材问题考题化**

若将上述两个素材剥离生活化的情境，抽取成为纯数学问题直接作为考题，则已经出现在往年的中考真题中，作为一套试题的压轴题的一部分，这样的做法实不可取。例如，2019 年长沙市中考数学第 22 题。

如图 3 - 8 - 10 所示，正方形 $ABCD$，点 $E$，$F$ 分别在 $AD$，$CD$ 上，且 $DE = CF$，$AF$ 与 $BE$ 相交于点 $G$.

（1）求证：$BE = AF$；

（2）若 $AB = 4$，$DE = 1$，求 $AG$ 的长.

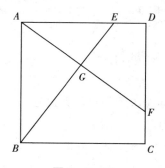

图 3 - 8 - 10

## 2. 基于以退为进的理念将问题的条件改编成特殊位置

将试题中的点 $E$、$F$ 退化到特殊位置，比如"点 $E$、$F$ 分别是 $AD$、$CD$ 的中点"，如图 3 - 8 - 11 所示，则结论"$AF \perp BE$ 且 $AF = BE$"依然成立。

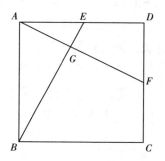

图 3 - 8 - 11

## 3. 基于运动变化的理念将静态的问题改编的动态化

由素材 1 和素材 2 可知，问题的核心是"十字架"结构。

若将 $AF$ 向下平移（平移 $BE$ 同理），如图 3 - 8 - 12 所示，则结论"$HF \perp BE$ 且 $HF = BE$"依然成立。

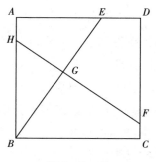

图 3 - 8 - 12

若当点 $E$ 在线段 $AD$ 上移动时，如图 $3-8-12$ 所示，则结论"$HF \perp BE$ 且 $HF = BE$"依然成立。

若当点 $G$ 在线段 $BE$ 上移动时，如图 $3-8-12$ 所示，则结论"$HF \perp BE$ 且 $HF = BE$"依然成立。

**4. 基于探究的理念将问题改编得更具开放性，倡导大胆假设、小心求证**

解决结构良好的几何问题时采用分析法注重形成"分析问题、解决问题"的思维模式，而对于"发现问题、提出问题"的能力考查力度不足，无形中会弱化包新意识的培养。若设计成开放性问题，尤其是结构不良的开放性问题，应该是一种考查深度思维的有意义的尝试。

基于以上思考，将考题的第一问立足课本的题目进行改编，设计成结构不良问题。学生要先对已知三个关系进行多角度分析，大胆假设条件，小心推理结论，考虑多种可能，寻找不同路径，提出多个解决方案，得出正确的命题，优化得分策略，从而更可考查学生思维的系统性、灵活性、深刻性、创造性。

**5. 基于拓展的理念将问题改编得更具一般性**

2019 年长沙市中考数学第 22（2）题是特殊情形下的"几何推理的数值计算"，这是初中数学学习的基本技能，对于优秀学生而言，更应该形成熟练地"几何推理的代数式运算"，由此产生将问题改变成更具一般化的考题。

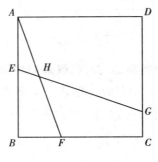

图 $3-8-13$

考题第二问的第一小问，在特殊位置 $AF$ 的中点处研究 $EH$ 与 $HG$ 的比值，体现研究数学问题的方式是从特殊到一般；第二小问在特殊图形菱形的背景下，研究 $BF$ 的数量关系，体现方程的思想是解决几何问题常用的工具。

**6. 基于分层评价的理念将评分标准设定得更具区分度**

几何问题的解决遵循"由已知想性质，由所求想判定"的思维方式，"有图看图"易直观化，也易形成定势思维；"看图想图"才会挖掘出"静态图片"

所不能反映出的"动态图形"的隐性条件。在制定考题的第一问评分标准时做了如下规定：

答案为"若 $AF \perp EG$，则 $AF = EG$"并能正确证明则得 4 分。

答案为"若 $AF = EG$，则 $AF \perp EG$"并能正确证明则得 3 分。

因为后者是基于图形得到的合理答案，若再结合题意，则容易判断遗漏图 $3-8-13$ 的情形。

**7. 基于初高衔接的理念强化了代数运算**

"计算是数学的童子功，推理是数学的命根子"，小学数学奠基数的运算能力，初中加强数的运算和拓展式的运算，高中强化了式的运算，而本题则三者皆考。

**（五）参考答案**

解：（1）①方案 1：真命题：若 $AF \perp EG$，则 $AF = EG$.

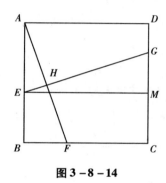

图 $3-8-14$

证明：过点 $E$ 作 $EM \perp CD$ 于点 $M$

$\because$ 四边形 $ABCD$ 是正方形

$\therefore AB /\!/ CD$ 且 $AB = BC$

$\because EM \perp CD$

$\therefore EM = BC = AB$ 且 $EM \perp AB$

$\therefore \angle BAF = 90° - \angle AFB = \angle GEM$

$\because \angle B = \angle EMG = 90°$

$\therefore \triangle ABF \cong \triangle EMG$

$\therefore AF = EG$

②方案 2：真命题：若 $AF = EG$，则 $AF \perp EG$.

证明：过点 $E$ 作 $EM \perp CD$ 于点 $M$

∵ 四边形 $ABCD$ 是正方形

∴ $AB /\!/ CD$ 且 $AB = BC$，$\angle B = \angle EMG = 90°$

∵ $EM \perp CD$，$EM \perp AB$

∴ $EM = BC = AB$

∵ $AF = EG$

∴ $\triangle ABF \cong \triangle EMG$

∴ $\angle BAF = \angle GEM$

∵ $\angle GEM + \angle AEH = 90°$

∴ $\angle EAH + \angle AEH = 90°$

∴ $\angle AHE = 90°$

∴ $EM \perp AB$

（2）① 法 1：∵ $\angle B = \angle AHE = 90°$，$\angle FAB = \angle EAH$．

∴ $\triangle AEH \backsim \triangle AFB$

∴ $\dfrac{EH}{AH} = \dfrac{n}{3}$

∴ $\dfrac{EH}{HG} = \dfrac{EH}{EG - EH} = \dfrac{EH}{AF - EH} = \dfrac{EH}{2AH - EH} = \dfrac{n}{6 - n}$

法 2：过点 $M$ 作 $PI /\!/ BC$，交 $AB$ 于点 $P$，交 $CD$ 于点 $I$

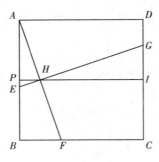

图 3 - 8 - 15

∵ $\triangle APH \backsim \triangle ABF$

∴ $PH = \dfrac{1}{2} BF = \dfrac{n}{2}$

∴ $HI = 3 - \dfrac{n}{2}$

∴ $\triangle PHE \backsim \triangle IHG$

$$\therefore \frac{EH}{HG} = \frac{PH}{IH} = \frac{\dfrac{n}{2}}{3 - \dfrac{n}{2}} = \frac{n}{6 - n}$$

法 3：$\because$ 四边形 $ABCD$ 是正方形。

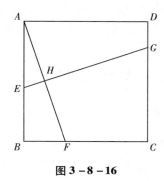

图 3 – 8 – 16

$$\therefore AF = \sqrt{AB^2 + BF^2} = \sqrt{9 + n^2}$$

$$\therefore AH = \frac{1}{2}AF = \frac{1}{2}\sqrt{9 + n^2}$$

$$\because \tan\angle BAF = \frac{EH}{AH} = \frac{BF}{AB} = \frac{n}{3}$$

$$\therefore EH = \frac{n}{3}AH = \frac{n}{6}\sqrt{9 + n^2}$$

$$\therefore GH = GE - EH = \sqrt{9 + n^2} - \frac{n}{6}\sqrt{9 + n^2} = \frac{6 - n}{6}\sqrt{9 + n^2}$$

$$\therefore \angle B = 90°$$

$$\therefore \frac{EH}{HG} = \frac{n}{6 - n}$$

② 当点 $P$ 在 $FG$ 上且四边形 $CPHF$ 是菱形时，$FH = FC = 3 - n$

$\because$ 在 $\mathrm{Rt}\triangle AFB$ 中，$\angle B = 90°$，

$$\therefore n^2 + 3^2 = \left[ 2\,(3 - n) \right]^2$$

$\therefore$ 解之得：$n_1 = 4 + \sqrt{7}$（舍），$n_2 = 4 - \sqrt{7}$.

## （六）试题反思

本题是一道几何综合题，作为整份试卷的压轴题，难度设置层次感很强，思维量大。第（1）小题是一个结构不良问题，学生选择题目给定的某个关系作为条件，推出另外的相关结论并加以证明，题目设置是在以正方形中的十字架模型，由一个常见的正方形背景下的图形进行展开研讨，同时还考查了不同构图引申出不同结论的解题策略，渗透了分类讨论的数学思想。第（2）小题通过把题目中的某些条件特殊化，进而探究某些线段之间的数量关系，第一小问有一定思维量，学生需要从复杂图形中分解出基本图形，涉及的知识点较多，很好地考查了学生综合运用知识和解决问题的能力，最后一小问则考查学生的构图能力，在构图中发现菱形的特殊性进而求解，此问类似于求解特殊的平行四边形的存在性问题。

作为压轴题，最后一问设置的难度不够，可适当提升最后一题的难度，增加超优生的区分度。

**（七）变式拓展**

**1. 特殊问题一般化的思考**

特殊位置的直线一般化——将过正方形顶点的直线 $AF$ 变为对边上的两点连线 $FI$.

如图 3 - 8 - 17 所示，在正方形 $ABCD$ 中，$E$、$F$、$G$、$I$ 分别是 $AB$、$BC$、$CD$、$AD$ 边上的点，$IF$ 和 $EG$ 交于点 $H$. 现在提供三个关系：①$IF \perp EG$；②$IH = HF$；③$IF = EG$. 从三个关系中选择一个作为条件，一个作为结论，形成一个真命题，写出该命题并证明。

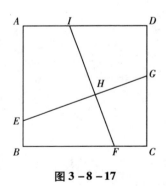

图 3 - 8 - 17

**2. 特殊图形一般化——由正方形变成矩形**

如图 3 - 8 - 18 所示，在矩形 $ABCD$ 中，$E$、$F$、$G$、$I$ 分别是 $AB$、$BC$、$CD$、$AD$ 边上的点，$IF$ 和 $EG$ 交于点 $H$. 现在提供三个关系：①$IF \perp EG$；②$IH = HF$；③$\dfrac{IF}{EG} = \dfrac{AB}{BC}$. 从三个关系中选择一个作为条件，一个作为结论，形成一个真命题，写出该命题并证明。

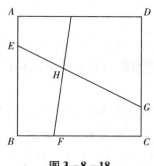

图 3 – 8 – 18

**3. 图形的分割——由正方形改为等腰直角三角形**

如图 3 – 8 – 19 所示，在 Rt△ABC 中，∠ABC = 90°，BA = BC，点 D 为 BC 边上的中点，连接 AD，过点 B 作 BE⊥AD 于点 E，延长 BE 交 AC 于点 F，求 $\dfrac{AF}{FC}$ 的值。

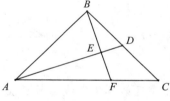

图 3 – 8 – 19

**4. 图形的补全——尺规作图感受几何模型**

如图 3 – 8 – 20 所示，在正方形 ABCD 中，AB = 3，F 为 BC 上一点，且 BF = 1，折叠正方形，使点 A 和点 F 重合，折痕交 AB、CD 于点 E、G.

（1）尺规作出线段 EG。

（2）求出线段 EG 的长度。

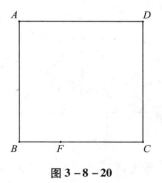

图 3 – 8 – 20

## 二、真题精选

**题6**：如图 3 - 8 - 21 所示，在△ABC 中，∠BAC = 90°，∠ABC = 30°，AC = 2，以 AB、AC 为边向外分别作等边△ABD 和等边△ACE，连接 CD。

（1）求线段 CD 的长。

（2）探究题：根据题目的已知条件，利用图 3 - 8 - 22 中给出的字母，在不添加辅助线和字母的情况下，写出你所发现的结论；选择其中一个结论证明其正确性。（评分要求：根据考生所写正确结论的个数、结论是否同质、结论的思维强度适当给分）

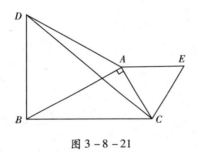
图 3 - 8 - 21

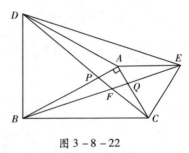
图 3 - 8 - 22

（顺德区 2019—2020 学年度第二学期线上教育调研测试八年级数学试卷第 25 题）

**题7**：如图 3 - 8 - 23 所示，在△ABC 中，AB = AC，D 是 AC 边上的一点，连接 BD 并延长到点 E，连接 AE、CE，AF 平分∠BAC 交 BD 于点 F.

（1）若∠BAC = 80°，∠FBC = 20°，求∠AFD 的值。

（2）给出下列三个关系：①CE⊥BC；②BF = AE；③AD = CD. 选取两个作为条件，一个作为结论构成一个真命题，写出这个真命题（用序号表示）。

（3）证明（2）的结论。

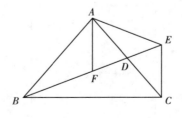
图 3 - 8 - 23

（顺德区 2020—2021 学年度第一学期八年级教学质量检测第 24 题）

## 三、教学导向

《义务教育数学课程标准》（2011 年版）提出："通过义务教育阶段的数学学习，学生能体会数学知识之间、数学与其他学科之间、数学与生活之间的联系，运用数学的思维方式进行思考，增强发现和提出问题的能力、分析和解决问题的能力。""结构良好的考题"更多的是考查学生分析和解决问题的能力，而"发现和提出问题的能力"又该如何考查呢？"结构不良考题"无疑是很好的素材和抓手——基于考题的条件不断地进行演绎推理发现尽可能多的结论，而每一个结论的发现都可以提出一个对应的问题。

学生习惯了解决"结构良好"的数学考题，可游刃于考题的条件与结论之间；现在改变为解决"缺失结论"的结构不良考题，缺少了解题目标（结论），就失去了惯性思维的抓手，顿觉茫然失措。再者，习惯于"刷题"而潦草了"解题后的再思考"的"学习领悟"，由于对"问题的不同类型的结论"缺乏系统而整体的思考，从而对答案会迷失得无所适从。

基于此，做题在于精而不在于多，思考在于深而不在于广。反对就题论题的例题教学，倡导基于考题的变式教学，创设更加开放性的例题设问，直指解决问题的方法悟于变式的过程。

再者，如今的中考命题"依据课程标准，取消考试大纲"，也就意味着取消了"考试大纲"中规定的解答题的题型，因此还在实行的"题型教学"也应该适当地改变，起码要增加"题型教学"的"题型"的种类，适度的结构不良题无疑是一个很好的备胎，因为这更能考查学生的思维力和创造力。

### （一）做基于精准反馈学情的教学设计的改进

**1. 将选择题改编为填空题，全面判断结论的真假**

**改进：** 如图 3 - 8 - 24 所示，已知正方形 $ABCD$，点 $E$ 是 $BC$ 边的中点，$DE$ 与 $AC$ 相交于点 $F$，连接 $BF$。下列结论：①$S_{\triangle ABF} = S_{\triangle ADF}$；②$S_{\triangle CDF} = 4S_{\triangle CBF}$；③$S_{\triangle ADF} = 2S_{\triangle CEF}$；④$S_{\triangle ADF} = 2S_{\triangle CDF}$，其中正确的结论是_____。

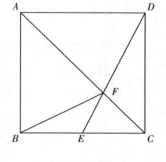

图 3 - 8 - 24

**2. 将选择题改编为结论开放性问题，考查思维的广阔性**

改进：如图 3 – 8 – 25 所示，正方形 $ABCD$ 的边长为 4，延长 $CB$ 至 $E$ 使 $EB = 2$，以 $EB$ 为边在上方作正方形 $EFGB$，延长 $FG$ 交 $DC$ 于 $M$，连接 $AM$，$AF$，$H$ 为 $AD$ 的中点，连接 $FH$ 分别与 $AB$，$AM$ 交于点 $N$、$K.$ 请写出符合题意的四个结论_____。

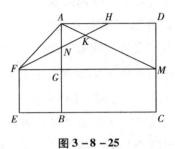

图 3 – 8 – 25

**3. 将选择题改编为基于分类的开放性问题，考查板块知识的整体认知**

改进：如图 3 – 8 – 26 所示，抛物线 $y = ax^2 + bx + c$ 的对称轴是直线 $x = 1$。请写出符合题意的关于抛物线的图像和性质的四个不同类型结论_____。

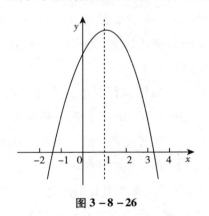

图 3 – 8 – 26

**4. 将选择题改编为基于反思的开放性问题，做盘活知识激活思维的设计**

改进：如图 3 – 8 – 27 所示，已知正方形 $ABCD$，点 $E$ 是 $BC$ 边的中点，$DE$ 与 $AC$ 相交于点 $F$，连接 $BF$。

（1）根据上述条件，写出你得到的正确结论。

（2）哪些结论更具有数学味道？

说明：这样的设计更加能考查学生的数学思考和反思性思维能力。给定条件结合图形探究结论就需要思考几何图形学习的经验：对几何对象（线、角、

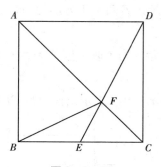

图 3 − 8 − 27

三角形、四边形、多边形、圆）的学习、对图形的位置关系和数量关系的学习，再根据这些维度分别探究；哪些结论更具有数学味道则是要引导学生对得到的结论需要鉴别所进行的逻辑推理的深度。教学中引领学生主动反思性构建是发展深度学习的重要方式。

**5. 小题大做，整合知识、提出问题**

改进：如图 3 − 8 − 28 所示，$AB = a$，$P$ 是线段 $AB$ 上的一点，分别以 $AP$，$BP$ 为边作正方形。

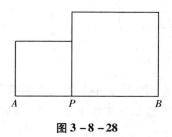

图 3 − 8 − 28

（1）设 $AP = x$，求两个正方形的面积之和。

（2）当 $AP$ 分别为 $\frac{1}{3}a$ 和 $\frac{1}{2}a$，比较 $S$ 的大小。（以上两问来自课本）

（3）$S$ 存在最值吗？求最值是多少？

（4）画出 $S$ 关于 $x$ 的图像。

（5）当 $P$ 在 $AB$ 的延长线上时，以上两问又如何解答？

（6）你还可以设计出怎样的问题？

**6. 化静为动，突出方法，考查运动变化**

改进：已知 $AB = 18$，动点 $P$ 从点 $A$ 出发，以每秒 1 个单位的速度向点 $B$ 运动，分别以 $AP$、$BP$ 为边在 $AB$ 的同侧作正方形。设点 $P$ 的运动时间为 $t.$

（1）如图 3 – 8 – 29 所示，若两个正方形的面积之和为 $S$，当 $t = 6$ 时，求出 $S$ 的大小。

（2）如图 3 – 8 – 30 所示，当 $t$ 取不同值时，判断直线 $AE$ 和 $BC$ 的位置关系，说明理由。

（3）如图 3 – 8 – 31 所示，用 $t$ 表示出四边形 $EDBF$ 的面积 $y$.

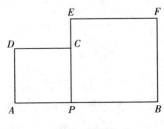

图 3 – 8 – 29

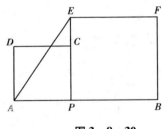

图 3 – 8 – 30

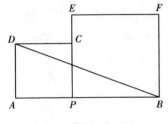

图 3 – 8 – 31

（以上选自顺德区 2018—2019 学年度第二学期教学质量检测七年级数学）

本题改编于"北师版"数学七年级下册 170 页的第 30 题。原题是"静态图形"和"特殊位置"的面积大小比较问题，图形的面积是初中考试常考的主题。命题时结合"化静为动、特殊问题一般化"的策略改编为常见的"动点主题问题"，既实现了原题的考查功能，又增添了"位置关系的判断"和"图形面积的多元转化求解"问题。

如此一来，数学题才不仅仅是一个题，更是一个"宝藏"！或许这样做，才能让数学更有数学的味道。让思维插上放飞的翅膀。让学生更能体验到数学探究的乐趣。

### （二）引入 SOLO 理念评价思维的层次性，导向深度思维的学习

"教学有什么样的评价指挥棒，就会有什么样的教学导向"，只有升级教学评价的指挥棒，才会跑出教学提质的发展加速度。作为阶段性教学质量检测试题的评分标准，理应在评价方面做出应有的改进。

引入 SOLO 分类理论将学生的思维水平由低到高分为 5 个结构层次：前结构（P）水平，即学生对学习任务一无所知，找不到解决问题的办法；单点结构（U）水平，即学生只有解决问题的一条线索，并根据该线索或信息解决问题；多点结构（M）水平，即学生具有多个问题解决线索，但线索之间不相互整合；关联结构（R）水平，即学生能够将多个要点关联结合起来解决复杂问题；拓展抽象（E）水平，即学生能够站在较高的理论角度形成个性化的推理方式，概括出抽象特征。

单一思维层次：根据考题的素材情景，能由题干给出的信息经过直接一步推理所得到的一个结论。

多元思维层次：根据考题的素材情景，能由题干给出的信息经过直接一步推理所得到的多个不同质的结论。

关联思维层次：根据考题的素材情景，能由题干给出的信息经过组合的再次推理得到的合乎情理的结论。

扩展思维层次：基于考题的素材情景，进行合乎逻辑的演绎，将题干给出的信息和学过的知识综合成抽象的假设，得到更一般化的结论。

单一思维层次、多元思维层次、关联思维层次、扩展思维层次是思维由低层次到高层次的递升，也是思维水平的外显表现。我们的教学要重视学生思维层次的发展，我们的命题自然要做好学生思维层次发展的引领。

**1. 以 SOLO 理念做评价，引领探究学习的深度**

做有质量的教学，一是要使得学习真正发生，二是要聚焦思维持续深度发展。

基于当下的现状：老师每天都很忙，却很少忙教学；老师每天都讲题，却很少讲解题策略；老师每天都做题，却很少做题目设计。有必要可能也是最有效的改变抓手就是"评价方式的改进"。引进 SOLO 理念评价学生的答题，从而引起师生对深度思考的重视和追逐。

如图 3-8-32 所示，正方形 $ABCD$ 的边长为 4，延长 $CB$ 至 $E$ 使 $EB=2$，以 $EB$ 为边在上方作正方形 $EFGB$，延长 $FG$ 交 $DC$ 于 $M$，连接 $AM$，$AF$，$H$ 为 $AD$ 的中点，连接 $FH$ 分别与 $AB$，$AM$ 交于点 $N$、$K$。

根据上述条件，写出你得到的正确结论。

评价方式如下：

（1）单一思维层次：只要能写出下面列举的其中之一：

① 能由题干中"正方形"的信息点，得出正方形的边长相等，即

$AB = BC = CD = DA$、$BE = EF = FG = GB$ 等。

内角相等，即 $\angle ABC = \angle BCD = \angle CDA = \angle DAB = 90°$、$\angle EBG = \angle BGF = \angle GFE = \angle FEB$ 等；

对边平行，即 $AB \parallel CD$、$BC \parallel AD$、$BE \parallel FG$、$EF \parallel BG$ 等。

正方形的周长，即 $C_{正方形ABCD} = 16$，$C_{正方形BEFG} = 8$ 等。

正方形的面积，即 $S_{正方形ABCD} = 16$、$S_{正方形BEFG} = 4$ 等。

② 能由题干中的"直线相交"的信息点得到对顶角相等，即 $\angle AKF = \angle MKH$、$\angle AKH = \angle MKF$、$\angle ANH = \angle FNG$ 等。

③ 能得到直角三角形，即 Rt$\triangle ADM$、Rt$\triangle AGM$、Rt$\triangle AGF$、Rt$\triangle FGN$、Rt$\triangle ANH$ 等。

④ 能由题干中的"$H$ 为 $AD$ 的中点"的信息点，得到 $AH = DH$ 等。

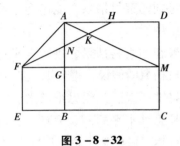

**图 3 – 8 – 32**

（2）多元思维层次：能够写出单一思维层次中的不同分类的两个以上结论。

（3）关联思维层次：

① 角相等，如：$\angle AHF = \angle HFM$、$\angle MAH = \angle AMF$ 等。

② 三角形全等，如：$\triangle ANH \cong \triangle GNF$ 等。

③ 三角形相似，如：$\triangle AKH \backsim \triangle MKF$ 等。

④ 线段的数量关系，如：$FN = 2NK$ 等。

⑤ 线段的位置关系，如：$AE \perp CG$ 等。

⑥ 图形的面积关系，如：$S_{正方形ABCD} : S_{正方形BEFG} = 4 : 1$、$S_{\triangle AFN} : S_{\triangle ADM} = 1 : 4$ 等。

（4）扩展思维层次：

将"静态的图形"看作是"动态图形"，即当点 $B$ 在 $EC$ 上运动时，连结 $CF$ 交 $AB$ 于点 $P$。

① 能合理地比较两个正方形的面积。

② 能计算其他一些图形的面积之间的关系，如：$S_{\triangle AFP} = S_{\triangle BCP}$。

③ 能发现运动中的不变量，如：$AE \perp CG$ 等。

④ 能做其他的变式或更进一步地推广，如当 $P$ 在 $AB$ 的延长线上时，以上两问又如何解答？

### （三）解题教学向解决问题教学转变

**1. 增加提出问题的教学环节，促进解题思维向前延伸**

学生习惯了解题，广东省中考试题的模式化让学生刷题也能效果明显，无形中的数学教学弱化了培养学生提出问题的能力。这的确需要引以为戒。

**2. 增加解题分析的教学环节，促进解题教学的规范化**

解题是培养学生数学思维品质的重要途径，但是若例题教学只是做"就题论题"的解题教学，缺少"借题发挥"的解题教学无疑如"入宝山而空回"。个人认为，立足发挥例题的教学功能最大化的解题教学尤其是要注重解题分析的教学，包括审题教学、解题教学、总结教学、优化教学、变式教学和拓展教学。

**3. 拓宽解题研究的思路，深化结构不良问题的教学实践**

"要给学生一碗水，教师需得有一泉水。"要培养学生的解决问题的能力，教师就需要锤炼自己的解题研究的能力，多一些加强结构不良问题的研究，不失为新的思路。学生应加强结构不良问题的训练，抓住不良结构问题的主要特征，形成解决问题的一般策略。

### （四）加强命题探索，多元命题实践

近期沉溺于命题不能自拔，困惑时时萦绕心头，作为"考试导向教学"的命题，有必要讲明白，可操作，解除老师教学的后顾之忧。以此次教学质量检测为契机，循序渐进地铺开，以期达到"以开放性考题为抓手，借助 solo 理念做评价，促进探究学习的深度，提升几何教学的质量"，促使教学真正地发生学习和深度学习。

初中三年的数学学习本身具有教学的成长性：问题的难度由易到难、满足不同层次学生的学习需求，期末考试是检测学生的综合素养，若都用最低的层次作为检测的标准，又怎能鉴别学生数学素养的高低？若解决每个问题都规定好了几步，生活中的人生之路能规定好几步吗？学习的目的不是学习知识，知识只是载体，目的是形成"三观"。

数学作为培养思维的体操，作为"隐性"的思维做"显性"的考查，现在常用的考题设问方式必定有其局限性，即便给出了分步给分的评价方案尽可能地体现出思维的过程性，但这种聚焦目标的聚敛性思维还未能更好地展示出发

散性的创造性思维特质。

将考题的设问变为开放性，用 solo 理念对思维的层次性和深度做评价指引，可盘活题目所涉及的数学知识和方法，激活学生的直觉思维和理性思维，推动学生的反思性思维、发散性思维和创造性思维。这是近期命题的新思考，期待能再次引领我们的例题教学指向聚焦思维深度的教学。

实践中，认为"中考是初中课堂教学的指挥棒"，发挥"考试指挥棒"的导向作用，必然会刺痛教学中的不严谨现象，但是我认为，有些阵痛、有些事是必须要面对的。

我们经常讲"考试导向教学，评价引领教学"，在追求深度学习的当下，适当地改变质量检测考题的"呈现方式"和"评分标准"，几经尝试，正在改变着老师的例题教学由"就题论题"转向"借题发挥"，改变着学生的解题过程由"结果导向"转向"过程导向"。

素养的教学已深入人心，可素养的考查却难得创新，就数学学科而言，探索"立足思维力考查解决问题的能力，尤其是先发现和提出问题、再分析和解决问题的能力"的命题迫在眉睫。结构不良题是落实素养导向的命题的有效方式，这样的考题具有深意和创意。

即便写过一篇文章《将考题的设问改为开放性，做盘活知识激活思维的设计》，受到一些老师的喜欢，但终究没有提出考试如何评价还会困惑老师的教学，相信也会有一些老师还存在思考上的犹豫不决、教学行为上的浅尝辄止。

在数学教学中，应借助结构不良题发展学生思维深刻性的品质，培养学生做到：问题已解完，思路不要断，深入再探索，争取新发现。

# 第九节　新定义题

　　我们所说的"新定义"试题，主要是指在试题中定义了相应学段的数学学习中没有学过的一些新概念、新运算、新符号，要求学生能理解题意并结合已有知识和经验解答的试题。主要考查学生的数学阅读理解能力、自主学习探究能力、新规则下的运算推理能力、分析解决问题的类比迁移能力。"新定义"试题成为近几年命制数学创新题的新亮点和常用技术。

　　"新定义"试题是培养学生数学阅读能力的极佳载体。教育家苏霍姆林斯基曾经说过："学会学习，首先要学会阅读。一个阅读能力不好的学生，就是一个潜在的差生。让学生变聪明的方法，不是补课，不是增加作业量；而是阅读，阅读，再阅读。"数学教学也就是数学语言的教学，而语言的教学是离不开阅读的。这一点，无论是老师、家长，还是学生，恰恰只注重语文的阅读，而忽视了数学的阅读。数学阅读，更能从理解符号含义中培养抽象思维能力。

　　"新定义"试题的结构一般是"定义 + 示例 + 设问"。命题时往往设置多问，总体上是从特殊到一般的环环相扣，前一问是铺垫，后一问是深化。

## 一、案例展示

　　**题1**：对于有理数 $a$、$b$，定义了一种新运算"※"为：

$$a ※ b = \begin{cases} 2a - b & (a \geqslant b) \\ a - \dfrac{2}{3}b & (a < b) \end{cases}$$

　　如：$5 ※ 3 = 2 \times 5 - 3 = 7$，$1 ※ 3 = 1 - \dfrac{2}{3} \times 3 = -1$.

　　（1）计算：①$2 ※ (-1) = $ _____；②$(-4) ※ (-3) = $ _____。

　　（2）若 $3 ※ m = -1 + 3x$ 是关于 $x$ 的一元一次方程，且方程的解为 $x = 2$，求 $m$ 的值。

　　（3）若 $A = -x^3 + 4x^2 - x + 1$，$B = -x^3 + 6x^2 - x + 2$，且 $A ※ B = -3$，求

$2x^3 + 2x$ 的值。

（本题选自 2020—2021 年第一学期期末教学质量检测七年级数学试题第 25 题）

## （一）命题立意

### 1. 高阶立意

本题立足新情境问题的解决，考查学生积淀的数学核心素养，突出学生的自主学习和自主探究，导向数学学习不仅要注重"作为结果性知识的数学概念"的生长与形成过程，还要注重"作为过程性思维的数学思考"的发展与深度反思，摒弃概念教学的"一个定义、三项注意"的记忆做法。

### 2. 考查数学阅读理解能力

"新定义"试题考查考生对"新定义"的认识和理解，在读懂范例的情况下，再灵活运用新定义法则，并且解题时需要将"新定义"的知识与已学知识联系起来，利用已有的知识经验来解决问题。

### 3. 考查数学运算能力

数学运算教学重在"讲算理，明法则，会操作"。本题以已经学过的加、减、乘、除、乘方等运算为基础，通过"新定义运算法则"的手段，既是已学的混合运算的综合，又是转化成熟悉的运算法则的运算。

### 4. 考查解决问题的类比迁移能力

知识迁移是指"一种学习对另一种学习的影响"，即学习者已经具有的知识经验和认知结构、已获得的动作技能和习得态度等对新的学习对象的影响。

解决问题的迁移能力是知识迁移的正迁移，是所学知识、方法的再思考的间接应用，是数学思维的综合运用的能力。

### 5. 七年级第一学期凸显"数式通性"的考查

七年级第一学期是在学生小学初步学习"数与式"的基础上对"数式通性"的深化。整式是学生今后学习分式、方程、函数等内容的基础，在初中数学体系中起到工具和链接的重要作用。整式运算是由常量运算进入变量运算奠基。从运算角度看，学生对有理数的运算法则及运算律比较熟练，通过数的运算引发学生的思考，学生会对后续学习整式（乘除）及解方程分式运算积累思路和方法等经验。

**6. 考查要点**

表 3－9－1

| 课程领域 | | 数与代数 |
|---|---|---|
| 目标指向 | 基础知识 | ①有理数运算；②整式加减；③解一元一次方程；④有理数平方的非负性 |
| | 基本技能 | 运算技能 |
| | 解题方法 | ①整体代换法；②分类讨论法 |
| | 基本思想 | 数学抽象的思想 |
| 素养层级 | 理解 | 抽象意识 |
| | 迁移 | 运算能力 |
| | 创新 | |

**（二）素材追溯**

数学教材是数学课程标准的最精彩的演绎。高质量的试题往往来源于教材上的素材的再创造。

**素材1**：北京师范大学出版社《义务教育教科书七年级上册》第三章第22页复习题第9题

已知 $A = a^2 - 2ab + b^2$，$B = a^2 + 2ab + b^2$.

（1）求 $A + B$；

（2）求 $\frac{1}{4}(B - A)$；

（3）如果 $2A - 3B + C = 0$，那么 $C$ 的表达式是什么？

**素材2**：北京师范大学出版社《义务教育教科书七年级上册》第五章第153页复习题第13题

已知 $x = 5$ 是方程 $ax - 8 = 20 + a$ 的解，求 $a$ 的值.

**素材3**：辽宁教育出版社《尖子生题库》七年级上册第三章第四节《整式的加减（二）》精优演练第92页解答题第13题

已知 $M = x^2 - 3x + 2$，$N = 6x^2 - 3x + 6$，试比较 $M$，$N$ 的大小.

**素材4**：顺德区 2020—2021 学年度第一学期教学质量调研测试七年级数学试卷第10题

已知 $x$、$y$ 为有理数，如果规定一种新运算 $x \oplus y = \begin{cases} x & (x \leq y) \\ x^2 + y^2 & (x > y) \end{cases}$，则 $3 \oplus$

189

$(-2 \oplus 4) = ($      $)$

    A. $-5$          B. 5          C. 8          D. 13

### （三）素材分析

素材 1 和素材 2 都来自课本。素材 1 主要考查了用字母表示式子，并进行整式的去括号和加减运算，打破平时老师的常规训练模式。中下生解决这样的题存在解题障碍。在素材 1 中的第（3）问 $2A - 3B + C = 0$，要求解 $C$，即是利用加法的逆运算进行求解或是解方程，第（3）问与素材 2 有异曲同工之美。这样可以把式的运算融合在一起，真正考查学生的知识迁移能力等。

素材 3 中的 $M$，$N$ 为式子，要比较它们的大小，是不能直接看出来的，这样就要考查学生"字母问题特殊化，数的大小比较迁移到代数式的大小比较"的思维能力了。通过比较它们的差值，当 $M - N > 0$ 时，$M > N$；当 $M - N < 0$ 时，$M < N$。在比较式子大小的同时，考查了知识点 $a^2$ 恒为非负数的认识。

素材 4 是本学期期中考试的题目，该题得分率不高，想再考查一次。若再放在第 10 题或改为填空题的第 17 题，意义不大。由于本题的本质也在考查数与式的运算，所以能综合利用就更有意义了。也就是说，考查过的知识，学生不过关，下次会再考，但试题考查的形式会有所改变，或是变式，或是创新。老师在平时的教学中，不能就题论题，就题讲题，要适时进行变式教学，这样才能拓展学生的视野、开拓学生的思维。

### （四）命制历程

由于是命制七年级第一学期期末教学质量检测试题，基于学生的数学认知水平，我区 24 题的命题意图基本是"考查的主干内容和数学方法变化不大、考题的题型结构保持稳定"。

#### 1. 灵感来源

命题来源于日常教学的积累，得到最初方案。

已知 $A = 4x^2 - 3x + 2$，某同学在练习时将 $2A - B$ 看成 $2A + B$，算得结果为 $14x^2 - 9x + 10$.

（1）求 $2A - B$。

（2）试比较 $A$，$B$ 的大小。

（3）若 $A - \dfrac{1}{3}B + 2C = 0$，求出 $C$ 的表达式。

诊断分析：在这个方案中，在题干上稍做改变，增加"将 $2A - B$ 看成 $2A + B$"，思维性加大了难度，较近三年的直接给出 $A$、$B$ 的表达式去求第（1）问要丰实些。可是，刚刚进入初一的学生，若在第（1）问设置太高的门槛，会让学生感觉难度太大，拿不了分，干脆放弃，会打击学生学习数学的信心，并且大大降低本题的得分率。因此，命题组否定这方案的第（1）问。第（2）问的设计不错，为后面的设计提供了灵感。要比较式的大小，一步比较对于初一学生也有一定的难度，如何降低难度呢？这个问题在命题组中思考开去。由于在期中检测的第 10 题中，考查了"新定义运算"，该题的得分率不高，决定再考一次，于是寻求方案 2。

**2. 多题融合**

方案 2：对于有理数 $a$、$b$，定义了一种新运算"※"为：

$a ※ b = \begin{cases} 2a - b & (a \geq b) \\ a - 2b & (a < b) \end{cases}$，如：$5 ※ 3 = 2 \times 5 - 3 = 7$，$1 ※ 3 = 1 - 2 \times 3 = -5$.

（1）计算：①$2 ※ (-1) = $ _____；②$(-4) ※ (-3) = $ _____；

（2）若 $3 ※ m = -1 + 3x$ 是关于 $x$ 的一元一次方程，且方程的解为 $x = 2$，求 $m$ 的值；

（3）若 $A = 2x^2 - 5x + 2$，$B = 4x^2 - 5x + 6$，求 $A ※ B$.

诊断分析：通过命题组的思考与讨论，能否把"新定义运算"、整式的加减运算、方程、比较式子的大小融合在一起？第（1）问的要求简单些，于是设置学生读题理解，学习范例，模仿就可以完成；第（2）问设置了 $3 ※ m$ 的运算，不知 $3$、$m$ 的大小关系，必须进行分类讨论，并且与方程关联在一起；第（3）问，求 $A ※ B$ 的运算，由于不知 $A$、$B$ 的大小关系，所以必须比较出大小，才能运用"新定义运算"，最终把想法都融合到考题中去了。

**3. 最终定稿**

定稿：参见前面"试题呈现"。

诊断分析：在新运算 $a ※ b = \begin{cases} 2a - b & (a \geq b) \\ a - 2b & (a < b) \end{cases}$ 中，两个式子的系数均为整数，

为了更全面考查学生的运算能力，把第二个式子 $a - 2b$ 改为 $a - \dfrac{2}{3}b$。在第（2）问中，考查了分类讨论的数学思想；在第（3）问中，还能考查其他的数学思想吗？思考试题的考查全面性和覆盖性，发现运算中常考的整体思想未涉及。因此，增加 $A ※ B = -3$ 条件，然后求给定的代数式的值，这样就可以考查利用整体思想求值了。通过一番努力，一道创新的题型产生了！由于这道题的综合性较强，对于初一学生具有较大的挑战性，命题组一致决定，把该题放在最后

一题作为压轴题。

### （五）试题反思

从答题情况来看，能成功求解第（1）问的学生较多，表明学生理解"新运算"，并能准确地利用"新运算"求解。

第（2）问考查"新运算"与方程的融合，跨度过大，并且"新运算"中包括两种情况的运算，涉及分类讨论思想的考查。因此，大多数学生思维出现障碍，无法下手。原因如下：一是时间不足，无暇顾及；二是问题增加了理解的难度，并且学生存在思维定势，认为最后一题是很难的，就这样放弃了；三是应用"新运算"的跳跃过大，"新运算"的定义是式的运算，一下跳跃到方程的运算，学生无所适从；四是运算"3※m"中，不知3与m谁大，难度、易错程度又增加了。

第（3）问中的"A※B"，A和B也是不知谁大。因此，要对式A和B进行大小的比较，这是学生最大的思维障碍，并且运算不是数的运算而是式的运算。在最后的求值中，还考查了整体思想。

由此表明，学生的思维能力、知识的迁移能力、审题的理解能力都偏弱，有待长期加强培养。试题的原创性，紧扣了知识点、能力点、数学思想点和数学方法等，合理选题选点，要求学生有一定的知识储备和数学的解题能力。

## 二、真题精选

**题2**：定义运算：$m \approx n = mn^2 - mn - 1$. 例如：$4 \approx 2 = 4 \times 2^2 - 4 \times 2 - 1 = 7$. 则方程 $2 \approx x = 0$ 的根的情况为（　　　）

A. 有两个不相等的实数根　　　B. 有两个相等的实数根

C. 无实数根　　　D. 不能确定

[2020—2021学年度联盟学校九年级教学质量检测（二）数学试卷第9题]

**题3**：对于实数 $m$、$n$，定义一种运算"※"为：$m ※ n = mn + n$. 如果关于 $x$ 的方程 $(a ※ x) ※ x = \frac{1}{2}$ 有两个相等的实数根，求实数 $a$ 的值。

（顺德区2020学年度九年级适应性训练数学试卷第17题）

## 三、教学导向

"新定义题"的解题教学要形成一定的思维程序，即仔细审题、理解定义—分析题干、化生为熟—探究方法、迁移解题。解决"新定义"问题的解题策略是：①深刻理解"新定义"——明确"新定义"的条件、原理、方法、步骤和结论；②重视"举例"，利用"举例"检验是否理解和正确运用"新定义"；归纳"举例"提供的做题方法；归纳"举例"提供的分类情况；③依据新定义，运用类比、归纳、联想、分类讨论以及数形结合的数学思想方法解决题目中需要解决的问题。解答这类题型的关键要把握两点：一是掌握问题原型的特点及其问题解决的思维方法；二是根据问题情景的变化，通过认真思考，合理进行思想方法的迁移。

　　阅读是解题的起点，要将学生数学阅读理解能力的培养纳入常规的学科主题教研和教学指导中。在平时的教学中，教师要重视阅读理解能力的培养，数学阅读是学生自主学习、自主探索问题的途径之一，数学阅读能力是学生可持续发展能力的一个重要标志。新定义问题的解决，阅读能力直接决定读懂题和对问题的理解程度。因此，数学教学中适当设计阅读题，并必须给足时间和空间让学生进行数学阅读，这样才能培养学生的阅读能力。在给足时间和空间的同时，教师的指导也是相当重要的。也就是说，把阅读理解渗透到教学中去，比如在章头教学、章尾总结、新课教学、培优训练、单元过关检测中，有意识地渗透阅读理解型的问题，并指导学生如何阅读，在阅读中如何找关键词、突破口或知识的联系点，使学生有效地掌握数学阅读方法和技巧，有信心地去解决问题，形成技能。

　　核心素养的外显表现就是解决新情境问题的迁移能力，注重学生知识迁移能力的培养。

　　知识迁移能力表现为从一种知识向其他方面的联想、联系，通过这种形式加深理解，举一反三，提高解题能力，促进应用知识能力提高，对学生知识迁移能力的培养有重要意义。教师在教学中培养学生的知识迁移能力，要为学生建立起清晰的知识架构，厘清知识之间的联系，将知识结成线、织成网，以增强理解、记忆和灵活应用知识的能力，多角度审题，洞察问题本质，提高解题能力。在平时教学中，要通过设计一些"全新"的问题，如利用教材外的概念或公式，以阅读的方式呈现给学生学习，让学生利用现有的认知解决新的情境中的未知问题，在解决问题中培养学生的解决问题能力，从而学会学习。

　　换个角度来看，新定义题是"穿上了个马甲（衣服）"使得题目的外观形式和定义方式发生变化，而数学本质和内在的逻辑关系还是不变的，所以做好"常规教学"才是王道。

# 第四章

# 顺德区初中数学质量检测命题引领

　　我区初中数学质量检测，既是对本学期教学质量的评价指导，也是要引领下学期的教学导向。学生的成绩可以束之高阁，但检测数据反馈出来的问题必须认真对待，核心团队全力以赴的深度思考，辐射周围教师积极参与的研讨碰撞。小则激起一阵涟漪，大则泛起一层波浪。

　　教师们每天都很忙碌，可是忙得没有多少时间搞教学；教师们每天都在上课，可是上课的设计如同记流水账；教师们每天都教学生解题，可是灌输套路的教学却难以植根于学生思维的生长。

　　核心素养的教学若不能扎根于深度学习，深度学习若不能扎根于深度思维，深度思维若脱离了深度教研的支撑，即便口号再响亮，也难免是空中楼阁，走不出教育折腾的泥潭。

　　"研析课标，领悟教材，用活教材，理解数学，理解学生，理解课堂，理解技术"在一次次的命题引领下深入人心、深度研讨、深刻领悟。

　　唯有如此，以期达到"命题与研训共舞，思维与检测齐飞"！

　　试题激发教师的解题研究、专题研究、科组教研和命题分析等，撰写总结。

　　专业的发展是毕生的事情，抬头或许是星辰大海，低头终究粟米尘埃，志立于高，行成于微，与顺德数学人共勉。

# 第一节　解题研究案例展示

　　2021 年 3 月 4 日，顺德区"中小学数学大会"在罗定邦中学召开，本次大会的主题是"开发思维、提升质量、连接未来"。会议上，中国科学院张景中院士做了题为《把数学变容易》的报告。张院士认为，从数学发展的历史来看，过去困扰数学家的很多问题，现在孩子们理解起来也并不困难，说明数学是可以变容易的，这也是数学教育的重要任务之一。要想实现"变容易"的目标，有四个基本的渠道——熟悉了就容易、简单了就容易、看清了就容易、想通了就容易。

　　本次九年级限时练的第 25 题第 3 小问，就是一个不那么容易的问题。德胜学校的谢高雄、杨力嘉老师试图通过一题多解的方式，将问题提炼成学生熟悉的模型，把问题分解为简单的层级，先是实现特殊角度背景下的多解归一为三角函数法解题，使得解法更加自然、简单，帮助学生看清、想通，又做了特殊角度的一般化的推广，从而可求任意锐角时的情形，实现"变容易"的教学目标。

## 案例 1　顺德区 2020 年联盟学校九年级限时练第 25 题探讨

### 一、考题呈现

　　如图 4-1-1 所示，已知抛物线 $y = ax^2 + bx - 1$ 经过点 A（2，-5）和 B（8，7）。

　　（1）求出抛物线的表达式；

　　（2）若直线 AB 与 y 轴交于点 C，抛物线与 y 轴交于点 D，点 P 在线段 BC

上，满足 $S_{\triangle BDP}=\dfrac{1}{4}S_{\triangle BDC}$，求出点 $P$ 的坐标；

（3）若点 $Q$ 是直线 $BD$ 上一点，且 $\angle BAQ=45°$，求出点 $Q$ 的坐标。

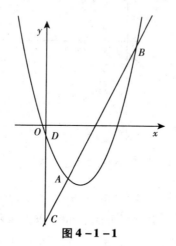

图 $4-1-1$

## 二、母题溯源

实际上，本题改编自 $2020-2021$ 学年度第二学期期末教学质量检测八年级数学第 $25$ 题，母题如下：

如图 $4-1-2$ 所示，已知点 $A$（$2$，$-5$）在直线 $l_1$：$y=2x+b$ 上，$l_1$ 和 $l_2$：$y=kx-1$ 的图像交于点 $B$，且点 $B$ 的横坐标为 $8$.

（1）直接写出 $b$、$k$ 的值。

（2）若直线 $l_1$、$l_2$ 与 $y$ 轴分别交于点 $C$、$D$，点 $P$ 在线段 $BC$ 上，满足 $S_{\triangle BDP}=\dfrac{1}{4}S_{\triangle BDC}$，求出点 $P$ 的坐标。

（3）若点 $Q$ 是直线 $l_2$ 上一点，且 $\angle BAQ=45°$，求出点 $Q$ 的坐标。

## 三、解法探讨

本文主要探讨第（3）问的解法研究，求点的坐标是较为常见的考题形式，放在压轴题的位置，学生多数无从下手，所以有必要对此类问题的解题思路进行讲解，以培养优尖生的解题能力。

在此提供两种求点的坐标的常见思路：一是把所求点转为函数图像交点，构造函数，联立函数解析式进而求解；二是寻找关于所求点的数量关系，设出点的坐标，通过列方程或代入函数求解。

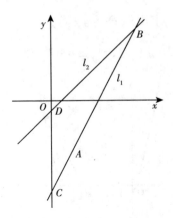

图 4-1-2

以本题为例，学生首先应具备的能力是根据∠BAQ =45°，画出 Q 点的示意位置，按照思路一，点 Q 应看成两个函数的交点，根据图示，学生不难想到点 Q 可以看成直线 AB 与直线 AQ 的交点，直线 AB 可直接求得，那么问题就转化为如何在直线 AQ 上再找到一个确定点，求解直线 AQ 的解析式。此点必然不能是任意一点，进而关注到题干的标志性条件∠BAQ =45°，常见的联想就是构造等腰直角三角形 Rt△ABG，进而联想"一线三直角"模型，此题就迎刃而解了，具体解答如下：

**解法 1**：（在 B 点处构造"一线三直角"模型）

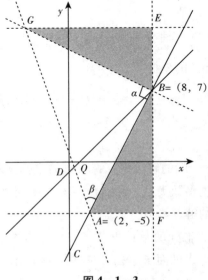

图 4-1-3

如图 $4-1-3$，过点 $B$ 作垂线垂直 $AB$，交 $AQ$ 延长线于点 $G$，过点 $B$ 作垂线垂直 $x$ 轴，分别过点 $G$、$A$ 作直线的垂线，交 $F$、$E$ 两点。

∵ $\angle BAQ = 45°$，$\angle ABG = 90°$

∴ $\triangle ABG$ 为等腰直角三角形，$AE = BF$，

可证 $\triangle ABE \cong \triangle BGF$

∴ $BF = AE = 6$，$GF = BE = 12$，

∴ $G$（$-4$，$13$）

将 $A$（2，$-5$）、$G$（$-4$，$13$）代入直线 $AG$ 的表达式 $y = -3x + 1$，

联立 $\begin{cases} y = -3x + 1 \\ y = x - 1 \end{cases}$，

解得 $Q\left(\dfrac{1}{2}，-\dfrac{1}{2}\right)$

对于此法，当改变 $\angle\beta$ 的大小时，仍然可以结合三角函数，进行求解。

**解法 2**：（在 $Q$ 点处构造"一线三直角"模型）

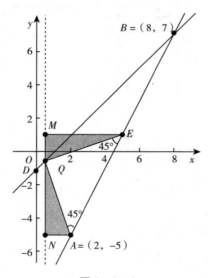

图 $4-1-4$

如图 $4-1-4$ 所示，过点 $Q$ 作 $QE \perp AQ$ 于 $A$，交 $AB$ 于 $E$，过点 $Q$ 作 $x$ 轴垂线，分别过点 $A$、$E$ 作 $AN$、$EM$ 垂直于此垂线交于 $M$、$N$ 两点。

∵ $\angle BAQ = 45°$

∴ $AQ = QE$，可证 $\triangle EMQ \cong \triangle QNA$

∴ $ME = QN$，$MQ = NA$

∵ 直线 $BD$ 的表达式为 $y = x - 1$，设 $Q(m, m-1)$ 由 $A$（2，$-5$）可得 $N$（$m$，$-5$），则 $ME = QN = m + 4$，$MQ = NA = 2 - m$

∴ $M$ 的纵坐标为 1

∴ $E(2m+4, 1)$ 代入直线 $AB$ 的表达式，得 $m = \dfrac{1}{2}$

∴ $Q\left(\dfrac{1}{2}, -\dfrac{1}{2}\right)$

**解法 3**：（过 $Q$ 作 $AB$ 垂线，在垂足处构造 "一线三直角" 模型）

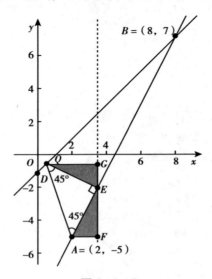

图 4 - 1 - 5

如图 4 - 1 - 5 所示，过点 $Q$ 作 $QE \perp AB$ 于 $E$，过 $E$ 作 $x$ 轴垂线，分别过 $A$、$Q$ 作 $AF$、$QG$ 垂直于此直线交于 $F$、$G$ 两点，直线 $BD$ 的表达式为 $y = x - 1$，直线 $AB$ 的表达式为 $y = 2x - 9$

设 $Q(m, m-1)$，$E(n, 2n-9)$

则 $GE = m - 1 - (2n - 9)$，$AF = n - 2$

$QG = n - m$，$EF = 2n - 9 - (-5)$

易证 $\triangle EGQ \cong \triangle AEF$

∴ $GE = AF$，$QG = EF$ 即

$$\begin{cases} m - 2n + 8 = n - 2 \\ n - m = 2n - 4 \end{cases}, \text{解得} \begin{cases} m = \dfrac{1}{2} \\ n = \dfrac{7}{2} \end{cases}$$

$$\therefore Q\left(\frac{1}{2},\ -\frac{1}{2}\right)$$

**解法 4：**（利用相似）

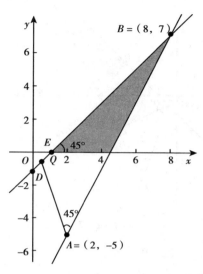

图 4 - 1 - 6

如图 4 - 1 - 6 所示，直线 $BD$ 的表达式为 $y = x - 1$，$\angle BEF = 45°$，$E$ (1，0)，

可证 $\triangle BEF \backsim \triangle BAQ$，则 $\dfrac{EF}{AQ} = \dfrac{BE}{AB}$.

直线 $AB$ 的表达式为 $y = 2x - 9$，

得 $F\left(\dfrac{9}{2},\ 0\right)$

则 $EF = \dfrac{7}{2}$，$BE = 7\sqrt{2}$，$AB = 6\sqrt{5}$，$AQ = \dfrac{3\sqrt{10}}{2}$

设 $Q(m,\ m - 1)$，

则 $AQ^2 = (m - 2)^2 + (m - 1 + 5)^2$

解得 $m_1 = \dfrac{1}{2}$，$m_2 = -\dfrac{5}{2}$（舍去）

$$\therefore Q\left(\frac{1}{2},\ -\frac{1}{2}\right)$$

**解法 5：**（利用相似和三角函数）

如图 4 - 1 - 7 所示，直线 $AB$ 交 $x$ 轴于点 $G$，直线 $BD$ 交 $x$ 轴于点 $F$，过点 $Q$

作 $QE \perp AB$ 于 $E$，可证 $\triangle BHG \backsim \triangle BEQ$，则 $\dfrac{BG}{BQ} = \dfrac{HG}{EQ}$.

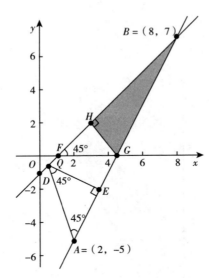

图 4-1-7

直线 $AB$ 的表达式为 $y = 2x - 9$

直线 $BD$ 的表达式为 $y = x - 1$

则 $\angle BFG = 45°$，$FG = \dfrac{7}{2}$，$HG = \dfrac{7\sqrt{2}}{4}$，$BG = \dfrac{7\sqrt{5}}{2}$

设 $Q(m, m-1)$，则 $BQ = \sqrt{(8-m)^2 + (7-m+1)^2} = \sqrt{2}(8-m)$

$AQ = \sqrt{(2-m)^2 + (m-1+5)^2} = \sqrt{2(m^2 + 2m + 10)}$

$\because \angle BAQ = 45°$

$\therefore QE = \dfrac{\sqrt{2}}{2}AQ = \sqrt{m^2 + 2m + 10}$

则 $BG \cdot QE = HG \cdot BQ$

即 $\dfrac{7\sqrt{5}}{2} \cdot \sqrt{m^2 + 2m + 10} = \dfrac{7\sqrt{2}}{4} \cdot \sqrt{2}(8-m)$，

解得 $m_1 = \dfrac{1}{2}$，$m_2 = -7$（舍去）

$\therefore Q\left(\dfrac{1}{2}, -\dfrac{1}{2}\right)$

**解法 6：**（利用点到直线的距离公式）

如图 4-1-8 所示，过点 $Q$ 作 $QE \perp AB$ 于 $E$，

直线 $AB$ 的表达式为 $y = 2x - 9$

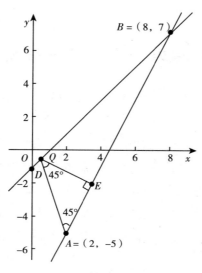

**图 4－1－8**

直线 $BD$ 的表达式为 $y = x - 1$

设 $Q(m, m-1)$，由点到直线的距离公式可得：

$$QE = \frac{|2m - (m-1) - 9|}{\sqrt{2^2 + 1^2}} = \frac{|m-8|}{\sqrt{5}},$$

由两点间的距离公式得：

$$QA = \sqrt{(2-m)^2 + (m-1+5)^2} = \sqrt{2(m^2 + 2m + 10)}$$

$\because \angle BAQ = 45°$

$\therefore \dfrac{QE}{QA} = \dfrac{\sqrt{2}}{2}$，即 $\dfrac{|m-8|}{\sqrt{5}} = \dfrac{\sqrt{2}}{2} \cdot \sqrt{2(m^2 + 2m + 10)}$

解得 $m_1 = \dfrac{1}{2}$，$m_2 = -7$（舍去）

$\therefore Q\left(\dfrac{1}{2}, -\dfrac{1}{2}\right)$

以"构造数学模型为核心，主动探索一题多解，百花齐放式发展发散思维"是数学学习的魅力之一。多种解法的思考与探索过程能有效地锻炼思维能力，同时也能提高数学学习的成就感。希望我们在解题过程中能积极地探究多种解法，不断加强对知识综合运用的意识与能力，促进教师自身的提升，从而让我们的课堂更有思维训练的味道。

## 案例 2　顺德区 2020 学年度第一学期期末教学质量检测九年级数学第 10 题探讨

数学教学，一定程度上是数学解题教学。解题教学要做得好，首先是要增强教师的解题基本功，其次是要做好解题后的分析。在主讲《聚焦专题复习，升华解题经验，指向解题教学》的讲座时，我从专题复习的教学现状与分析谈起，讲述了专题复习的教学指向及追求，专题复习的教学建议及做法，专题复习下的典型问题解析；并进一步提出：重难点问题应该在课堂这个阵地进行破解，数学的课堂落实应聚焦问题驱动下的思维发展主线，数学问题的解决应遵循化新为旧的不断化归，让学生体验"掀开盖头来（新问题），露出旧情人（旧问题）"的喜悦；还指出，备考不仅仅是题目要破旧立新，教师的上课模式也要跟随大环境变化，从关注基础知识教学到关注思维教学。

要做好以上的专题复习教学，必然要做好上课前的解题后的分析。

### 一、考题呈现

**题：** 如图 4 - 1 - 9 所示，矩形 $ABCD$ 的边 $DC$ 在 $x$ 轴上，点 $B$ 在反比例函数 $y = \dfrac{3}{x}$ 的图像上，点 $E$ 就 $AD$ 边上靠近点 $A$ 的三等分点，连接 $CE$ 交 $y$ 轴于点 $F$，则 $\triangle CDF$ 的面积为（　　）

（顺德区 2020 学年度第一学期期末教学质量检测九年级数学第 10 题）

A. 2　　　　B. $\dfrac{5}{2}$　　　　C. $\dfrac{3}{2}$　　　　D. 1

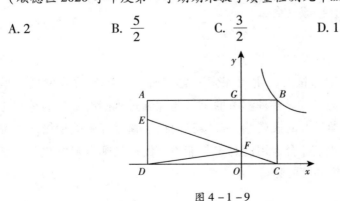

图 4 - 1 - 9

## 二、解法探究

**解题思路分析 1**：由"点 $B$ 在反比例函数 $y = \dfrac{3}{x}$ 的图像上"，易得矩形

$BCOG$ 的面积为 3；$F$ 为 $CE$ 与 $y$ 轴的交点，则 $S_{CDF}$ 与 $S_{CDE}$ 有关联，$S_{CDE}$ 与

$S_{矩形ADCB}$ 有关联，$S_{矩形ADCB}$ 与 $S_{矩形BCOG}$ 有关联，连接 $AC$ 即可突破所有关联点。

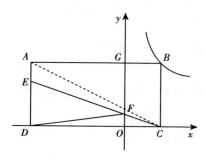

图 4 – 1 – 10

由高相等，得 $\dfrac{S_{\triangle DEC}}{S_{\triangle DAC}} = \dfrac{2}{3}$，而 $S_{\triangle DAC} = \dfrac{1}{2} S_{矩形ABCD}$，所以 $S_{\triangle DEC} = \dfrac{1}{3} S_{矩形ABCD}$

设 $\dfrac{OC}{OD} = \dfrac{1}{n}$，则 $S_{矩形ABCD} = 3 + 3n$，即 $S_{\triangle DEC} = \dfrac{1}{3} S_{矩形ABCD} = 1 + n$

由于 $\triangle CDF$ 与 $\triangle EDF$ 等高，故 $\dfrac{S_{\triangle DFC}}{S_{\triangle DEF}} = \dfrac{FC}{EF} = \dfrac{OC}{OD} = \dfrac{1}{n}$

$S_{\triangle DFC} = \dfrac{1}{1 + n} S_{\triangle DEC} = 1$

**解题思路分析 2**：所谓高积不分家，要求面积，则要寻找合适的底与高，

表示出 $S_{CDF}$，寻找其与 $S_{矩形GBCO}$ 之间的关系。（此法亦可设点 $B$ 坐标，采用设而

不求的策略求解）

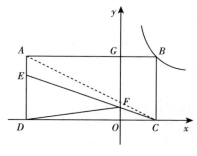

图 4 – 1 – 11

$\because \triangle COF \backsim \triangle CDE,$ 得 $\dfrac{OF}{DE} = \dfrac{OC}{DC}$

即 $DE \cdot OC = OF \cdot DC$

而 $S_{\triangle DFC} = \dfrac{1}{2} DC \cdot OF$

$\therefore S_{\triangle DFC} = \dfrac{1}{2} DE \cdot OC = \dfrac{1}{2} \times \dfrac{2}{3} BC \cdot OC = \dfrac{1}{3} S_{矩形BCOG} = 1$

**解题思路分析3**：换另一个角度作高，表示面积，寻找其与矩形 $GBCO$ 面积的关系。

连接 $BF$，分别作 $DM$ 和 $BN$ 垂直于 $CE$，垂足分别为 $M$、$N$

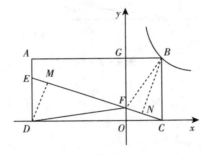

图 4 – 1 – 12

$\because \triangle DEM \backsim \triangle BCN$

$\therefore \dfrac{DE}{BC} = \dfrac{DM}{BN} = \dfrac{2}{3}$

$\therefore S_{\triangle BCF} = \dfrac{1}{2} S_{矩形BCOG} = \dfrac{3}{2}$

$\therefore \dfrac{1}{2} CF \cdot BN = \dfrac{3}{2}$

$\therefore \dfrac{3}{2} DM \cdot \dfrac{1}{2} CF = \dfrac{3}{2}$

$\therefore \dfrac{1}{2} CF \cdot DM = 1 = S_{\triangle DCF}$

**解题思路分析4**：解构图层，点 $B$ 是 $y = \dfrac{3}{x}$ 上的动点，可知矩形 $ABCD$ 不确定，那么 $D$、$F$ 的位置随之改变。可见，决定 $S_{CDF}$ 的是点 $E$ 的三等分特征和 $B$ 点的位置。故将 $AD$ 与 $y$ 轴重合，则点 $E$ 与点 $F$ 重合，$S_{CDF}$ 为 $S_{矩形GBCO}$ 的三分之一。

## 三、解题后分析

回顾以上四种方法，主要有三种破题的思路。方法一：关注面积本身，在基本图形中反复寻找面积和面积之间的关系；方法二、三：关注面积的生成，尝试表示相关边和高，在基本图形中需找相关线段之间的关系；方法四：关注问题的生成，关注图中所有要素的先来后到和相互制约关系，在动态中寻找不变关系，继而找到目标图形面积的决定性因素。值得注意的有两点：一是本题的反比例函数背景，只是间接提供了面积不变的图形特征，去掉反比例函数，给出一个定面积的矩形，解法不变；二是本题起决定性因素的是矩形 $GBCO$ 的面积和点 $E$ 的位置，故条件可以泛化为 $y = \dfrac{k}{x}$（$k \neq 0$）和 $n$ 等分点，则此时

$$S_{\triangle CDF} = \frac{n-1}{2n}k.$$

道阻且长，行则将至，新的一年，顺德数学人，为热爱而奔跑！

## 案例 3　题虽小，内涵多

### 一、考题呈现

题：如图 4 – 1 – 13 所示，在四边形 $ABCD$ 中，$AB /\!/ CD$，$\angle A = 45°$，$\angle B = 120°$，$AB = 5$，$BC = 10$，则 $CD$ 的长为_____.

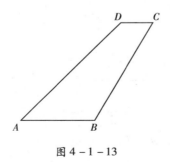

图 4 – 1 – 13

（选自顺德区 2019 学年度第二学期教学质量检测九年级数学第 16 题）

## 二、解法探究

**解法1**：过点 $D$ 作 $DF \perp AB$，交 $AB$ 延长线于点 $F$，交 $BC$ 于点 $G$.

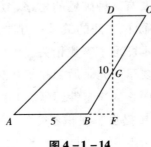

图 4 − 1 − 14

$\because \angle ABC = 120°$，$AB /\!/ CD$

$\therefore \angle C = \angle CBF = 60°$，令 $CD = x$，则 $CG = 2x$，$DG = \sqrt{3}x$

$\therefore BG = 10 - 2x$

$\therefore BF = \dfrac{1}{2}BG = 5 - x$，$FG = \sqrt{3}(5 - x)$

$\therefore AF = AB + BF = 5 + 5 - x = 10 - x$

$\therefore DF = DG + GF = \sqrt{3}x + \sqrt{3}(5 - x) = 5\sqrt{3}$

$\because \angle A = 45°$

$\therefore AF = DF$，即 $10 - x = 5\sqrt{3}$

$\therefore x = 10 - 5\sqrt{3}$

**解法2**：过点 $B$ 作 $BF \perp CD$，交 $CD$ 延长线于点 $F$，交 $AD$ 于点 $G$

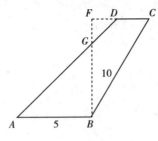

图 4 − 1 − 15

$\because \angle ABC = 120°$，$AB /\!/ CD$，$BC = 10$

$\therefore \angle C = 60°$，$CF = \dfrac{1}{2}BC = 5$，$BF = 5\sqrt{3}$

$\because \angle A = 45°$，$AB = 5$

$\therefore BG = AB = 5$，$FG = BF - BG = 5\sqrt{3} - 5$

$\because \angle FDG = \angle FGD = \angle AGB = 45°$

$\therefore DF = FG = 5\sqrt{3} - 5$

$\therefore CD = CF - DF = 5 - (5\sqrt{3} - 5) = 10 - 5\sqrt{3}$

**解法3**：过点 $C$ 作 $CE \perp AB$，交 $AB$ 延长线于点 $E$，过点 $A$ 作 $AF \perp CD$，交 $CD$ 延长线于点 $F$，

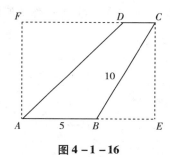

图 4-1-16

$\because \angle ABC = 120°$，

$\therefore \angle CBE = 60°$

$\therefore BE = 5$，$CE = AF = 5\sqrt{3}$

$\because \angle DAB = 45°$

$\therefore \angle FAD = \angle FDA = 45°$

$\therefore DF = AF = 5\sqrt{3}$，

$\therefore CD = CF - DF = AE - DF = 10 - 5\sqrt{3}$

**解法4**：过点 $C$ 作 $CE \perp AB$，交 $AB$ 延长线于点 $E$，过点 $D$ 作 $DF \perp AB$，交 $AB$ 延长线于点 $F$，

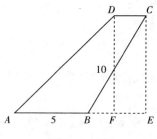

图 4-1-17

$\because \angle ABC = 120°$，$AB /\!/ CD$，$BC = 10$

$\therefore \angle CBE = 60°$

$\therefore BE = 5$，$CE = 5\sqrt{3}$，$AE = AB + BE = 10$

$\therefore DF = CE = 5\sqrt{3}$

$\because \angle A = 45°$

$\therefore AF = DF = 5\sqrt{3}$

$\therefore CD = EF = AE - AF = 10 - 5\sqrt{3}$

**解法 5**：延长 $AD$ 和 $BC$ 交于点 $E$，过点 $E$ 作 $EF \perp AB$，交 $AB$ 的延长线于点 $F$，

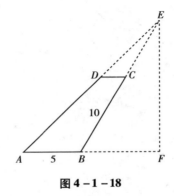

图 4－1－18

$\because \angle ABC = 120°$，

$\therefore \angle EBF = 60°$，$BF = a$，则 $EB = 2a$，$EC = 2a - 10$，$EF = \sqrt{3}a$

$\because \angle A = 45°$，

$\therefore AF = EF$  即 $5 + a = \sqrt{3}a$

$\therefore a = \dfrac{5(\sqrt{3}+1)}{2}$，$EC = 2a - 10 = 5\sqrt{3} - 5$，$EB = 5\sqrt{3} + 5$

$\therefore \dfrac{CD}{AB} = \dfrac{EC}{EB}$  即 $\dfrac{CD}{5} = \dfrac{5\sqrt{3}-5}{5\sqrt{3}+5}$

$\therefore CD = 10 - 5\sqrt{3}$

"立足基本图形，多元构造基本模型"是几何题的构造法解题的奥秘之所在。

数学老师不仅要多解题，更要能一题多解和多题归一，前者展示的是发散思维，后者展示的是聚合思维。老师的解题教学如果是"就题论题"，缺少两

者思维的深度实践，又如何高效引领学生的思维更上一层楼？

教师不仅要做一题多解和多题归一，更要做解题分析的反思。前者是将"题"作为研究对象，后者是将"解题活动"作为研究对象，不仅关注如何获得解法，更加关注对解法的进一步分析的基础上优化认知结构、提高思维品质、学会数学的思维。

数学学习，"只练不悟是傻练，只悟不练是空悟"，一句口头禅，道出了学习的真谛！

一个小题，举轻若重，一样能培养解题思维能力。

数学是聪明人的游戏，解数学题多了，做解题后的反思多了，人就变聪明了！

# 第二节　科组教研案例展示

期末质量检测已经结束，试题激发了老师们热烈的研讨，实想未曾想！上次刚分享了几位青年才俊对九年级试题第10题的研讨记录，今天再分享顺德德胜学校数学科组团队对试题25题的研讨实录。

## 案例1　春有深耕秋有收，夏有生长冬有藏

### 一、考题呈现

已知一次函数 $y = kx - (2k+1)$ 的图像与 $x$ 轴和 $y$ 轴分别交于 $A$、$B$ 两点，与反比例函数 $y = -\dfrac{1+k}{x}$ 的图像分别交于 $C$、$D$ 两点。

（1）如图 $4-2-1$（a）所示，当 $k=1$，点 $P$ 在线段 $AB$ 上（不与点 $A$、$B$ 重合）时，过点 $P$ 作 $x$ 轴和 $y$ 轴的垂线，垂足分别为 $M$、$N$，当矩形 $OMPN$ 的面积为 2 时，求出点 $P$ 的位置。

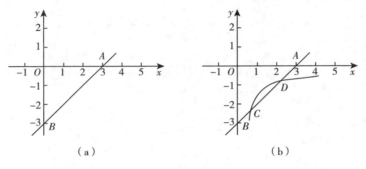

（a）　　　　　　　　（b）

图 $4-2-1$

（2）如 4-2-1（b）所示，当 $k=1$ 时，在 $x$ 轴上是否存在点 $E$，使得以 $A$、$B$、$E$ 为顶点的三角形与 $\triangle BOC$ 相似？若存在，求出点 $E$ 的坐标；若不存在，请说明理由。

（3）若某个等腰三角形的一条边长为 5，另两条边长恰好是两个函数图像的交点横坐标，求 $k$ 的值。

（顺德区 2019 学年度第一学期期末教学质量检测九年级数学 25 题）

## 二、评分标准

**1. 参考标准**

解：（1）当 $k=1$ 时，一次函数表达式为 $y=x-3$

设 $P$ 点坐标为 $(a,\ a-3)$，得 $a(3-a)=2$　　　　　2 分

解得 $a_1=1$，$a_2=2$

$\therefore P(1,\ -2)$ 或 $(2,\ -1)$　　　　　　　　　3 分

（2）当 $k=1$ 时，反比例函数为 $y=-\dfrac{2}{x}$，一次函数为 $y=x-3$

易得 $OA=OB=3$，$AB=3\sqrt{2}$

$$\begin{cases} y=-\dfrac{2}{x} \\ y=x-3 \end{cases}$$

$\therefore \begin{cases} x_1=1 \\ y_1=-2 \end{cases}$，$\begin{cases} x_2=2 \\ y_2=-1 \end{cases}$

$\therefore C(1,\ -2)$

说明：解方程组正确，没有写成坐标形式也给分。4 分

$\therefore BC=\sqrt{2}$

设 $E$ 点坐标为 $(m,\ 0)$，则 $AE=3-m$

由于 $\angle OBC=\angle EAB$，要使 $\triangle OBC \backsim \triangle BAE$，则

$\therefore \dfrac{BC}{AE}=\dfrac{OB}{AB}$，即 $\dfrac{\sqrt{2}}{3-m}=\dfrac{3}{3\sqrt{2}}$

$\therefore m=1$，即 $E(1,\ 0)$　　　　　　　　　5 分

或者 $\dfrac{BC}{AB}=\dfrac{OB}{AE}$，即 $\dfrac{\sqrt{2}}{3\sqrt{2}}=\dfrac{3}{3-m}$

$\therefore m=-6$，即 $E(-6,\ 0)$　　　　　　　　6 分

（3）依题意得，$-\dfrac{1+k}{x}=kx-(2k+1)$　　　　7分

化简，得 $kx^2-(2k+1)x+(k+1)=0$

$x_1=\dfrac{k+1}{k}$，$x_2=1$　　　　8分

$\therefore \dfrac{k+1}{k}=5$，解得 $k=\dfrac{1}{4}$.　　　　10分

**2. 改卷细化**

对评分标准的细化和明确，建立在老师们解题分析和解题总结的基础之上，是集体研讨的结果。

在阅卷过程中，对几个常见问题的给分标准细化如下：

（1）第一问若只有两个答案得1分，只有一个正确答案不得分，第一问有过程但过程错误，答案正确的不得分；

（2）第一问联立 $y=\dfrac{-2}{x}$（由面积得）得结果的可以得分，但是由 $k=1$ 得到 $y=\dfrac{-2}{x}$ 再联立的不能得分；

（3）第一问直接由面积为2得长是2宽是1，得正确答案的不能得分；

（4）第二问只写"存在"不得分；

（5）第二问算出两个正确答案，但还有其他错误答案，倒扣1分，此小题得2分；

（6）第三问直接令交点横坐标等于5的，理解为漏掉一种情况，本小题得2分。

## 三、考题立意

今年（2020）实施新中考，数学试题在稳定的基础上会有哪些新变化？这些变化反映在试题的哪些题号？是老师备考一直在思考研讨的话题。

往年广东省的中考数学试题25题，背景多以图形的运动和二次函数的融合，知识是代数与几何的综合，方法是数形结合、分类讨论和转化，突出考查运算能力、分析问题和解决问题的能力。近十年的命题稳定中有微调，早已被老师们研究透彻。

作为区的上学期期末教学质量检测，稳定是基调，创新是为了引领教学。

命题的设想之一是回归课本的"问题解决的题"，引领老师们重视教材上

典型问题的研究。25（1）来源于北师大版教材 58 页"问题解决的 20 题"。

20. 如图 4 - 2 - 2 所示，一次函数 $y = -2x + 3$ 的图像交 $x$ 轴于点 $A$，交 $y$ 轴于点 $B$，点 $P$ 在线段 $AB$ 上（不与点 $A$，$B$ 重合），过点 $P$ 分别作 $OA$ 和 $OB$ 的垂线，垂足为 $C$，$D$. 点 $P$ 在何处时，矩形 $OCPD$ 的面积为 1？

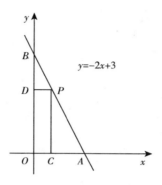

图 4 - 2 - 2

本题的情境凸显"函数、图像、交点、图形、面积"，是立足函数、整合几何的命制"代数与几何综合题"的极佳素材。因为"函数图像"原本就是"动点的集合"，可以设计成考查"运动类型"的问题，"交点"可以设计成考查"方程的根、方程组的解""不等式的解集"等相关问题，"图形"则可以设计成考查"图形的形状、性质、判定、位置关系及数量关系"的诸多问题，"面积"可以设计成"不同的图形的面积计算"问题等，彰显的是"代数切入，几何生成"。

一道考题需要一个好的情境，一个好的情境必然可以承载更多的命题立意。

命题的设想之二是研析过往的广东省中考题，引领老师们揣摩中考题是如何整合知识、融合方法的，在揣摩中领悟改编问题的合理性、拓展问题的必要性，从而有意识地指导解题教学。25（2）与 2019 年广东省中考数学题的 25（3）考查内容有异曲同工之妙——都考查三角形相似问题。

题：（2019 年广东中考 25 题）如图 4 - 2 - 3 所示，在平面直角坐标系中，抛物线 $y = \frac{\sqrt{3}}{8}x^2 + \frac{3\sqrt{3}}{4}x - \frac{7\sqrt{3}}{8}$ 与 $x$ 轴交于点 $A$、$B$（点 $A$ 在点 $B$ 右侧），点 $D$ 为抛物线的顶点，点 $C$ 在 $y$ 轴的正半轴上，$CD$ 交 $x$ 轴于点 $F$，$\triangle CAD$ 绕点 $C$ 顺时针旋转得到 $\triangle CFE$，点 $A$ 恰好旋转到点 $F$，连接 $BE$.

（1）求点 $A$、$B$、$D$ 的坐标。

（2）求证：四边形 $BFCE$ 是平行四边形。

（3）如图 4-2-4，过顶点 $D$ 作 $DD_1 \perp x$ 轴于点 $D_1$，点 $P$ 是抛物线上一动点，过点 $P$ 作 $PM \perp x$ 轴，点 $M$ 为垂足，使得 $\triangle PAM$ 与 $\triangle DD_1A$ 相似（不含全等）。

① 求出一个满足以上条件的点 $P$ 的横坐标。

② 直接回答这样的点 $P$ 共有几个？

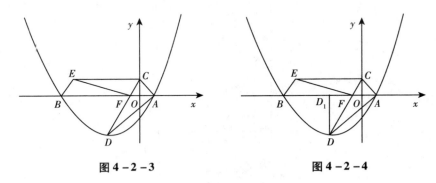

图 4-2-3　　　　　　　　图 4-2-4

命题的设想之三是在"代数与几何综合题"中"弱化几何、突出代数"。试题的背景是函数，每一小题又是几何切入，代数走出。

命题的设想之四是视导中发现导学案教学有远离教材、以"做简单题"代替"知识的形成过程"的教学，这种简单模仿解题是一种假性学习、非理解性学习。

命题的设想之五是降低试题的整体难度、提高试题的门槛高度，引领师生的日常教学既需加强审题能力的培养，为未来的"新情境问题"的审题阅读分析能力奠定基础；又需要强化对解题简练性的书写训练，否则写得过于详细则时间不够。

命题的设想之六是突出数学方法和能力，为后续学习奠定基础。重点考查函数与方程的思想、数形结合的思想、分类讨论的思想和数学运算能力等，这些是后续学习数学必不可少的基础和技能。

命题的设想之七是适度新颖，回避大家已经研究透彻的"图形的运动问题"，转向探究存在性问题。

本题主要考查的相关知识点有一次函数和反比例函数的概念及图像，等腰三角形和相似三角形的概念及判定，矩形的概念等，做了深度的整合。

本题涉及的主要数学思想方法有"待定系数法""函数与方程""分类与整合""数形结合"。

本题主要考查学生的数学思考有"直线上的动点"和"双曲线上的动点"

的意义、"坐标与长度的转化"。

考题的命制，实现了回归课本"问题解决的题"，整合考题走改编拓展之路。

## 四、答题分析

### 1. 数据统计

本题组的样本数 25113，平均分 0.88，标准差 1.61。

表 4 - 2 - 1

| 得分 | 0 分 | 1 分 | 2 分 | 3 分 | 4 分 | 5 分 | 6 分 | 7 分 | 8 分 | 9 分 | 10 分 |
|---|---|---|---|---|---|---|---|---|---|---|---|
| 人数 | 16559 | 3282 | 1566 | 1621 | 841 | 629 | 309 | 139 | 73 | 54 | 40 |
| 占比（%） | 65.94 | 13.07 | 6.24 | 6.45 | 6.45 | 2.50 | 1.23 | 0.55 | 0.29 | 0.22 | 0.16 |

### 2. 归因分析

原本是弱化了计算、整合了教材、突出了思维的试卷压轴题，从数据统计的角度分析看得分并不理想，结合答题阅卷实况，究其原因如下：

（1）接近 65.94% 的学生得 0 分，说明学生的答题时间安排不合理或者不够用。

（2）对 $k = 1$ 的适用条件使用错误，或把 $P$ 点理解成两个函数图像的交点，说明学生的审题不仔细，处理信息的能力偏弱。

（3）在平面直角坐标系中对坐标和长度的转换不熟练，或者带绝对值符号，但去绝对值符号不熟练，说明学生的数学概念的理解不到位。

（4）对诸如"相似三角形的存在性问题"等常见类型题的解决停留在模仿阶段，往往只能依靠模仿 + 运气得 1 分，说明初中学生的学习方式主要是模仿性学习，从而缺乏反思性学习为主的深度学习。

（5）满分人数偏少，若学生解决此题时对"图像上的点""函数与方程"的关系等的认识"停留表面、似是而非"都很难拿到全分，说明学生对数学思想方法缺乏比较深刻的理解和运用。

（6）师生教学对偏代数类的代数与几何综合题在思想上准备不足，学习中缺失训练的适应，则说明学生的解决问题的迁移能力急需增强。

## 五、评价与改进建议

### 1. 考题引发的阅卷教师对考题评价与改进建议

初见本题，觉得和往年的倚重几何的"代数与几何综合题"相比较，变成了倚重代数的"代数与几何综合题"，难度下降不少，原以为学生的完成情况会比较好。但在阅卷和解题分析的过程中发现并非如此。细细品来，觉得此题有几个特别的亮点：

要让学生理解数学，就需要多维度地建构数学。"点在函数图像上，意味着点的坐标符合函数关系，同时，符合函数关系的所有数对所对应的点都在函数图像上"，这一点对学生理解能力的要求是比较高的。平时我们考查的方式多以求待定系数为主，表面上看起来学生好像都掌握得可以，其实也只是停留在模仿阶段。

解题能力的提升需要奠基在数学理解和数学领悟的基础上。仅靠模仿和机械操练无法达到提升思维的作用，只有让学生参与生成模型、生成方法的过程，才能让学生学会分析和解构模型，以适应题目的各种变化。

初高数学的衔接要"淡化高中数学知识的下放的教学"，应"突出数学方法和数学思考的深化的教学"。第（2）小题体现了与高中知识的遥相呼应，不需要用到任何超纲的知识（当然，用十字相乘也没问题），既考查了几何图形中的分类思想，也直接考查了学生对"方程"以及"解方程"的理解层次，思维要求很高，清爽而不烦琐，是一个非常好的小问。

提一个小小的建议，站在精准检测的角度，本题的第一问建议在数值上进行一些调整，规避错误解法刚好算出正确结论的风险，减少在压轴题中能凑出答案的可能性，能使此题在优生和尖子生层面的区分度加大，也能较好地减轻阅卷教师的负担。

### 2. 考题引发的阅卷教师的教学思考

"没有悟的练是死练，没有练的悟是空悟。"技能训练是快速提分的手段，但并不是长效的途径，更不是对学生思维发展真正有效的教学方法。数学教学不能没有技能训练，但在技能训练以外，还有很多的课型，唯有重生成、重本质、重变式教学，才能以不变应万变，解救自己和学生于题海。

课本是课标的载体，教师要深入理解课本、研究课本，课本的编排、课本的例题、课本的练习等，意义何在，权重几何，都值得我们静下心，一个一个去思考，一个一个去突破。

学生的发展是我们教学最终的归宿，如果学生只是学会了依样画葫芦，徒有其形，未知其本，迟早会在越来越灵活、越来越多变化的考试中暴露出来。更可怕的是，如果教师在教学过程中没有有效的检测手段，不能发现学生对很多基本问题的理解是不到位的，学生在这个思维发展的关键期可能就被耽误了。（比如25题所体现的学生对于点的坐标和函数图像的关系、方程和方程的解的本质等这些基本概念的理解是很不到位的）

数学教学，真的不能强化了刷题，潦草了过程。

### 3. 考题引发的科组研讨

**曾旭艳**　　　　　　　　　　　　　01-10 19:30:15
专业的发展是毕生的事情，抬头许是星辰大海，低头终究粟米尘埃，志立于高，行成于微，与顺德数学人共勉。

**曾旭艳**　　　　　　　　　　　　　01-10 19:30:28
这句话超级喜欢👍👍👍👍

**huyl**　　　　　　　　　　　　　01-10 19:40:07
@张玮　本人感觉应该表扬远老师，这份卷子具有很好的导向作用。引导老师抓课本，抓学生对每一个概念的本质理解，抓基本计算。这也是前不久去学习时孙老师不离口的一句话。

**张玮**　　　　　　　　　　　　　01-10 19:42:46
嗯，我也觉得，最后这题也值得细品。考察内容的变革直接引领课堂变革，大家都要把握机会啊。

**huyl**　　　　　　　　　　　　　01-10 19:44:21
只要基本功扎实，不复习这卷子也能考高分。这就是多年来教育的呼吁。

**huyl**　　　　　　　　　　　　　01-10 19:48:25
您截个图发远老师，安慰一下远老师25题的分数对他的伤害。这几年期末统考题质量都很高。这是远老师的教育情怀使然。为远老师点赞哦👍🏆

**Judy靓**　　　　　　　　　　　　01-10 19:49:25
嗯，虽然有值得商榷的地方,但是原创值得学习，题目的想法是很好的。远老师花了很多心思，是个志存高远的数学人。

**huyl**　　　　　　　　　　　　　01-10 19:49:54
源于课本。更值得点赞!

**冼海文**                                        01-10 21:57:04

这次期末卷出题立足于课本，重视学生对基础知识和基本概念的理解，并以课本习题为原型适当变形或拓展，很好地考察学生对知识本质的掌握情况，非常贴切中考方向，为出题者的用心设计点赞👍
我们之后要以此为指导，快速调整好教学的方向🖐

**风城**                                          01-10 22:12:54

改完25题，重新又反复看了好几遍试卷其他的题，仔细想想，有以下感悟：整张试卷的难易程度我认为不仅可以鼓励学困生，区分中等生，选拔尖子生，同时更让所有学生感受到数学并不像所有学生想象中那么难。只要平时落实好基础，解决好中等题那完全可以考到100分，我一直认为，学习，最终要带给学生的是信心！！而不是打击！通过这份试题，我相信我所教的学生又看到了希望，这为接下来的中考冲刺打下了很好的基础。同时，试卷的难题难得正常，难得自然，难得熟悉。不是偏题怪题！这让中等生不仅感叹，如果可以稍微再花点时间想想平时的难一点的题型，跳一跳，自己也能成为那个尖子生。
而对于教师而言，我更加懂得务实基础的重要性，基本数学思想和方法的重要性，只有基础牢靠，才能建造出成功的数学大厦🏢 好的试题一定要能在区分学生的同时看到希望，指导老师教学的同时看到希望。无疑，这份试卷，做到了！

**huyl**                                          01-10 22:16:37

@余修文说得好！

**huyl**                                          01-10 22:19:12

夯实基础永远都是王道！

**huyl**                                          01-10 23:06:17

我们感悟虽浅表，但我们绝对感知到本次试卷远老师的良苦用心。

**楚芸裳**                                        01-15 09:16:48

昨天才拿到答题卡，对着小题分再看了一遍学生的答卷，发现有一个学生，之前都是考比较靠后或者说倒数的名次，这一次进步十分大，考到历次最高成绩，在年级中上。我仔细看了他的试卷，1到23题满分，24/25题几乎没拿到分，但是总体已经上100分。我特地找到这个学生，从跟他交流中知道，他在复习时候特别注重书本，关注基础的知识，考试时候也特别注意前面的题，他目标很明确就是把前面的分数拿到争取初三来个突破，他很开心自己这一次拿到这样的成绩，以前总觉得学好数学好困难无从下手，现在对学习数学充满了信心，先打扎实基础再去攻克后面的思维题。很感谢这一份卷子，我相信不止是我这一个学生，应该很多类似这样的学生都因为这份卷子获得了学习数学的信心，掌握了学好数学的方法。我特别感动于这样的转变，同时也指导我们年轻教师日后的教学方向。对于数学这一门基础学科而言，应该让更多的学生由心底充满自信地去学，由我要学好转变为我想学好到我能学好。

**Aillen**  01-15 09:29:27

本份卷的题目来源于教材又不拘泥于教材，稳中求变，稳中求新，
为我们今后的教学和研讨指明了方向，立足于课本，立足于课堂，
抓基础、重知识的产生过程，懂得来龙去脉，既能为学生树立信心，
又能有效提高思维。数学是变化无常的，但是万变不离其宗！

**方**  01-15 10:23:29

本次九年级末考25题是一个源于课本《一元二次方程》一章的习题，
同时揉进了一元二次方程的解法、根的判别式，根的定义等代数知识
和三角形相似的存在性问题以及等腰三角形的分类讨论等几何知识，
在考查的内容上综合性很强，但计算又不繁杂，是一道真正地体现了
教与学自然关系的考题，为出题人的这份心思点赞！但这道题同时也
有一个非常大的弊端，那就是对学情的认识不足，学生对距离和坐标
间的关系始终是一个难点，题中的第一小题，同样的背景设置，同样
的题目，如果把反比例函数放置在第一象限，就不会出现得分率这么
低下的问题。按照出题者的意愿，第一题是让大部分同学都能够得分
的，但实际得分可能还低于第二问和第三问。另一个值得商榷的问题
是本题第三题的官方答案，给出的是解字母系数的方程得到两个根，
有点偏离教学大纲。我个人认为，官方答案应让学生先讨论根的判别
式，得到根的判别式大于0之后，再把5代入求 $K$ 才是符合目前我们所
教的正常教学内容。一点陋见，敬请批评指正 😄

**矿泉水**  01-15 10:41:07

个人教学思考：

25（1）要渗透函数的本质特征，自变量和因变量的对应，也就是已
知自变量可以求或表示因变量，反之也行。
本题涉及一次函数的动点的表示方法（实际函数上动点的表示也是这
样），但是平面直角坐标内的点的坐标转化成长度以及长度换成坐标，
实际上教学中容易简化过程（总觉得简单，学生应该会），很多学生
没有良好的正负观念是很容易犯错的。
（2）平面直角坐标系内的三角形，不妨引导学生从边的长度或内角
的度数思考，很多题目存在30°，45°，60°，90° 的特殊角，比
如当学生发现 $\angle OBC=45°$ 时，这个△ABC寻找就更有靶向性了。
（3）含参的一元二次方程的解法，学生见的少，就像二次函数的系
数为无理数一样，学生在求解时手段少，其实仍然可以用求根公式，
这就需要学生对完全平方结构熟悉，以及对△是完全平方式或数时，
方程一定有有理数或有理式根，当然也可以在这种情况下渗适含参十
字相乘的方法。

图 4 - 2 - 5

### 4. 命题整合有风险，整合命题须谨慎

为了保障整合法命题的质量，常常需要进一步的命题反思。

（1）梳理题目考查的知识、解决问题的方法不超课标的范围和要求。

　　如此设计，题目考查的知识是"直线上的动点""双曲线上的动点""坐标与长度的转化""相似三角形的存在性""等腰三角形""解含字母参数的一元二次方程""由方程的解确定方程的待定系数"等。以上所有考点虽都属于综合性较强、易错知识点，考查的主要思想方法有"函数与方程""分类与整合""数形结合"等都不超出课标要求。

　　（2）预判学生做题错误及原因分析。

　　① 答题时间不够，对偏代数类的压轴题在思想上准备不足。

　　② 审题不仔细，对 $k=1$ 条件的适用条件未进行仔细分析。

　　③ 转换不熟，在平面直角坐标系中对坐标和长度的转换不熟练，或者带绝对值符号，但去绝对值符号不熟练。

　　④ 模仿性学习，对一些常见类型，如"相似三角形的存在性问题"，很多学生停留在模仿阶段，并不能独立进行分析思考，往往只能依靠模仿＋运气得 1 分。

　　⑤ 函数与方程的关系领悟不深，此题需要学生对"图像上的点""函数与方程"的关系有比较深刻的理解，停留表面、似是而非都很难拿到全分。

　　"教而不研则浅，研而不教则空。"考试表面上看起来是一个学期的结束，其实更是下一个征程的起点。教师的专业成长如同学生的学习一样，是一个漫长的过程：教师无时不在、无处不在的教研，就犹如春之深耕，唯有得法、得力，方有秋收可期；学生在教师引导下的深度学习，便如同夏之生长，只要加入时间的变量，必有冬藏。

　　数学教学要在做题中培养学生的思维，也要培养学生学会解题及解题后的反思。这样，素养的培养才会落地生根。我们的解题教学，不仅要教会学生怎样解题，还更应该教会学生做解题后的反思：梳理解题所用到的知识，总结解题的方法，贯通解题的思路，概括解题的关键步骤，强化应该注意的问题，发挥一题多解和多题归一，开展变式训练和拓展联系。

　　解题反思题题有，解题水平步步高！

　　专业的发展是毕生的事情，抬头许是星辰大海，低头终究粟米尘埃，志立于高，行成于微，与顺德数学人共勉。

## 案例2 追本溯源 生长无限

——顺德区 2020 年调研测试题的一道考题的赏析

## 一、考题呈现

**材料一：** 如图 4 - 2 - 6 所示，在 $\triangle ABC$ 中，$AB = c$，$BC = a$，$\angle B = \theta$，用 $c$ 和 $\theta$ 表示 $BC$ 边上的高为_____，用 $a$、$c$ 和 $\theta$ 表示 $\triangle ABC$ 的面积为_____。

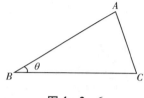

图 4 - 2 - 6

**材料二：** 如图 4 - 2 - 7 所示，已知 $\angle C = \angle P$，求证：$CF \cdot BF = QF \cdot PF$.

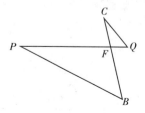

图 4 - 2 - 7

**材料三：** 蝴蝶定理（Butterfly Theorem）是古代欧氏平面几何中最精彩的结果之一，最早出现在 1815 年，由 W. G. 霍纳提出证明，定理的图形像一只蝴蝶。

**定理：** 如图 4 - 2 - 8 所示，$M$ 为弦 $PQ$ 的中点，过 $M$ 作弦 $AB$ 和 $CD$，连结 $AD$ 和 $BC$ 交 $PQ$ 分别于点 $E$ 和 $F$，则 $ME = MF$.

**证明：** 设 $\angle A = \angle C = \alpha$，$\angle B = \angle D = \beta$，$\angle DMP = \angle CMQ = \gamma$，$\angle AMP = \angle BMQ = \delta$，$PM = MQ = a$，$ME = x$，$MF = y$

由 $\dfrac{S_{\triangle AME}}{S_{\triangle FCM}} \cdot \dfrac{S_{\triangle FCM}}{S_{\triangle EDM}} \cdot \dfrac{S_{\triangle EDM}}{S_{\triangle FMB}} \cdot \dfrac{S_{\triangle FMB}}{S_{\triangle AME}} = 1$，

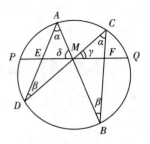

图 4 - 2 - 8

即 $\dfrac{AM \cdot AE \cdot \sin\alpha}{MC \cdot CF \cdot \sin\alpha} \cdot \dfrac{FM \cdot CM \cdot \sin\gamma}{EM \cdot MD \cdot \sin\gamma} \cdot \dfrac{ED \cdot MD \cdot \sin\beta}{FB \cdot BM \cdot \sin\beta} \cdot \dfrac{MF \cdot MB \cdot \sin\delta}{MA \cdot ME \cdot \sin\delta} = 1$

化简得：$MF^2 \cdot AE \cdot ED = ME^2 \cdot CF \cdot FB$

则有：$\dfrac{MF^2}{ME^2} = \dfrac{CF \times FB}{AE \times ED}$

又 $\because CF \cdot FB = QF \cdot FP,\ AE \cdot ED = PE \cdot EQ,$

$\therefore \dfrac{MF^2}{ME^2} = \dfrac{QF \times FP}{PE \times EQ}$，即 $\dfrac{MF^2}{ME^2} = \dfrac{(a-y)\ (a+y)}{(a-x)\ (a+x)} = \dfrac{a^2 - y^2}{a^2 - x^2}$

即 $\dfrac{y^2}{x^2} = \dfrac{a^2 - y^2}{a^2 - x^2}$，从而 $x = y$，$ME = MF$.

**请运用蝴蝶定理的证明方法解决下面的问题：**如图 4 - 2 - 9 所示，$B$、$C$ 为线段 $PQ$ 上的两点，且 $BP = CQ$，$A$ 为 $PQ$ 外一动点，且满足 $\angle BAP = \angle CAQ$，判断 $\triangle PAQ$ 的形状，并证明你的结论。

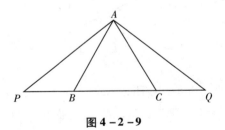

图 4 - 2 - 9

## 二、思路分析

作为一道大阅读量的"材料分析"题，复盘一般性的"学习过程"是其解答的核心过程，"理解材料—破解关键步骤—模仿解答"是常见的解题流程。

**理解材料：**材料一，已知三角形两边及夹角，探究求三角形面积的一般方法；材料二：特定几何结构下比例线段的证明；值得注意的是，材料一及材料二本身的容量较小、难度较小，但其真正的意图要求学生不仅要读懂，还要能进行模型的识别和提取，其难度下潜至材料三；材料三：较复杂的特定几何结构的图形理解与较大篇幅的符号语言阅读的结合，特别值得一提的是，材料一、材料二的模型在材料三中的识别和应用，增加了材料三的阅读理解难度。

**破解关键步骤：** 25 题的核心任务是利用材料三所提供的"证明方法"，这个"方法"到底是什么？

由 $\dfrac{S_{\triangle AME}}{S_{\triangle FCM}} \cdot \dfrac{S_{\triangle FCM}}{S_{\triangle EDM}} \cdot \dfrac{S_{\triangle EDM}}{S_{\triangle FMB}} \cdot \dfrac{S_{\triangle FMB}}{S_{\triangle AME}} = 1,$       ①

即 $\dfrac{AM \cdot AE \cdot \sin\alpha}{MC \cdot CF \cdot \sin\alpha} \cdot \dfrac{FM \cdot CM \cdot \sin\gamma}{EM \cdot MD \cdot \sin\gamma} \cdot \dfrac{ED \cdot MD \cdot \sin\beta}{FB \cdot BM \cdot \sin\beta} \cdot \dfrac{MF \cdot MB \cdot \sin\delta}{MA \cdot ME \cdot \sin\delta} = 1$

      ②

①②直接应用材料一的结论；

则有：$\dfrac{MF^2}{ME^2} = \dfrac{CF \times FB}{AE \times ED}$       ③

∴ $\dfrac{MF^2}{ME^2} = \dfrac{QF \times FP}{PE \times EQ}$       ④

③④直接应用材料二的结论。

可见，这些步骤是前述材料的下潜，只是解读材料三的工具，但不是关键，材料三中"证明方法"的核心是步骤①的等式的建立，亦即建立等式①的依据是什么？此时不妨追问一句，等式①为何成立？

因为 $S_{\triangle AME} = S_{\triangle AME}$，$S_{\triangle FCM} = S_{\triangle FCM}$，$S_{\triangle EDM} = S_{\triangle EDM}$，$S_{\triangle FMB} = S_{\triangle FMB}$

很像一句"正确的废话"，却成为解决这个问题的关键，为什么？在哪里我们曾经遇到过类似的结论？步骤②给出了线索，"等积法"出场。结合图形，四个三角形在结构上有相互的制约，所以要通过面积之间的运算而不是单个面积"等积"得到我们想要的边边关系。

**模仿解答：**

**方法一：**（赵晨竣）如图 4 - 2 - 10 所示，

$S_{\triangle APB} = \dfrac{1}{2}mx\sin\alpha = \dfrac{1}{2}m \cdot PB \cdot \sin P,$

$S_{\triangle APC} = \dfrac{1}{2}my\sin(\alpha + \beta) = \dfrac{1}{2}m \cdot PC \cdot \sin P$

$S_{\triangle ACQ} = \dfrac{1}{2}ny\sin\alpha = \dfrac{1}{2}n \cdot QC \cdot \sin Q,$

$$S_{\triangle ABQ} = \frac{1}{2}nx\sin(\alpha + \beta) = \frac{1}{2}n \cdot QB \cdot \sin Q$$

$$\because \frac{S_{\triangle APE}}{S_{\triangle APC}} \cdot \frac{S_{\triangle APC}}{S_{\triangle AQC}} \cdot \frac{S_{\triangle AQC}}{S_{\triangle AQB}} \cdot \frac{S_{\triangle AQB}}{S_{\triangle APB}} = 1$$

$$\therefore \frac{x\sin\alpha}{y\sin(\alpha + \beta)} \cdot \frac{m \cdot PC \cdot \sin P}{n\sin\alpha} \cdot \frac{QC \cdot \sin Q}{QB \cdot \sin Q} \cdot \frac{nx\sin(\alpha + \beta)}{m \cdot PB \cdot \sin P} = 1$$

$$\because QC = PB, \quad PC = QB$$

$$\therefore \frac{x^2}{y^2} = 1 \ \text{即} \ x = y，易证 \angle P = \angle Q$$

$$\therefore AP = AQ，即 \triangle PAQ 是一个等腰三角形。$$

在模仿解答的过程中，可以进行一些优化，使得步骤更加简洁。

**方法二：**（原卷参考答案）过点 $A$ 作 $PQ$ 边上的高 $h$.

$$\because \frac{mx\sin\alpha}{PC \cdot h} \cdot \frac{my\sin(\alpha + \beta)}{ny\sin\alpha} \cdot \frac{QC \cdot h}{nx\sin(\alpha + \beta)} \cdot \frac{QB \cdot h}{PB \cdot h} = 1$$

$$\therefore \frac{m^2}{n^2} = 1，\ \text{即} \ m = n.$$

若"等面积法"脱离比值为 1 的烦琐形式，利用 $S_{\triangle APB}$ 和 $S_{\triangle AQC}$ 面积相等建立关系。

**方法三：**（王东晓）如图 4 - 2 - 10 所示，

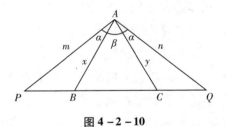

**图 4 - 2 - 10**

$$\because PB = QC,$$

$$\therefore S_{\triangle APB} = S_{\triangle AQC},$$

$$\therefore S_{\triangle APC} = S_{\triangle AQB}$$

$$\therefore mx\sin\alpha = ny\sin\alpha，\ my\sin(\alpha + \beta) = nx\sin(\alpha + \beta)$$

$$\therefore mx = ny，\ my = nx，\ \text{即} \ \frac{m}{n} = \frac{y}{x} = \frac{n}{m}$$

$$\therefore m = n \ \text{即} \ \triangle APQ 是等腰三角形。$$

若"等积"后关注比例线段，亦可利用相似巧解。

**方法四：**（訾星淳）如图 4 – 2 – 10 所示，

$\because S_{\triangle ABP} = S_{\triangle ACQ}$，

$\therefore \dfrac{1}{2} AP \cdot AB \cdot \sin\alpha = \dfrac{1}{2} AQ \cdot AC \cdot \sin\alpha$

$\therefore AP \cdot AB = AQ \cdot AC$，即 $\dfrac{AP}{AQ} = \dfrac{AC}{AB}$

又 $\because \angle PAC = \angle QAB$，

$\therefore \triangle APC \backsim \triangle AQB$

$\therefore \angle P = \angle Q$，

$\therefore AP = AQ.$

（此法亦可视为北师大版教材九年级上 P90T4、P120T11 的泛化和逆向变式）

## 三、追本溯源

作为一次阶段性考试的压轴题，除了基本的水平鉴定和层次区分的目标，还兼具引导学习方向和教学方向的任务，跳出试题给出的解答口径限制，最大限度地发挥一道试题的价值，是师生成长的共同需求。我们试图找到试题在知识体系、学习体系、教学体系中的生长点，共襄一场思想的盛宴。

**生长点一：蝴蝶模型**

**出处一：**北师大版七年级下《4.1 认识三角形》第 90 页的著名的"双高模型"

分别指出图中的 $\triangle ABC$ 的三条高。

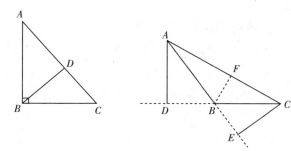

**图 4 – 2 – 11**

**出处二：**北师大版七年级下《第四章复习题》第 111 页的对称、旋转双变合璧造全等

9. 如图 4 – 2 – 12 所示，已知 $\angle ABC = \angle DCB$，要使 $\triangle ABC \cong \triangle DCB$，只需

添加一个条件是_____（只需添加一个你认为合适的条件）。

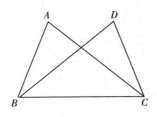

图 4 - 2 - 12

此模型很受教材青睐，北师大版七年级《总复习》第 166 页的第 7 题的图形也是如此。

**出处三：** 人教版九年级下《第二十七章相似》第 56 页开放设问，学得更多

10. 如图 4 - 2 - 13 所示，$AD \perp BC$，垂足为 $D$，$BE \perp AC$，垂足为 $E$，$AD$ 与 $BE$ 相交于点 $F$，连接 $ED$。你能在图中找出一堆相似三角形，并说明相似的理由吗？

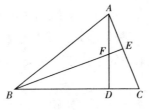

图 4 - 2 - 13

联系三个出处，发现蝴蝶模型生成的共性图形基础——共底等对角，回归原问题有以下解法：

**方法五：** （张玮）等边不共边，平移处之

$AD$ 为点 $A$ 的平移轨迹，故在一般蝴蝶模型中增加平行条件，易证 $\angle BDA = \angle BPA = \angle DAP = \angle DBP$，所以 $AP = DB = AQ$。

如果将着眼点放在"等角"条件处，会自然想到"造圆"。

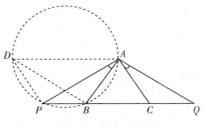

图 4 - 2 - 14

**方法六：**（訾星淳）强行共边，圆中等角，一般中找特殊

作 $ABP$ 的外接圆，$D$ 为圆上一动点，则 $\angle DPB$ 与 $\angle APB$ 满足共底对等角。此时点 $D$ 有一般性，为解决 $AP$ 与 $AQ$ 的关系，可限定点 $D$ 的位置，如 $PD\parallel AC$、$BD\parallel QA$、以 $P$ 为圆心，$AC$ 长为半径截取 $D$ 点、以 $B$ 点为圆心、$QA$ 长为半径截取 $D$ 点等均可，通过证明 $DBP\cong AQC$ 可解。

**生长点二：三角形的外接圆（圆的内接三角形）**

**出处一：** 北师大版九年级下《3.5 确定圆的条件》第 85 页做一做——作一个三角形内接于圆

（1）作圆，使它经过已知点 $A$. 你能作出几个这样的圆？

（2）作圆，使它经过已知点 $A$、$B$. 你是如何做的？你能作出几个这样的圆？其圆心的位置有何特点？与线段 $AB$ 有什么关系？为什么？

（3）作圆，使它经过已知点 $A$、$B$、$C$（$A$、$B$、$C$ 三点不在同一条直线上）。你是如何作的？你能作出几个这样的圆？

**出处二：** 北师大版九年级下《第三章复习题》第 104 页——若干个三角形一起内接

6. 如图 $4-2-15$ 所示，请找出 4 组相等的圆周角。

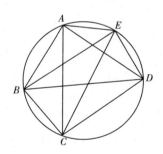

图 $4-2-15$

外接圆对于三角形的意义有两个：一是使固态的三角形变成了动态的三角形；二是使具有特殊结构关系的若干个三角形可以更加自由地传递彼此的元素信息，可谓"无圆不欢的三角形"。构造外接圆成为这个问题值得尝试的途径。

**方法七：**（方群英）着眼全局，离散信息一圆牵

如图 $4-2-16$ 所示，作 $APQ$ 的外接圆，在圆中借弧传递边角关系，易证：$BPM\cong CQN$，得 $\angle M=\angle N$，所以 $AP=AQ$.

若对材料二的模型足够熟悉，结合起来也有妙法。

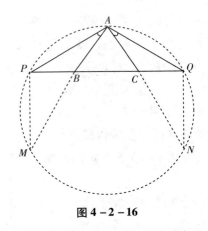

图 4 – 2 – 16

**方法八：**（訾星淳）圆上走角现平行，比例线段思难停

如图 4 – 2 – 17 所示，作 $APQ$ 的外接圆，由题意得 $PQ /\!/ MN$，所以 $\dfrac{AB}{BM} = \dfrac{AC}{CN}$①；

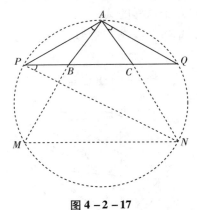

图 4 – 2 – 17

由材料二得：$PB \cdot BQ = AB \cdot BM$，$QC \cdot CP = AC \cdot CN$，

又因为 $PC = BQ$，$PB = QC$，所以 $AB \cdot BM = AC \cdot CN$②，由①②得 $AB = AC$，易证 $AP = AQ$.

两个定弦定角，双圆也不妨玩一玩。

**方法九：**（周方燕）定弦定角的预备知识，用动态的定性分析法先让学生体会一下

由"定弦定角"得两外接圆等半径，所以 $AD$ 垂直平分 $MN$，过两圆心分别作弦 $PB$、$CQ$ 的直径，易证四边形 $MNXW$ 为矩形，所以 $AD$ 也垂直平分 $PQ$，则 $AP = AQ$.

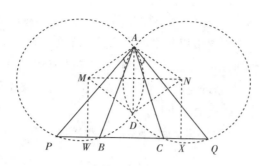

图 4 - 2 - 18

**生长点三：逆向思维 SSA**

**出处：**北师大七年级下《4.3 探索三角形全等的条件》第 103 页的议一议

如果"两边及一角"条件中是其中一边的对角，比如两条边分别为 2.5cm，3.5cm，长度为 2.5cm 的边所对的角为 40°，情况会怎样？

小明和小颖按照所给条件分别画出了图 4 - 2 - 19 中的三角形，由此你发现了什么？与同伴进行交流。

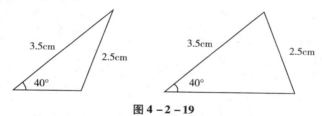

图 4 - 2 - 19

在什么条件下，SSA 可以判断两个三角形全等？边边直，边边钝可以，为何边边锐不可以？区别在哪里？（边边直、边边钝易证全等，下面以边边锐为例）

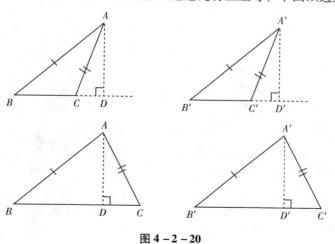

图 4 - 2 - 20

231

如图 4-2-20 所示，当等角所对的高与三角形的相对位置（三角形内部或者外部）关系明确，则 SSA 可以判定两个三角形全等。

学生在思考复杂问题的时候，常常采用"执果溯因"的思维策略（分析法），即把结论当作条件进行逆向思考，将复杂问题进行逐步降解，直至所降解的新目标进入明显的可解范围为止。

**方法十：**（张玮）逆向复盘上述 SSA 的思考过程

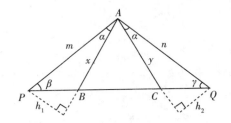

图 4-2-21

假设 $AP \neq AQ$，设 $m > n$，则 $\angle \gamma > \angle \beta$

$\therefore h_1 > h_2$，$\angle ABC < \angle ACB$，

$\therefore x > y$

$\therefore S_{\triangle APB} = \dfrac{1}{2} x \cdot h_1 > \dfrac{1}{2} y \cdot h_2 = S_{\triangle AQC}$ 与 $S_{\triangle APB} = S_{\triangle AQC}$ 矛盾

$\therefore$ 假设不成立，即 $AP = AQ$.

**生长点四：从"解决问题"到"问题解决"，知道你要做什么很重要**

其中有一类方法尤为独特，单靠移动几个图形就直观地证明了勾股定理，被誉为"无字的证明"，我们欣赏几种。

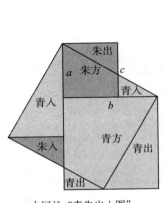

中国的"青朱出入图"

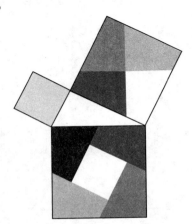

古印度的"无字证明"

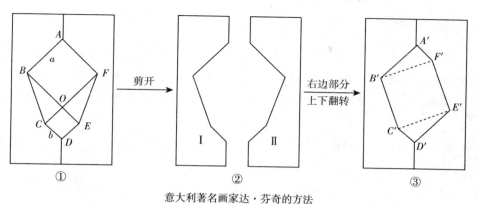

意大利著名画家达·芬奇的方法

图 4 - 2 - 22

**出处**：北师大版八年上册《1.1 探索勾股定理》第 8 页

"无字证明"的本质是一个从"发现问题"到"重构问题"再到"解决问题"的开放链条，它跳出了封闭的"解题空间"，不是一个简单的"解题活动"而是一个精彩的"问题解决"。

我们尝试用"问题解决"的方法去看待这道题，"发现问题"成为最重要的环节。

**方法十一：**（张玮）

发现问题：若两个三角形满足一些特定的条件，那么这两个三角形全等。

重构问题：它们满足的特定条件是①一边相等、②等边的对角相等、③面积相等，分别用①线段叠合、②同弧对角、③平行等距等三个工具去进行重构。

解决问题：无字可证。

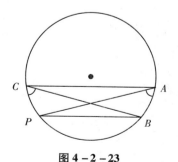

图 4 - 2 - 23

## 四、考题反思

作为一道阶段性考试的压轴题，它体现了命题者对教材、阶段性知识体系的理解，承担着对学习过程、学习结果的双重检测任务，引领着下一阶段教与学的目标定位，也非常大胆地在原有的试卷模式上进行了创新，令师生均耳目一新，有所获益。

同时，基于其"试题"的特殊性质，而非一般意义的"题"，笔者认为还可以从以下几个方面进行改进：

（1）命题形式上，应将材料与要解决的问题分开，如"阅读材料一，完成第（1）题：$BC$ 边上的高是"。

（2）将第（3）题的解答口径更加开放，将"请运用蝴蝶定理的证明方法解决下面的问题"改为"请阅读以上材料，解决下面的问题"。

（3）考虑全卷阅读量，由于理科的阅读是伴有深度加工的阅读，全卷多点阅读量的增加的确用力过猛、操之过急。

（注：根据广东顺德德胜学校数学系 2020 届初三学科组研讨整理）

# 第三节　试题反思案例展示

## 案例1　立足稳定，主动变化早适应；
## 立足诊断，查漏补缺为引领

——关于顺德区2020年九年级适应性训练的几点思考

适应性训练是继前三次训练的最后一次，四次的累积就是本届中考备考的主要设想。

本次适应性训练的命题意图主要是"立足稳定，主动变化早适应；立足诊断，查漏补缺为引领"。

适应性训练"立足稳定"，从试卷结构、题型设置、考点分布、主干聚焦、难点布局等方面都刻意回归近几年的广东省中考数学试题，是对前期"倡导变式教学强化思维历程、追求适度创新突破固化题型的过程导向的复习教学"转向"考前应聚焦结果导向的复习教学"。

关于第10题，是一道几何小综合问题。2017年和2019年的省中考题都是立足"正方形"情境考查基本的几何关系。如果今年要保持稳定，设定几何综合题考查几何关系是个不错的选择，但是情境是否可以变化呢？基于此想法，才改编成以"菱形"为基本模型的第10题。

关于第13题、第14题和第19题，是呼应一下最新的中考命题要求和课程标准的评价建议，即"命题要基于情境""对基础知识和基本技能的考查，要注重考查学生对其中所蕴含的数学本质的理解，考查学生能否在具体情境中合理应用"而已。"统计与概率""特殊角的三角函数"是体现"数学源于生活"的最好素材，北师大版教材的呈现方式也反映了这一特点。"统计与概率"不能做成"纯数学计算题而弱化了应用的味道","特殊角的三角函数"和"相交线与平行线"也不能只局限于"三线八角"和"三角形",适度的情景融合也会使得数学更有趣、更丰满、更平易近人。

关于第 17 题,是一个新定义问题。即便是盛传的"23 题代数综合题的消失,有可能放到第 17 题的位置",我们也应该批判地认识。"代数综合题的消失"是对初中的"代数"的弱化,是与课程标准、与教材都有冲突的嫌疑,未必是好的教学导向。今年中考题的第 17 题若继续保持往年的题型套路,大家可以忍受;若有变化,类似于"新定义"的命题设想应该是一个不错的选择。

关于第 24 题和第 25 题,第 24 题是几何综合题、第 25 题是代数与几何的综合题,这两个题是承载选拔性升学考试的主要功能。本次命题基本保持了往年省中考题的特色,但是难度(尤其是推理的长度、计算的复杂程度)有所降低,这是基于今年疫情对教学的影响的思考结果(圆或者二次函数往往是在线上教学时期完成的),更是反思往年省中考题的 24 题有点背离课程标准的味道(突出了三角形的相似在平面几何中的应用)。25(3)的命题设想只是想设计成"探究性问题"而已。既然探究,自然就远离一看便知思维结果。

适应性训练"立足诊断",以下几题是查漏补缺的需求:

关于第 15 题和第 23(1)题,这是圆的内接多边形问题,其中第 15 题是圆的内接正五边形,第 23(1)题是圆的内接四边形,两题均来源于课本的改编。一是意在突出教材对圆的相关内容的编写意图而不因中考题的考法人为地复杂化,即增加图形的复杂度和推理的长度;二是解决问题的知识点有可能在备考中忽略(学生的答卷反馈恰恰也说明了这点);三是引导老师们后阶段的备考复习要回归教材,而回归教材的扎实的做法是多改编一些教材的题目让学生练手(据说命题是从教材上找素材和灵感哈)。

关于第 20 题,是一个测量问题,来源于课本的"轮船航行安全性"的改编,前面考得少,主要承载着几何应用题的教学考查功能。最初的设计是不给出图形,附带考查学生对方位角的认识,以及近似计算,但是考虑到难度也只好定位如此,希望老师们在讲练的时候要弥补。

关于第 22 题,定位是简单版的代数综合问题,又要兼顾往年省题考点(面积的计算和数形结合法)特色,又要弥补反比例函数的几何意义的复习漏点和教学简单化处理(只教 $k$ 结果)不良影响,才设计成运动变化中突出考查 $k$ 的意义。

中考备考,要讲思路、讲策略、讲方法!

学生应考，学困生要抓基础找得分点，中等生要抓重点找增分点，尖子生要保重点找突破点！

愿考生们会的全对，蒙的都对！

中考大吉！

## 案例2 顺德区2020年九年级第三次教学质量检测试题的教学启示

本次试题的定位是"用试题引领教研、指导教学；试题稳中求变，稳是强化基础夯实主干，变是预测新中考题型"。

## 一、试题整体上新颖，但是重头戏还是基础——要做好基础知识过关

表4-3-1

| 梯度 | 题号 | 分值 | 考查内容与解题障碍分析 | 预估难度 | 统计难度 |
|------|------|------|------------------------|----------|----------|
| 容易题52 | 1 | 3 | 有理数的概念、大小关系 | 0.87 | 0.95 |
| | 2 | 3 | 科学记数法的基本概念 | 0.92 | 0.97 |
| | 3 | 3 | 视图的基本概念 | 0.92 | 0.96 |
| | 4 | 3 | 中位数的基本概念 | 0.9 | 0.87 |
| | 5 | 3 | 对称图形的基本概念与区别 | 0.9 | 0.87 |
| | 6 | 3 | 整式、根式的基本计算，障碍是运算法则可能混淆 | 0.85 | 0.92 |
| | 7 | 3 | 直径的基本图形、三角形的中位线 | 0.85 | 0.93 |
| | 8 | 3 | 根的判别式、不等式的性质，障碍是非负数的判断 | 0.7 | 0.72 |
| | 12 | 4 | 菱形面积计算的基本方法 | 0.9 | 0.82 |
| | 13 | 4 | 解不等式的基本方法，障碍是不等式的性质 | 0.9 | 0.83 |

续 表

| 梯度 | 题号 | 分值 | 考查内容与解题障碍分析 | 预估难度 | 统计难度 |
|---|---|---|---|---|---|
| 容易题 52 | 14 | 4 | 求函数值，障碍是选择哪个函数求值 | 0.8 | 0.95 |
| | 16 | 4 | 二元一次方程组的简单应用，障碍是阅读理解 | 0.75 | 0.83 |
| | 18 | 6 | 实数的混合运算，负指数幂的运算 | 0.8 | 0.86 |
| | 19 | 6 | 分值化简求值、解一元二次方程，障碍是无理系数的方程因少见而不会解 | 0.7 | 0.74 |
| 中档题 23 | 9 | 3 | 列方程应用题，设置了阅读障碍 | 0.7 | 0.6 |
| | 11 | 4 | 无理数、概率的基本概念，障碍是无理数的识别 | 0.9 | 0.69 |
| | 15 | 4 | 圆内接四边形的基本性质，障碍是遗忘 | 0.7 | 0.57 |
| | 20 | 6 | 扇形统计图、统计表、样本估计总体 | 0.85 | 0.68 |
| | 21（1） | 4 | 尺规作图作三角形外接圆，障碍是因少见而不会 | 21题 0.6 | 0.64 |
| | 25（2） | 2 | 利用相似三角形证明成比例线段 | 25题 0.3 | 0.52 |
| 难题 45 | 10 | 3 | 根式计算，难在阅读量大、数学对象表示形式复杂 | 0.4 | 0.33 |
| | 17 | 4 | 全等三角形，障碍是"写不同类型的结论"的认识 | 0.4 | 0.36 |
| | 21（2） | 4 | 求弓形面积，障碍是需要添加辅助线转化 | 21题 0.6 | 0.22 |
| | 22 | 8 | 二次函数的建模，障碍是实际问题数学化和最优解 | 0.55 | 0.35 |
| | 23（1） | 4 | 切线的判定，障碍是需要构造全等证直角 | 23题 0.45 | 0.34 |
| | 23（2） | 4 | 综合运用全等、相似和三角函数求比值，障碍是解题思路入口宽但是能解决问题的思路窄 | 23题 0.45 | 0.07 |

续 表

| 梯度 | 题号 | 分值 | 考查内容与解题障碍分析 | 预估难度 | 统计难度 |
|---|---|---|---|---|---|
| 难题<br>45 | 24（1） | 3 | 等腰三角形判定，障碍是因入口易、方法多而选择性困难 | 24 题 0.3 | 0.36 |
| | 24（2） | 3 | 相似、求坐标，障碍是运动变换背景下的图形复杂 | 24 题 0.3 | 0.08 |
| | 24（3） | 4 | 求面积，障碍是需要分类讨论 | 24 题 0.3 | 0.06 |
| | 25（1） | 2 | 三角形的高面积、三角函数，难在知识的应用 | 25 题 0.3 | 0.27 |
| | 25（3） | 6 | 相似、面积的综合，障碍是阅读量很大、提取有用信息难 | 25 题 0.3 | 0.04 |

从题目难易分类可以看出，基础概念、基础计算、基本方法、基本技能等双基还是考试的最主要的组成部分。平时的教学，尤其是普通班的教学，要抓双基的过关；可以将初中数学大约50个"双基点"上墙，做好每个学生过关的进度条或完成度的统计表。

对比预估难度和统计难度发现，原本一些简单的知识题（比如11题和15题）由于缺少适当的滚动复习，学生的遗忘程度比较大，所以我们的复习教学要"弱化高频考点之说法，形成所学皆可考之意识"。

## 二、考题凸显变化，突出阅读理解能力和发散性思维的考查——旨在改变"遇新则难"的情况

（1）这几年的广东中考题一直都很"稳定"，每个考题的考点、考法甚至题序都非常固定，这样模式化的试题，无疑助长了应试教学、题海战术。而今年弃"考纲"而回归"课标"，其根本着眼点应该是摈弃这种固化的考试，着眼于学生素质的教学引领。从高考改革的趋势来看，已经加大考试的阅读量的变化，因此中考之变是必然的，首当其冲的可能也是要加大阅读量。

（2）本次试卷在阅读方面有个比较大的突破：第10题长达6行的选择题，涉及两种根式化简的技巧（方法），学生必须在读懂示例的基础上才可以解决后面的化简问题，对学生的阅读能力是一个考验；第9题应用题，多出0.5%的干扰数量，考查阅读材料抓住有用信息的能力；第25题超大阅读量，直接给出

三段材料，材料三要求"运用蝴蝶定理的证明方法解决问题"，运用材料一、材料二的结论和材料三的解题方法才能解决问题。

（3）阅读能力的培养，关键在于平时教学。上课要提供基于情景、问题导学的长段文字的素材，多给学生读题提取信息、善于抓住有用信息、抓住主要矛盾的信息提取整合能力。

（4）这次最典型的第 14 题是开放性问题。题目说 $y$ 是 $x$ 的函数，并没有具化是哪种函数，从而导致题目的结论就很具开放性了。除了参考答案给出的反比例函数、一次函数、二次函数外，此题还可以想会不会是其他的函数？

我们回到函数的概念："在某一变化过程中有两个变量 $x$、$y$，对于 $x$ 的每一个值，$y$ 都有唯一确定的值与之对应。"它有三种表示方法（并不是每个函数都能有表达式的），此题的表格不正是一种表示方法吗？$x$ 取 1 时，$y$ 只要有个值与之对应即可，并不要求何值与它对应，从这个角度来讲，$y$ 任取一值即可，无须任何计算。从不同角度切入思考问题后的对比反思是思维优化的需要，数学题也不能总局限于唯一答案。

（5）第 17 题是旋转的一个基本图形，此题的要求是写出四个不同类型的结论，开放性体现由自己来写，限制的是不同类型。学生习惯的是老师要我做什么我就做什么，不习惯自己给自己布置任务。我们在教研活动中总强调要培养学生发现问题、提出问题、分析问题和解决问题的能力，可教学中又如何实践的呢？师生是否都明确地认识到：平面几何的结论类型有位置关系和数量关系两大类型，细分又可从单一图形（线段、角、三角形、四边形、多边形、圆）对应的位置关系和数量关系（包括、长度、角度、周长、面积、三角函数值、比值）、两个图形的关系（全等、相似、位似、对称、平移、旋转）等方面归纳，1 个结论得 1 分。设计这样一个题目从学生的答案中可以诊断学生的思维品质的广阔性和深度，这对开展精准教学是有裨益的，复习教学应该引领学生在知识归类中优化认知结构。

（6）开放性问题的训练也在于平时上课要给学生创设这样的追问情景：你还能提什么问题？或在一定限制条件下，你还有哪些结论？很多精彩的教学、思维火花的迸出，都是在这样开放性的追问式提问中绽放的。

## 三、承载区分考生能力的考题突出高阶思维和系统思维——模型的熟练运用和热点专题的系统化

### 1. 模型的熟练运用——以一线三直角模型为例

（1）初中几何复习，可以从教材中归纳总结一些基本图形：如三线八角、一线三直角、半角模型、相似的关联模型等。对这些图形的认识和产生的结论分析，有利于从复杂问题中找到快速解决问题的钥匙。

（2）一线三直角基本图形。

如图 4-3-1 所示，$B$ 点是直线 $DF$ 上一点，$\angle ABC = 90°$，过 $A$、$C$ 做直线的垂线，$D$、$E$ 是垂足，那么 $\triangle ABD \backsim \triangle BCE$；特别是，当 $AB = BC$ 时，$\triangle ABD \cong \triangle BCE$.

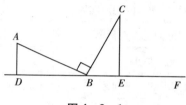

图 4-3-1

利用这个基本图形，比较容易解决第 23 题第（2）问和第 24 题第（2）、（3）问。

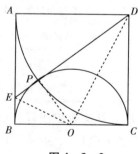

图 4-3-2

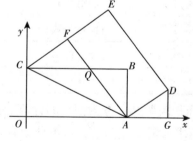

图 4-3-3

数学模型是解决问题重要的、行之有效的、高效的方法，而建立模型的过程又是数学模型思想形成的依托。通过建构模型的教学，可以加深学生对数学知识和方法的理解和掌握，调整学生的知识结构，深化知识层次。依托看得见的几何模型，运用运动和变换的观点，根据建构主义理论，借助信息技术工具，"让静态的图因运动和变换而出彩，让孤立的图因生长和想象而关联"。以"基本模型"为原点，先从基本模型出发进行生长，沟通图形之间的横向联系，培

养思维的连续性；再将基本的模型一般化，挖掘模型的本质特征，培养思维的深刻性。

**2. 热点问题专题化——以面积问题为例**

（1）本卷涉及面积的有第12题、第17题（可能涉及）、第21题（2）、第24题（3）和第25题，合计21分。联想这几年的广东中考题，对面积问题的考查一直都是个热点话题，如2018年中考第10题面积变化的图像、第15题求阴影部分的面积、第25题求面积的有关系式及最大值。

表4－3－2

| 年份 | 题号 | 情境 | 设问方式 |
|---|---|---|---|
| 2017 | 10 | 几何图形多选题 | 判断三角形面积之间的关系 |
| | 25 | 坐标系中几何图形的动点问题 | 求面积的表达式及最值 |
| 2018 | 10 | 几何图形的动点选择题 | 与面积有关的函数图像 |
| | 15 | 组合图形 | 求阴影面积 |
| | 25 | 几何图形的动点问题 | 求面积的表达式及最值 |
| 2019 | 10 | 几何图形多选题 | 判断图形面积之间的关系 |
| | 22 | 组合图形 | 求阴影面积 |
| | 23 | 反比例函数 | 由面积关系求点的坐标 |
| 2020 | 24 | 反比例函数 | 求三角形的面积 |
| 2021 | 9 | 海伦公式 | 求三角形的面积的最值 |
| | 13 | 组合图形 | 求阴影面积 |
| | 24 | 梯形 | 求三角形的面积 |

（2）面积问题又可分为面积的计算、面积关系以及面积法等。面积计算里包含直接可求或需要化归的；也可分为有坐标系和无坐标系的……如2017年中考第10题，选择两个三角形的面积关系，等底等高面积相等；等底或等高的、相似的两个三角形的面积又有何关系。至于面积法，通常用于求高、求距离等。

（3）专题复习要打破知识范围，体现考试的重点、热点、难点，从解题方法、解决问题的策略等方面进行总结归纳成若干专题。

三模给我们教学一个调整和反思的机会，建议老师们停下匆忙刷题的脚步，想想孩子们到底还需要加强些什么，我们还可以给予他们什么样的帮助。

## 案例 3　微雨过，思益众，琼珠碎却圆

——顺德区 2020 年九年级数学限时训练题目评析

　　每一份训练都在于引领老师们的教学和推动教学改革，研读课标，理解内容，用好教材，积极探索基于情境、问题导向、深度思维、高度参与的教学模式，引导学生养成自主、合作、探究的学习方式。试题推动教改是指要充分发挥训练对推动教育教学改革，提高学生综合素质，促进学生全面健康成长。希望通过一次训练，给予老师们更多更好的思考平台，激起思维的浪花朵朵；期待一道考题的整合，使学生的数学知识结构更完整，对数学知识的本质理解更透彻，构建数学模型更灵活。

### 一、坚持义务教育的基础性，突出对学生基本数学素养的评价

　　中考命题中首先关注的是课标中最基础、最核心的内容，即所有学生在学习数学和应用数学解决问题的过程中最为重要的、必须掌握的核心观念、思想方法、基本知识和常用的技能。如实数的概念及运算、科学记数法、代数式的基本运算、因式分解与分式化简、初中四种方程的解法与应用、不等式的解法、初中阶段三类函数的辨识与应用、三角形全等与相似、特殊四边形的基本特征，及圆中的线、角、弧的基本性质、统计与概率的考查等。第 1 题组组长均安建安中学的姜良站老师认为应加强基础知识的巩固和强化，加强计算能力的训练，特别是提高识别数学符号意识，加强知识点纵向联系和横向联系，如解方程或者方程组可以拓展到无理数系数的情况。

### 二、体现新课程理念，以《课标》中的"内容标准"为依据

　　课标解读的范式由"课程标准解读，教材梳理整合，专题研析的探讨，优化改进教学设计"形成四位一体，考查试卷设计要依据课标，基本立意应当考查学生的思考能力，解决问题的能力，以及对数学的基本认识。数学核心素养中的符号感、空间观念、统计观念、应用意识、推理能力等均成了本次训练的核心。

　　本次训练的第 24 题为全卷压轴题，分值为 10 分，考查了学生：旋转的性

质、矩形的性质、全等三角形的判定与性质、平行线的性质、相似三角形的性质、矩形和三角形的面积等知识，用到了函数思想、方程思想、分类讨论思想、转化思想等，本题考查是几何综合类型，也有代数的综合味道在里面，是一题符合课程标准的好题。相似三角形的复习备考中，要让学生如何通过位置上旋转或平移方式找准相似三角形，也要强化学生找准相似三角形的对应。一个题目若出现很多角的时候，教师教学时应建议学生用数字或希腊字母表示角，这样更容易让自己厘清思路和思考更深层次的题。培养学生做压轴题的兴趣是压轴题的教育价值所在，如考题的 24 题。

备考过程中，应注重几何题目的模型提炼，让学生通过某些关键的角、线段等关键信息马上找到解决几何题目的模型，如 A 型、反 A 型、旋转型；要把压轴题的方法和思想形成系统，由点到线再到面，让学生掌握一种方法能解决一类题目，也可以让学生看到一个题目用多种方法解决（一题多解），这也需要我们教师多研究，把课本知识研究透，大胆做题目的变式。

## 三、关注了对学生数学认知特征及数学理解水平的考查

本次训练采用不同的数学语言表述试题，如文字、符号、图形、图表，同一问题的解决方案来源于不同的解题策略，适当地设置了开放性的试题，采用能够充分表达学生对问题的不同理解角度和理解方式的主观题，更多地暴露学生的思维过程。如填空题，一个大题组出现了两道开放性题目，如第 14 题是策略开放性问题，对初中阶段三种基本函数的混搭式呈现，考查了学生解题能力的灵活。学生的认识中认为题目提供的表格是提供解题的条件，通过数量之间的关系辨别为哪一类函数，再通过辨别出来的函数，提出对应的答案。因此，将数量关系辨定为一次函数的学生则要经历较为复杂的运算方能得到结果。而部分基础一般的学生则较为侥幸地得到了本题的分数，从而或多或少地影响了本题考查的效度。如 17 题是结论开放性问题，对以往考题训练中多以客观题的形式呈现，让考生从事先拟定的答案中辨认出正确的答案，不涉及个人意识，为固定应答型试题。17 题设计为开放性题型，打破了以往的备考训练思维，评分参考为答案不唯一，平面几何的结论类型有位置关系和数量关系两大类型，细分又可从线段、角、三角形、四边形、多边形的对应的位置关系和数量关系（包括面积）等方面归纳，一个结论得一分。题型设计新颖，指导性味道很浓，为一线教师后期的专题复习指明了方向，加强新题型的研究，提前让学生体验新题型的应对策略。

适当增加了阅读分析，但过量的阅读会降低试卷的区分度及平均分，存在风险，命题时需谨慎。试卷中的阅读量是试卷架构的一部分，与试卷的题量及难度等指标一同呈现的，不可以只调整与拔高其中一个指标，在题量不变的情况下，当题目难度增加时，阅读量就需要降低，当阅读量增大时，题目的难度就应该降低。如第 25 题的第 3 问，先考查对"蝴蝶"定理的理解，再运用"蝴蝶"定理解题，阅读量与难度并驱的题目，一线教学的老师只说一句"看看别人家的孩子能不能做出吧"。

## 四、以学生的现实作为试题的背景

试题的背景素材来源于学生的现实，学生所能够理解并且关心的，数学方面的，生活中的，其他学科的。本次训练的第 9 题考查了化学科目中溶液的浓度计算及判断浓度的大小，第 16 题引用文言文清代数学著作《御制数理精蕴》，抽象出二元一次方程组，第 20 题的统计与分析中则使用了学生熟悉的线上教学，第 22 题改编课本案例隧道双行线，构造抛物线，第 25 题为"蝴蝶"定理。以上所选取的素材可圈可点，如第 9 题中溶液为"1 升"中的"1"，学生往往有一种错觉认为是"100%"，建议改为其他的数字；如第 16 题，中国古代数学极其辉煌，是一个循环闭合体，认为万变不离其宗，千变万化的现象背后存在着某种联系，因此算术的取材均会有较大的运算量，适合作为课本教材的素材，而作为终极性的考查则需谨慎。

我们要考什么？我们要复习什么？我们要教什么？是知识、技能，还是能力、素养，或是方法、技巧。往往在对一份试题主讲时，老师们会时不时用上一些"这很容易啊"，"这题可以秒杀"等语句，但学生却还是迷茫、懵圈。远老师的命题指引着老师们思考中考的方向，拓展老师们的备考眼界，引领着老师们磨题、研题。我们均可在一阶段的工作中反思，我们的训练是否只注重了题量，未注重质量；我们是否只关注了解题的过程与结果，而忽视了思维过程的呈现，这些都值得我们暂停脚步，好好琢磨！

# 第四节　专题研究案例展示

## 案例 1　顺德区 2020 年九年级第二次教学质量检测第 25 题关联思考

面向数学特长生的考题讲评的重心，不在于解题过程的展示，而在于解题思维的发展。而解题思维的发展的载体是知识的整合重组——变知识的梳理为用联系的方式做知识的整合，解题思维的发展的方法是运用联想构建关联打造思维流程——变知识为核心的设计教学为数学解题方法为核心的设计教学、变例题的教学为解题思维的反思性教学、变面面俱到的训练为技能障碍克服的专项训练、变原题的讲练评训练为改编考题的迁移训练。

聚焦考题的讲评，重在抓好以下几点：

1. 讲审题，解题的切入点、如何破题；

2. 讲方法，解题的主要方法、方法指导下的解题探究；

3. 讲障碍，解题的主要障碍点、突破障碍方式的查漏补缺；

4. 讲思路，解题思路的整理、用流程图表示的分析法呈现关键步骤；

5. 讲变化，考题的变式和拓展深化、用变式追问引领思维再前进一步；

6. 讲关联，以题为中心构建有关联的微专题、为下次的相遇插上思维联想的翅膀。

## 一、考题呈现

如图 4 - 4 - 1 所示，直线 $l$：$y = -m$ 与 $y$ 轴交于点 $A$，直线 $a$：$y = x + m$ 与 $y$ 轴交于点 $B$，抛物线 $y = x^2 + mx$ 的顶点为 $C$，且与 $x$ 轴左交点为 $D$（其中 $m > 0$）.

（1）当 $AB = 12$ 时，在抛物线的对称轴上求一点 $P$ 使得 $\triangle BOP$ 的周长最小；

（2）当点 $C$ 在直线 $l$ 上方时，求点 $C$ 到直线 $l$ 距离的最大值；

（3）若把横坐标、纵坐标都是整数的点称为"整点"．当 $m = 2020$ 时，求出在抛物线和直线 $a$ 所围成的封闭图形的边界上的"整点"的个数．

（本题改编于 2019 年河北省初中学业水平考试题）

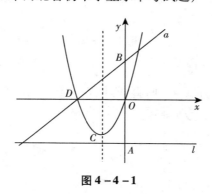

图 4 - 4 - 1

## 二、考题研析

由于试题命制过程主要包括立意、情境、设问三个方面，因此做考题研析可从做题初体验、解题后反思、反思后运用的时序展开"盘它"：总结解法、分析立意、提炼情境、推敲设问、追溯来源、明确导向、探究变式。唯有如此，考题的讲评才可能丰富而有深度。

前面 5 点，老师们应该都会做得到，在此仅补充最后一点如下。

**深度挖掘命题的立意**

**立意 1**：关注到考题的（1）（2）的设问都与最值有关，其中（1）是几何最值，（2）是代数最值，所以要建构最值为主题的专题整合教学。

**总结 1**：代数类最值问题可提炼如下模型。

（1）利用配方法转化为二次函数的顶点式模型：$y = a(x + m)^2 + k$，当 $x = -m$ 时，$y$ 有最值 $k$。

（2）区间函数时用图像的增减性模型。

**总结 2**：几何类最值问题可提炼如下模型。

（1）"两定一动"模型

如图 4 - 4 - 2 所示，平面上直线 $l$ 外有两个定点 $A$、$B$，直线 $l$ 上有一个动点 $P$，求使得 $PA + PB$ 最短的点 $P$ 的位置。

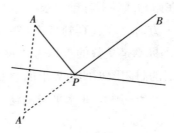

图 4 - 4 - 2

（2）"两动一定"模型

平面上有直线 $a$ 和直线 $b$，两直线外有一点 $A$，在直线 $a$，$b$ 上分别找出两点 $P$、$Q$，满足 $AP + PQ + QA$ 最短。

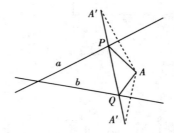

图 4 - 4 - 3

（3）也可以进一步认识"$PA + k \cdot PB$"模型（胡不归或阿氏圆）

**立意 2**：关注到考题（3）的"整点"问题，实质上想给大家传达的是"新情境问题"的备考不可忽略。命题时选择一个怎样的"新情境"是有点纠结的，太新颖有局限性会缺少联系，只能就题论题，所以选择一个乍看上去新颖但实质上与所学内容又有点联系的"整点"问题。整数问题（初等数论）是培养数感和考查数感的优质素材。

## 三、整点问题是课本有些问题的影子或整合

### 1. 不等式的整数解问题

北师大版教材八年级数学下册第 44 页的第 3 题：

3.（1）不等式 $x < \dfrac{10}{3}$ 有多少个解？请找出几个；

（2）不等式 $x < \dfrac{10}{3}$ 有多少个正整数解？请一一写出来。

## 2. 方程的整数解问题

北师大版七年级数学上册第 147 页"应用一元一次方程——希望工程义演":

某文艺团体为"希望工程"募捐组织了一场义演,共售出 1000 张票,筹得票款 6950 元。其中每张成人票是 8 元,每张学生票是 5 元。请问成人票和学生票各售出多少张?

想一想:

如果票价不变,那么售出 1000 张票所得票款可能是 6930 元吗?为什么?

(3)函数的整点问题:描点法画图、顺德二模题。

## 3. 领悟考题的关联

(1)如果将问题深挖一下,加强数感的考查,还可以需要哪些技能?

**题 1**:将考题中的 $b = 2019.5$ 时"整点"的个数。

**题 2**:求方程 $xy + 2y - 2x + 3 = 0$ 的整数解。

思路 1:列举法;

思路 2:转化为假分式分离系数法:

将题目中的 $y$ 用 $x$ 的代数式表示,即 $y = \dfrac{2x - 3}{x + 2}$,采用分离常数法得

$$y = \frac{2(x + 2) - 7}{x + 2} = 2 - \frac{7}{x + 2}。$$

因为 $x$,$y$ 都是整数,所以 $x + 2$ 应为 7 的因式,即

$x + 2 = \pm 1$ 或者 $x + 2 = \pm 7$,

所以 $x = -9$,$-3$,$-1$,$5$,所以原方程的整数解有 4 组,分别是

$$\begin{cases} x = -9 \\ y = 3 \end{cases}, \begin{cases} x = -3 \\ y = 9 \end{cases}, \begin{cases} x = -1 \\ y = -5 \end{cases}, \begin{cases} x = 5 \\ y = 1 \end{cases}$$

**题 3**:已知 $a$,$b$ 为有理数,若 $a + b$,$a - b$,$ab$,$\dfrac{a}{b}$ 中恰有三个相等,求 $a$,$b$ 的值。

[选自 2018 年佛山市初中数学教师基本功展示解题项目(试卷)]

这是培养学生的分析问题的能力!

(2)如果将问题深挖一下,加强数学思想方法的考查,还可以需要强化哪些呢?数形结合的思想还可以怎样考更有味道?

**题 4**:平面直角坐标系中点 $A$、$B$ 的坐标分别是 $(m, 3)$、$(3m - 1, 3)$,若线段 $AB$ 与直线 $y = 2x + 1$ 有公共点,则 $m$ 的取值范围为_____。

**题5**：方程 $x^2 - |x| - \sqrt{2} = 0$ 的所有根之和等于_____。

**题6**：正比例函数 $y = \dfrac{4}{3}x$ 和反比例函数 $y = \dfrac{n}{x}$ （$x > 0$）的图像都经过点 $A$ （$m$，4），点 $B$ 在反比例函数的图像上，过点 $B$ 作 $BC /\!/ x$ 轴，交 $y$ 轴于点 $C$，且 $AC = AB$.

（1）求反比例函数的解析式.

（2）求直线 $AB$ 的表达式。

［选自 2018 年佛山市初中数学教师基本功展示解题项目（试卷）］

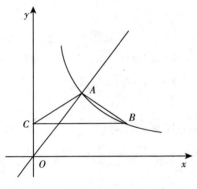

**图4－4－4**

**变式**：如图4－4－5所示，点 $A(1，6)$ 和点 $M(m，n)$ 都在反比例函数 $y = \dfrac{k}{x}(k > 0)$ 的图像上。

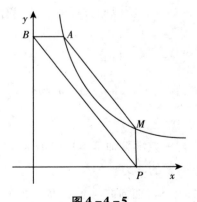

**图4－4－5**

请解决以下问题：

（1）求出 $k$ 的值。

（2）如果 $m=3$，试求直线 $AM$ 的表达式。

（3）分别过点 $A$ 作 $AB \perp y$ 轴，垂足为 $B$，过点 $M$ 作 $MP \perp x$ 轴，垂足为 $P$。若 $m>1$，判断直线 $AM$ 与直线 $BP$ 具有怎样的位置关系，并说明理由。

[选自《中学数学教学参考》2019 年第 12 期]

**4. 多角度解法探究，发展思维的全面性**

解法 1：运用字母代替常数

解法 2：利用分析法推理

解法 3：利用平行四边形的性质

解法 4：借助于面积法作答

**聚焦拓展和一般化，发展思维的深度：**

思考 1：如果分别过 $A$ 向 $x$ 轴作垂线，过点 $M$ 向 $y$ 轴作垂线，是否有类似的结论呢？

思考 2：上述只是点 $A$ 和 $M$ 在双曲线的一支上，如果是在双曲线的两支上，结论是否成立呢？

思考 3：双曲线如果是在第二、四象限时，结论是否成立？

# 四、如果将问题深挖一下，加强数学思考和解题经验的积累的考查，还需要关联哪些呢

**1. 几何定值问题**

如图 $4-4-6$ 所示，已知等腰直角三角形的两直角边 $AB = AC = 1$，$P$ 是斜边上的一个动点，过点 $P$ 做 $PE \perp AB$，$PF \perp AC$，垂足分别为 $E$、$F$，则 $PE + PF$ 的值是多少？

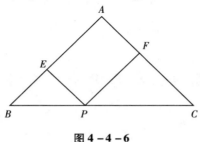

图 $4-4-6$

分析：定值问题抓住两点，先确定好不变量，再在临界位置求解。

解法 1：特殊值法

解法 2：等量转化法。$PE + PF = BE + AE = AB = 1$

解法 3：等面积法。连结 $AP$，则 $S_{\triangle ABC} = S_{\triangle ABP} + S_{\triangle APC}$

变式：若将上题中的"等腰直角三角形"改为"等腰三角形"，则 $PE + PF$ 的值是多少？

**2. 怎样发挥构造法（作辅助线）培养学生的创新意识？**

题：如图 4 - 4 - 7 所示，已知两个等腰直角三角形 $ABC$ 与 $\triangle DEC$，$A$、$D$、$E$ 三点共线，$M$ 为 $DE$ 中点。

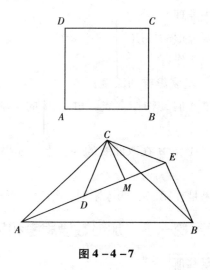

图 4 - 4 - 7

（1）证明 $AE = BE + 2CM$；

（2）正方形 $ABCD$ 边长为 $\sqrt{2}$，点 $P$ 满足 $CP = 1$，$\angle APC = 90°$，直接写出点 $D$ 到 $AP$ 的距离。

[选自 2018 年佛山市初中数学教师基本功展示解题项目（试卷）]

# 案例 2　平面直角坐标系中平行四边形存在性浅析

## 一、问题背景

学校买了四棵树，准备栽在花园里，已经栽了三棵（如图 4 - 4 - 8 所示），现在学校希望这四棵树可以组成一个平行四边形，请你画出第四棵树的位置。

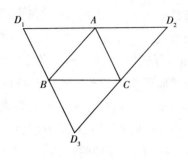

图 4 - 4 - 8

## 二、问题分析

问题的实质是根据不共线的三个点确定一个平行四边形，考查如何灵活运用平行四边形的判定方法用尺规作图法作出平行四边形的图形。

虽然几何图形的性质与判定是几何教与学的重点，也注重利用判定方法判断图形的形状的逻辑推理教学，但很多教师的教学往往忽略了如何利用判定方法与尺规作图相结合作出符合题意的几何图形的教学。事实上，这两者的融合，一方面展示出的既是尺规作图的广泛应用，也是尺规作图的深度应用，更是培养学生利用尺规作图的技能探究性解决问题的意识；另一方面展示出的判定方法不仅可应用于图形形状的判断，也可跳出思维定式的圈圈应用于几何的操作探究。能把知识作为工具解决问题就是具备数学思维的表现。

换个角度审视教材，与平行四边形的存在性可关联的内容也不少呢！

北师大版教材八年级数学下册第 149 页的第 5 题，表面上试求点的个数，实质上是作出平行线，为作平行四边形铺垫。

5. 如图 4 - 4 - 9 所示，$4 \times 4$ 方格纸中小正方形的边长为 1，$A$，$B$ 两点在格点上，请在图中格点上找到点 $C$，使得 $\triangle ABC$ 的面积为 2，满足条件的点 $C$ 有几个？

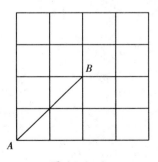

图 4 - 4 - 9

北师大版教材八年级数学下册第 150 页的三角形的中位线的引入部分，此图与问题提出的图何其相似？

你能将任意一个三角形分成四个全等的三角形吗？你能通过剪拼的方式，将一个三角形拼成一个与其面积相等的平行四边形吗？

如图 4 - 4 - 10（a）所示，在△ABC 中，连接每两边的中点，看上去就得到了四个全等的三角形。将△ADE 绕点 E 按照顺时针方向旋转 180°到△CFE 的位置［如图 4 - 4 - 10（b）所示］，这样就得到了一个与△ABC 面积相等的平行四边形 DBCF.

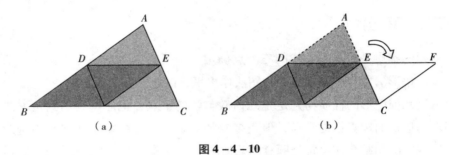

（a）                （b）

图 4 - 4 - 10

北师大版教材八年级数学下册第 161 页的第 22 题，作平行四边形的实际应用。

22. 如图 4 - 4 - 11 所示，某村有一个四边形池塘，它的四个顶点 A，B，C，D 处均有一棵大树，村里准备开挖池塘建鱼塘，想使池塘的面积扩大一倍，又想保持大树在池塘边不动，并要求扩建后的池塘成平行四边形的形状，请问能否实现这一设想？若能，请你设计出所要求的平行四边形；若不能，请说明理由。

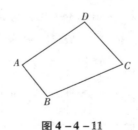

图 4 - 4 - 11

## 三、数学建模

在平面直角坐标系有三个点 A（-1，3），B（-3，1），C（1，0），在平

面内找到一个点 $D$ 使得四个点 $A$、$B$、$C$、$D$ 组成平行四边形，并求出点 $D$ 的坐标。

**1. 问题解决 1**

确定位置（拆成三幅图，去掉坐标系）。

**2. 问题归类**

点 $D$ 在图 4 – 4 – 12 中分别是点 $A$、$B$、$C$ 的对点。

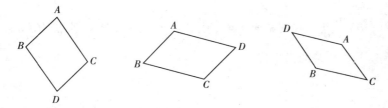

图 4 – 4 – 12

**3. 问题解决 2：数据计算**

方法 1：利用平移原理

∵ 点 $A$ 移动到点 $C$，向右平移 2 个单位，向下平移 3 个单位

∴ 点 $B$ 移动到点 $D$，需要向右平移 2 个单位，向下平移 3 个单位

∴ $D(-1，-2)$

方法 2：构造全等（等效于平移原理）

$$X_C - X_A = X_D - X_B \quad Y_A - Y_C = Y_B - Y_D$$

∴ $D(-1，-2)$

方法 3：利用中点坐标（点 $M$ 为线段 $AD$ 和 $BC$ 的中点）

$$X_A + X_D = X_B + X_C \quad Y_A + Y_D = Y_B + Y_C$$

∴ $D(-1，-2)$

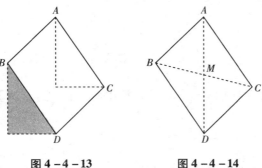

图 4 – 4 – 13      图 4 – 4 – 14

## 四、问题推广

平行四边形存在性，常结合二次函数考查，给出两个定点。若另外两点无限制条件，则存在无数种情况。若一个点的坐标由两个条件限制，通常给定半限制条件。

例如：二次函数 $y = -\dfrac{1}{2}x^2 + \dfrac{3}{2}x + 2$ 与 $y$ 轴交于点 $A$（0，2），与 $x$ 轴交于点 $C$（$-1$，0），点 $E$ 在对称轴 $x = \dfrac{3}{2}$ 上，点 $F$ 在曲线上。若点 $ACEF$ 恰好组成平行四边形，求点 $F$ 的横坐标。

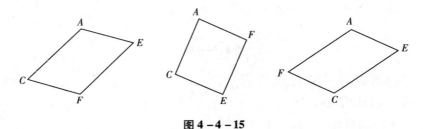

图 4 - 4 - 15

### 1. 构图技巧

无须精确作图，只需要保证△$ACE$ 的左右相对位置即可。

### 2. 数据计算

法 1：平移作差

$X_F - X_A = X_F - X_C$　　$X_F - X_A = X_E - X_C$　　$X_E - X_A = X_C - X_F$

法 2：中点作和

$X_E + X_C = X_A + X_F$　　$X_F + X_A = X_E + X_C$　　$X_E + X_F = X_A + X_C$

解得：$X_F$ 分别是 $\dfrac{1}{2}$，$\dfrac{5}{2}$，$-\dfrac{5}{2}$

### 3. 问题思考

二次函数 $y = -\dfrac{1}{2}x^2 + \dfrac{3}{2}x + 2$ 与 $y$ 轴交于点 $A$（0，2），与 $x$ 轴交于点 $C$（$-1$，0），点 $E$ 在对称轴 $x = \dfrac{3}{2}$ 上，点 $F$ 在平面上。若点 $ACEF$ 恰好组成菱形，求点 $E$ 的横坐标。

### 4. 问题解决

此问题转换成△$ACE$ 是等腰三角形。转化成构造等腰三角形（在定直线上

求点 $F$ 和两定点组成等腰三角形），求出 $F$（理论上五个解）后，转化成三定点求第四个点问题。由于计算的复杂性，可以继续增加约束条件，如是否存在 $E$、$F$ 使得四边形 $ACEF$ 是以 $AC$ 为对角线的菱形，若存在，求出 $E$ 的横坐标；若不存在，请说明理由。

构图技巧：利用菱形对角线互相垂直且平分构图。

数据计算：先计算 $F$ 坐标，再利用平移规律（或中点坐标），求 $E$ 坐标。

$$\therefore F\left(\frac{3}{2},\ 0\right) \Rightarrow E\left(-\frac{5}{2},\ 0\right)$$

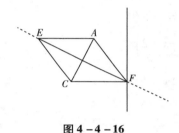

图 4 – 4 – 16

## 五、考题呈现

如图 4 – 4 – 17 所示，直线 $y = -\dfrac{1}{2}x + 2$ 交坐标轴于 $A$、$B$ 两点，直线 $AC \perp AB$ 交 $x$ 轴于点 $C$，抛物线恰好过点 $A$、$B$、$C$.

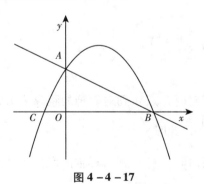

图 4 – 4 – 17

（1）求抛物线的表达式。

（2）当点 $M$ 在线段 $AB$ 上方的曲线上移动时，求四边形 $AOBM$ 的面积的最大值。

（3）点 $E$ 在抛物线的对称轴上，点 $F$ 在抛物线上，是否存在点 $F$ 使得以

$A$、$C$、$E$、$F$ 为顶点的四边形是平行四边形？若存在求出点 $F$ 的坐标；若不存在，请说明理由。

## 六、解答展示

只针对第（3）问做答案。

**情况 1**：以 $AC$ 为边作平行四边形 $ACEF$ 或平行四边形 $ACFE$。

**解法 1**：（平行线法）

$\because$ 点 $A$（0，2）和点 $C$（-1，0）

$\therefore y_{AC} = 2x + 2$　则 $y_{EF} = 2x + b$

令点 $F\left(m,\ -\dfrac{1}{2}x^2 + \dfrac{3}{2}x + 2\right)$

$\therefore -\dfrac{1}{2}m^2 + \dfrac{3}{2}m + 2 = 2m + b$，

$\therefore b = -\dfrac{1}{2}m^2 - \dfrac{1}{2}m + 2$

$\therefore y_{EF} = 2x - \dfrac{1}{2}m^2 - \dfrac{1}{2}m + 2$，令点 $E\left(\dfrac{3}{2},\ -\dfrac{1}{2}x^2 + \dfrac{3}{2}x + 2\right)$

$\because AC^2 = EF^2$

$\therefore 2^2 + 1^2 = (m - 1.5)^2 + \left[ -\dfrac{1}{2}m^2 - \dfrac{1}{2}m + 5 - \left( -\dfrac{1}{2}m^2 + \dfrac{3}{2}m + 2 \right) \right]^2$

$\therefore m_1 = \dfrac{5}{2}$，$m_2 = \dfrac{1}{2}$

$\therefore F_1\left(\dfrac{1}{2},\ \dfrac{21}{8}\right)$，$F_2\left(\dfrac{5}{2},\ \dfrac{21}{8}\right)$

**解法 2**：（平移法）

① 当点 $A$ 与点 $F$ 相对时，点 $A$ 到对称轴的距离为 1.5 个单位

$\therefore x_F = -1 + 1.5 = \dfrac{1}{2}$，此时 $y_F = \dfrac{21}{8}$

② 当点 $A$ 与点 $E$ 相对时，点 $C$ 到对称轴的距离为 2.5 个单位

$\therefore x_F = 0 + 2.5 = 2.5$，此时 $y_F = \dfrac{21}{8}$

$\therefore F_1\left(\dfrac{1}{2},\ \dfrac{21}{8}\right)$，$F_2\left(\dfrac{5}{2},\ \dfrac{21}{8}\right)$

**解法3**：（中点坐标法）

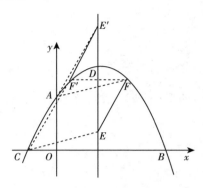

图 4 - 4 - 18

① $\because$ 点 $A$（0，2）和点 $C$（-1，0）

$\therefore$ 当点 $A$ 与点 $F$ 相对时，即 $x_A + x_F = x_C + x_E$

$\therefore 0 + x_F = -1 + 1.5$

$\therefore x_F = \dfrac{1}{2}$，此时 $y_F = \dfrac{21}{8}$

② $\because$ 当点 $A$ 与点 $E$ 相对时，即 $x_A + x_E = x_C + x_F$

$\therefore 0 + 1.5 = -1 + x_F$

$\therefore x_F = \dfrac{5}{2}$，此时 $y_F = \dfrac{21}{8}$

$\therefore F_1\left(\dfrac{1}{2}，\dfrac{21}{8}\right)$，$F_2\left(\dfrac{5}{2}，\dfrac{21}{8}\right)$

**解法4**：（全等）

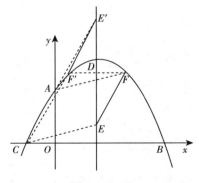

图 4 - 4 - 19

① 以 $AC$ 为边作平行四形 $ACEF$，过点 $F$ 作 $FD$ 垂直对称轴交点于 $D$，此时 $\Delta EFD \cong \Delta ACO$

$\therefore CO = DF = 1$

$\therefore x_F = 1.5 - 1 = \dfrac{1}{2}$，此时 $y_F = \dfrac{21}{8}$

② 以 $AC$ 为边作平行四形 $ACEF$，过点 $F$ 作 $FD$ 垂直对称轴交于点 $D$ 此时 $\Delta EDF \cong \Delta AOC$

$\therefore CO = DF = 1$

$\therefore x_F = 1.5 + 1 = \dfrac{5}{2}$，此时 $y_F = \dfrac{21}{8}$

$\therefore F_1\left(\dfrac{1}{2}, \dfrac{21}{8}\right)$，$F_2\left(\dfrac{5}{2}, \dfrac{21}{8}\right)$

**情况 2**：以 $AC$ 为对角线作平行四边形 $AFCE$

**解法 1**：（中点坐标法）

$\because$ 点 $A$ 与点 $C$ 相对，点 $E$ 与点 $F$ 相对

$\therefore x_A + x_C = x_F + x_E$

$\therefore 0 + (-1) = 1.5 + x_F$

$\therefore x_F = -\dfrac{5}{2}$，此时 $y_F = -\dfrac{39}{8}$

$\therefore F_3\left(-\dfrac{5}{2}, -\dfrac{39}{8}\right)$

**解法 2**：（全等法）

过点 $F$ 作 $FD \perp x$ 轴交于点 $D$，过点 $A$ 作 $AG$ 垂直对称轴交点 $G$ 此时 $\Delta DFC \cong \Delta EAG$

$\therefore DC = AG = 1.5$

$\therefore x_D = -1.5 - 1 = -2.5$，

$\therefore x_F = -2.5$

此时 $y_F = -\dfrac{39}{8}$

$\therefore F_3\left(-\dfrac{5}{2}, -\dfrac{39}{8}\right)$

数学复习课的重心要落实知识的整合环节和例题的解题教学环节。如果我们的知识整合环节省略还停留在正面梳理而缺少针对性的问题诊断与生成完善，如果我们的例题解题教学环节还是按考点做题评析式的刷题而缺少解题后的反

思内化、缺少改编变式的融会贯通、缺少拓展联系的多题归一、缺少追问质疑的思维发展，"数学是思维的体操"便成为一句笑谈，培养学生的思维便是一种空谈。有整合和陌生、有难度和梯度的题目必会成为引领师生共同思考的素材。

近几年，广东省的中考题 25 题的核心是凸显"图形的运动"为几何背景、综合运用代数与几何相关知识解决问题的能力，以及迁移运用分类讨论和数形结合等数学思想方法的素养导向的考查。连续多年地保持稳定，使得一套试卷的"压轴题"已经"裸奔"在备考研究的老师们面前！

考试业已结束，讨论依然热烈。

夜虽已深，群内众多老师依然孜孜不倦！

以试题为抓手，网络的深度教研已经悄然进行！

志同道合者众，荆棘亦能变坦途！

（本文写于 2019 年 3 月 29 日）

## 案例 3　基于深化提升的路径问题专题

由于疫情的原因，2020 年广东省初中学业水平考试推迟到 7 月进行。为了更好地调试和引领考前的复习备考，于 6 月初举行了"顺德区 2020 年九年级适应性训练"。出于对"第一年命题取消考纲和初高衔接"的思考，经反复度量命制如下考题。

### 一、考题呈现

如图 4 – 4 – 20 所示，在平面直角坐标系中，抛物线 $y = -x^2 + 2x + 3$ 与 $x$ 轴交于 $A$、$B$ 两点（点 $A$ 在点 $B$ 的左侧），与 $y$ 轴交于点 $C$，抛物线的顶点为 $D$，对称轴交 $x$ 轴于点 $E$，点 $P$ 为抛物线对称轴上一点.

（1）若点（$m$，4）在抛物线上，则代数式 $m^2 - 2m$ 的值_____。

（2）连接 $PC$、$PB$，当 $\angle PCB = \angle PBC$ 时，求点 $P$ 的坐标。

（3）以 $BP$ 为边在 $BP$ 的下方作等边三角形 $\triangle BPQ$，当点 $P$ 从点 $D$ 运动到点 $E$ 的过程中，求出点 $Q$ 经过路径的长度是多少？

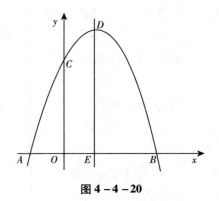

图 4 - 4 - 20

（顺德区 2020 年九年级适应性训练数学试卷第 25 题）

## 二、解法展示

由于第（1）（2）问是常规问题，故本文只研究第（3）设问的解答。

**解法 1**：由题意得，$QB = QP$，设 $Q(x, y)$、$P(1, a)$，则 $y = \dfrac{2}{a}x + \dfrac{a}{2} - \dfrac{4}{a}$，

由表达式可知点 $Q$ 经过的路径是一条线段．

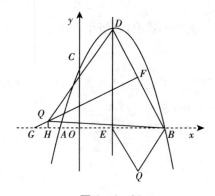

图 4 - 4 - 21

当点 $P$ 与点 $E$ 重合时，

∵ $\triangle BEQ$ 是等边三角形

∴ $BE = QE = 2$

∴ 点 $Q$ 为 $(2, -\sqrt{3})$

当点 $P$ 与点 $D$ 重合时，过点 $Q$ 作 $QF \perp BD$ 交 $BD$ 于点 $F$，交 $x$ 轴于点 $G$

当 $x = 1$ 时，代入 $y = -x^2 + 2x + 3 = 4$，则点 $D(1, 4)$

$$\therefore DE = 4 , \quad BE = 2 , \quad BD = 2\sqrt{5} , \quad QF = \sqrt{15}$$

$$\therefore BF = \sqrt{5} , \quad \sin\angle BDE = \frac{2}{2\sqrt{5}} = \frac{\sqrt{5}}{5}$$

$$\because \angle FGB = \angle BDE$$

$$\therefore BG = \frac{BF}{\sin\angle FGB} = \frac{\sqrt{5}}{\frac{\sqrt{5}}{5}} = 5 , \quad GF = 2\sqrt{5} , \quad GQ = 2\sqrt{5} - \sqrt{15}$$

$\therefore$ 点 $G$（$-2$，$0$）

令 $Q$（$x$，$y$），则 $GH = 2y$

$$\therefore y^2 + (2y)^2 = \left(2\sqrt{5} - \sqrt{15}\right)^2$$

$$\therefore y = 2 - \sqrt{3} , \quad x + 2 = 4 - 2\sqrt{3}$$

$$\therefore x = 2 - 2\sqrt{3}$$

$$\therefore Q\left(2 - 2\sqrt{3} , 2 - \sqrt{3}\right)$$

$\therefore$ 点 $Q$ 经过的路径等于 4.

**解法 2**：如图 $4-4-22$ 所示，$\triangle DBQ_0$ 和 $\triangle EBQ'$ 为等边三角形，$P$ 在 $DE$ 上运动时，$Q$ 点在 $Q_0Q'$ 上运动.

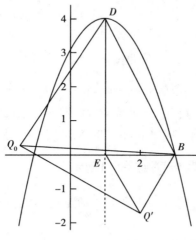

**图 $4-4-22$**

易证 $\triangle DBE \cong \triangle Q_0Q'B$（SAS）

所以 $Q_0Q' = DE = 4$.

**解法 3**：分析运动路径得图 $4-4-23$，则 $\tan\alpha = 2$，分别解 $\mathrm{Rt}\triangle MQ'B$ 和

$\text{Rt}\triangle Q_0 Q' M$，所以 $Q_0 Q' = 4$.

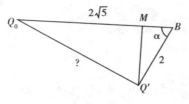

图 4 - 4 - 23

此题若正面求解，方法很多。但在命题时，意在考查学生的数学探究能力的一次命题尝试，希望学生能借助尺规作图先发现路径的形状，再计算求解。如图 4 - 4 - 24 所示。

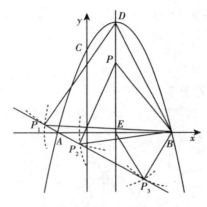

图 4 - 4 - 24

在 2020 年 6 月临近中考前的适应性训练考题一出，舆论哗然：中考会这样考吗？且看 2020 年广东省初中学业水平考试数学试题的第 17 题。

解决此题的关键是确定老鼠的运动路径，若借用上题的方法何其简单。

## 三、路径问题作为专题教学的思考

由一道题到一类题的思考，从轨迹（动点运动路径）的角度梳理可能的路径探究模型。

**1. 路径问题分类（预测路径）**

（1）直线型（线段、折线、射线、直线）；

（2）圆弧型（整个圆、部分圆弧）。

**2. 破解路径问题的方法（预测路径）**

基于初中知识的制约，路径虽是"隐形"的，但可用"三点"（即起点、过程点和终点三点确定其形状）显其形，分五步解决问题。具体五步是：

一画：画出动点的起点、过程点（中点等特殊点）和终点；

二看：观察三点是否在一条直线上；

三猜想：在一条直线上是直线型，不在一条直线上是圆弧型（暂不能排除折线型，若想排除折线型，可再找一个过程点）；

四验证：直线型常用中位线或垂直平分线等知识解决，圆弧型常用"对称性"和"90°的圆周角所对弦是直径"等知识确定圆心和半径；

五计算：常用勾股定理、相似三角形等知识进行求解。

**3. 与圆弧类有关的动点路径问题**

（1）圆的动点定义法。

（2）定长对等角的角顶点运动的路径是圆。

（3）四边形对角互补则共圆。

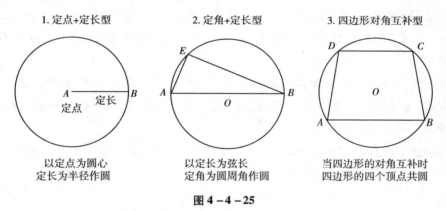

图 4 - 4 - 25

**4. 与直线类有关的动点路径问题**

线段的垂直平分线、角平分线。

**5."主从联动型"或"瓜豆"原理**

## 四、命题反思与教学导向

**1. 探究类问题的难点在于如何化归？——这就是考数学思考！**

探究类问题会"弱化知识的考查指向，突出初中三年学习积累的数学思考"，这是我的命题设想。我认为，不管是路径问题，还是轨迹问题，也包括胡不归问题，命题的立意并不在于考查知识，而在于考查问题解决时所运用的数学探究方法及遇到新问题解决时所需要的日常积累的数学思考。优秀的学生必然要有"改变遇新则难"所具备的数学思考。路径、轨迹、胡不归一旦作为知识讲练评，都简单得不足道哉！遇到探究问题如同雾里看花，关键是缺少慧眼——数学思考拆穿题目的豪华包装。

**2. 探究类问题的教学是要"以培养学生数学思维的张力为核心，反对知识的扩大化"**

即便是我们 2020 年模拟考试题预测到"路径问题"，2020 年的中考题考了"猫捉老鼠（隐圆问题）"；即便是我们今年 3 月开展了《深化圆的概念，构建模型求最值》的"圆的动点定义的主题教研活动"，第一次教学质量检测 25 题也是隐圆问题，周末的拔尖学生指导主题是《中考备考之隐圆巧解最值问题》，引领师生主动研究"隐圆问题"，今年的中考题更是有三道隐圆题，我们也不足喜；学生考不好，我们也不必悲！"隐圆问题"只是考查学生探究能力的一个素材而已，切不可"重视这些内容"从而把这些内容纳入常规教学中，一是超出了课程标准的知识范围，二是一旦"隐圆问题"教学常规化，是否意味着"还有很多问题"也需要常规化教学呢？毕竟承载考查探究能力的素材有很多啊！

再者，时下流行的素养导向的命题立意必然会不断涌现新题型、新素材、新表述、新思维，教师的教学应该走出已经习惯的备考舒适区，转向深化数学思维发展的深度课堂。

解题不能好高骛远，须一步一个脚印；思维不能一步登天，须一步一级台阶！

> 望远能知风浪小，
> 凌空始觉海波平。
> 不思，故无惑；
> 不惑，故无问；
> 不问，故无得。

现在的数学教学，不仅是要教学生掌握知识，更重要的是要由"掌握知识技能为核心"的教学转向"发展思维训练为核心"的教学，形成系统的知识判断能力、高阶思维解决问题能力。